Potsdamer Platz

POTSDAMER PLATZ

Drehscheibe der Weltstadt

Herausgegeben von
GÜNTHER BELLMANN

ULLSTEIN

Die Deutsche Bibliothek – CIP-Einheitsaufnahme

Potsdamer Platz: Drehscheibe der Weltstadt/hrsg. von
Günther Bellmann. – Berlin: Ullstein, 1997
ISBN 3-550-06944-8
NE: Bellmann, Günther [Hrsg.]

Satz: Dörlemann Satz, Lemförde
Druck und Bindung: Graphischer Großbetrieb Pößneck GmbH,
Pößneck
Printed in Germany 1997
ISBN 3 550 06944 8

Gedruckt auf alterungsbeständigem Papier
mit chlorfrei gebleichtem Zellstoff

INHALT

GÜNTHER BELLMANN

Das lange Warten

Potsdamer Platz an der Nahtstelle zwischen den heutigen Berliner Bezirken Mitte, Tiergarten und Kreuzberg, das war mal dermaßen jwd (»janz weit draußen«), daß man von »vor dem Tor« sprach. Gemüsegärten und ähnliche ländlich-sittliche Attraktionen erstreckten sich an der Stelle, wo sich später Europas dichtestes Verkehrsgewühl ineinander verbeißen und nach sämtlichen Himmelsrichtungen wieder auseinanderfließen würde – dank der Lichtzeichen eines legendären Ampelturms, den sogar Schlager der zwanziger Jahre rühmten.

Hier hat Karl Friedrich Schinkel gewirkt, was die rabiate Nachkriegs-Einebnung der beiden Torhäuser des großen Berliner Baumeisters nicht vergessen machen darf. Hier sind Baustile der Moderne mitbegründet und die ersten Flammen vielfarbiger Lichtreklamen entzündet worden. Hier flanierten elegante Welt und pseudoelegante Halbwelt. Hier stand die Wiege des deutschen Rundfunks. Hier rief Karl Liebknecht mitten im Ersten Weltkrieg revolutionäre Parolen, und am 17. Juni 1953 rollten sowjetische Panzer gegen Berliner Arbeiter, die mit einem bereits damals pervertierten Sozialismus nicht einverstanden waren.

Als sich die Mauer über den Platz zog, schienen die jahrhundertelang zurückliegenden Tage der Idylle trügerisch wiedergekehrt: Wilde Karnickel, von der Lyrikerin Sarah Kirsch mit unübertrefflichem Sarkasmus als »weltstädtische Kaninchen«

apostrophiert, bevölkerten eine sonst leblose, lebensfeindliche Ödnis. Das weitläufige Areal, einst täglich von Zehntausenden eiliger Menschen passiert, darunter der Dichter Theodor Fontane und der Maler Adolph von Menzel – zurückgefallen zum Eldorado der Sammler rarer Pflanzen, deren ungestörtes Aufkommen allgemeinem Desinteresse zuzuschreiben war.

Denn die Verantwortlichen in den Verwaltungen beider Hälften des geteilten Berlins kümmerte das, was einmal der Potsdamer Platz gewesen war und was nun allenfalls als leerer Begriff auf Stadtplänen figurierte, herzlich wenig. Noch jetzt kommt er in manchen der zahlreich angebotenen Berlinführer gar nicht vor! Daß sich inzwischen, wie bekannt, dennoch Investoren fanden und über dem Platz Baukräne im Dutzend aufragen, bezeugt nichts anderes als die Lebenskraft der wiedervereinigten Stadt.

Wer erinnert sich noch der panoptikalen Aufstockungen und Absenkungen zweier einst stadtbekannter Leuchtschriftgerüste, hervorgegangen aus einer Werbe-Idee? Schon die Beschreibung der dazugehörigen Topographie streift das Absurde: An der Ostseite des von der Sektorengrenze durchschnittenen Potsdamer Platzes, aber noch in seinem Westteil – Sie können hoffentlich folgen? –, war während der fünfziger Jahre ein hohes Gittergestell emporgewachsen. Von dort flimmerten allabendlich am laufenden Band die neuesten politischen Tagesnachrichten weit und bestens lesbar in Ostberlins Leipziger Straße hinein. Wo die Passanten ebenfalls gut daran taten, am Laufen zu bleiben. Wer sich nämlich hinstellte und den Informationen aus der »freien Welt« allzu deutliche Aufmerksamkeit widmete, konnte leicht volkspolizeilichem Unmut verfallen.

Indes schienen sich die Ostberliner binnen kürzester Zeit eine solche Perfektion im laufenden Lesen laufender Schriften angeeignet zu haben, daß SED-amtlich eingeschritten wurde.

8

Allen Leuten auf der Leipziger Straße die Augen verbinden? Denkbar, jedoch unpraktisch. Statt dessen wurde, wiederum an der Ostseite des Potsdamer Platzes, aber in Ostberlin – der Sachverhalt ist hoffentlich verständlich dargestellt? –, ein zweites Gerüst für die Aufnahme von Leuchtbuchstaben aktiviert. Zwecks erleuchtender Unterrichtung des Westens? I wo. Zwecks Abdeckung der Westschrift und Abstrahlung östlicher Nachrichten in Richtung Osten.

Alsbald begann ein emsiges Erhöhen und Verkürzen der beiden Gestelle, woran die Berliner feixend ähnlichen Anteil nahmen wie ehedem ihre Vorfahren an einer neuen Geschichte Hans Clauerts, des märkischen Eulenspiegels. Verdeckst du meine Schrift mit deiner Schrift, dann stocke ich meine Schrift eben über deine Schrift hinaus auf. Oder ich senke, den Wolken und damit den Grenzen der Lesbarkeit bedenklich nahe gekommen, meine Schrift listig unter deine ab. Und so.

Die Gittermastschlosser kamen aus ihren Blaumännern nicht mehr heraus. Hier wie da wurde geschraubt, geschweißt und genietet, was das Zeug hielt. Der Potsdamer Platz – eine Dauerleistungsschau der Stahlarbeiter. Sie hatte in seiner Geschichte bislang gefehlt. Ob die auf bequeme Rufweite voneinander entfernt tätigen Handwerker sich gelegentlich mit Werkzeug aushalfen (noch stand ja die Mauer nicht), ist leider unbekannt geblieben.

Was sich aus zeitlicher Distanz heute läppisch ausnimmt, war einmal krampfiger Ernst! Die Oberen der zwei Stadthälften beharkten einander auch über den Potsdamer Platz hinweg mit einer politischen Kleinkariertheit, die – siehe oben – schon mal tragikomische Züge erhielt. Es konnte kaum ausbleiben, daß dies sogar auf manchen Chronistenstil abfärbte, wie der eine oder andere Text im Schlußteil des vorliegenden Buches andeutet.

Überhaupt beeinflußten die diversen Daseinsstadien des Platzes markant die »Schreibe« derjenigen Autoren, die sich seiner angenommen haben. Der Anwohner Theodor Fontane sieht ihn, durch die Augen zweier Romanfiguren, am Ende des 19. Jahrhunderts schon deutlich animiert. Hans Ostwald skizziert ihn, im Café Josty sitzend und dem Wechsel der Gäste wie der Jahreszeiten nachspürend, als schier exotische Landschaft. Der Expressionist Curt Corrinth schleudert wild wallende Worte über ihn hin. Dem mittellosen, verzweifelten Stadtstreicher und späteren »Falschen Prinzen« Harry Domela erscheint die ganze Gegend abweisend-feindlich, wie er mit einem Stakkato kunstloser Sätze deutlich macht. Inge von Wangenheim erlebt den Platz am 1. Mai 1929, dem »Berliner Blutmai«, konturenscharf als wichtige Station ihrer Welterkenntnis.

Und Günther Weisenborn, 1945 wie geschlagen vom unerwarteten, kaum faßbaren Anblick der Trümmerwüste, wird sehr wortkarg bei der Umschau über das plötzliche Nichts, das einmal der Potsdamer Platz seiner Erinnerung war. Ganz nahebei, auf der Potsdamer Brücke, hatten am Mittag des 2. Mai 1945 Parlamentäre der deutschen Stadtkommandantur Waffenstillstandsverhandlungen mit sowjetischen Offizieren aufgenommen.

Ereignisse und Vorgänge die Menge. Kein einzelner hat sie alle miterlebt und beschrieben; das Gesamtbild vom Potsdamer Platz zeichneten viele Autoren, und viele kommen nachfolgend zu Wort. Ein, jawohl, unterhaltsames Lesebuch aus wechselnden Farben, Zeitsprüngen, höchst unterschiedlichen Stimmungen, aus Kapiteln der hektischen Bewegung und der seltenen Ruhe sollte entstanden sein. Gewiß können und wollen die Auszüge, Teilabschnitte, Kostproben, entnommen oft umfänglichen Arbeiten, nicht deren Lektüre ersetzen. Doch wie Leben und Verlage spielen: Bei weitem nicht mehr jede

10

Veröffentlichung ist auf dem unkomplizierten Weg über Buchhandel oder benachbarte Bibliothek zugänglich, einiges fast ganz verschollen.

Gleichwohl darf nichts vergessen werden; das Gedächtnis der Stadt und ihrer Bewohner speist sich aus zahlreichen Quellen. Dabei kann schwerlich ein einzelnes Buch, eine mehr oder weniger zufallsbestimmte Schilderung das komplexe Bild aus den Perspektiven mehrerer Betrachter ersetzen. Jeder sah und erlebte etwas anderes, bei jedem ergaben sich aus den Eindrücken andere Assoziationen, jeder schrieb sie anders auf. Ein paar Wiederholungen erhöhen eher den Reiz, der aus unterschiedlichen Blickwinkeln erwächst oder aus dem Gegensatz von hartem Realismus, wehmütigen Lyrismen und allerlei Ironie. Denn alles ist Potsdamer Platz …

Der am Kriegsende für immer ausgelöschte Mittelpunkt einer tief verwundeten Stadt? Während sich Berlin allmählich auf sich selbst besann und seine Wunden, so gut es ging, zu heilen versuchte, schien gerade der Potsdamer Platz davon ausgeschlossen. Daß er es zuletzt, tatsächlich zuletzt, nicht blieb, sondern zur größten Baustelle des Kontinents aufstieg, mag für ihn hoffen lassen.

Berlin, Ende 1996

HORST MAUTER

Der Potsdamer Platz im Wandel der Zeiten

Die erste kartographische Erfassung von Berlin und seiner Umgebung durch den Ingenieur N. la Vigne aus dem Jahre 1685 vergegenwärtigt die Situation des Geländes südlich des Tiergartens, auf dem später der Potsdamer Platz entstand. Als Hauptachse in diesem Gelände ist jener unbefestigte, sandige Landweg anzusehen, der über die schon im Mittelalter erwähnte Schafbrücke führte und der Verbindung mit dem Dorf Schöneberg diente – die spätere Potsdamer Straße. Diese Trasse wählte der Kurfürst als bevorzugten Weg nach Potsdam, wo er sich seit 1660 von Johann Gregor Memhard den verfallenen Schloßbesitz nach niederländischem Vorbild repräsentativ ausbauen ließ.

Die Potsdamer Straße hatte auch einen Abzweig nach Leipzig, und so gestaltete sie sich bald zu einer ökonomisch wie politisch gleich wichtigen Fernverbindung. Bereits 1690 wurde eine »Postkutsche nach Leipzig« erwähnt, die diesen Weg nahm; und ein Dutzend Jahre später sorgten die »reitende Post«, die »fahrende Post« und die »Postkutsche« in jeder Woche für mehrmalige Verbindung zwischen beiden Städten – wenn nicht im Frühjahr größere Überschwemmungen die Passage des Schafgrabens (später Landwehrkanal) für längere Zeit verhinderten. Die Karte von la Vigne zeigt, daß der von der Potsdamer Straße geschnittene Schafgraben beiderseits durch großflächige Wiesen flankiert wurde. Ihre Nutzung als Schafweide hat ihm sicher den Namen gegeben.

Ein wichtiges Terrain, das später die Bedeutung des Potsdamer Platzes heben sollte, machte in diesen Jahrzehnten eine weitreichende Veränderung durch. Ein gut Teil Weges nordöstlich der alten Schafbrücke zweigte ein in Richtung Nordwesten laufender Weg von der Potsdamer Landstraße ab. Er führte zu dem schon im 15. Jahrhundert entstandenen kurfürstlichen Tiergarten, der das gesamte Gebiet zwischen Berlin/Cölln und dem Dorf Lietzow (auch Lützow, später Charlottenburg) einnahm und dessen südliche Einzäunung entlang der Schafgrabenwiese führte. Kurfürst Friedrich Wilhelm hatte das während des großen Krieges verwilderte und entwildete Revier mit einem dichten Zaun umgeben lassen. Aus mehreren Wildgebieten wurden die Bestände des Tiergartens aufgestockt, so daß er nach einiger Zeit wieder zu einem wildreichen Jagdgebiet umgestaltet war.

Größere Bedeutung erlangte das gesamte Gebiet, seit Kurfürstin Charlotte im Jahre 1695 die Arbeiten zur Errichtung jener prachtvollen Schloßanlage beginnen ließ, die nach dem Tode der ersten preußischen Königin im Jahre 1705 ihr zu Ehren Charlottenburg genannt wurde. Eine neue Phase des Ausbaus im Tiergartengelände verfolgte das Ziel seiner Entwässerung und seiner wegemäßigen Erschließung. Die Verbindungen zwischen Berlin und dem neuen Schloß bei Lietzow wurden stark verbessert. Erste Versuche der repräsentativen, zum Teil parkartigen Gestaltung der Anlage gehen ebenfalls bis auf diese Zeit zurück. Das kurfürstliche Jagdrevier, das mit Mühe wieder aufgebaute Wildgatter, erfuhr so seine erste Metamorphose – die zum königlichen Lustwald, in dem sich die ganze bunt-vornehme Schar des Hof- und übrigen Adels vergnügte.

Schon jetzt hatte der Tiergarten von Süden her über den ihn entlang der Schafgrabenwiese flankierenden Weg (später Tiergartenstraße) mehrere Zugänge. Je mehr der Tiergarten in das Blickfeld der Öffentlichkeit geriet, um so öfter wurden sie als Zu- und Abgang benutzt. Hier gab es schon zu dieser Zeit die ersten wichtigen Siedlungsaktivitäten in unmittelbarer Nähe jenes Geländes, auf dem später der Potsdamer Platz entstand. Mehrere eingewanderte französische Gärtner siedelten sich an diesem Randweg an und machten aus grünen Wiesen und sandigen Flächen blühende Gärten und bestellte Felder.

Bevorzugte Residenz

Die Residenzstädte Berlin, Cölln, Friedrichswerder, Dorotheenstadt und Friedrichstadt wurden 1709/10 unter Einschluß einiger Vorstädte zur vereinten Residenz Berlin zusammengeschlossen. Preußens Könige bevorzugten sie gegenüber den anderen Städten des Staates in allen Belangen, auch was die Entwicklung von Städtebau und Architektur anbetraf. So entwickelte sie sich zum administrativen, wirtschaftlichen und kulturellen Mittelpunkt des feudalabsolutistischen Staatswesens und wuchs von Jahrzehnt zu Jahrzehnt.

Friedrich Wilhelm I. (1713–1740), bekannt als »Soldatenkönig«, entwickelte die Stadt zur größten Garnison des Staates. Zugleich stabilisierte er die ökonomischen Grundlagen und führte den Ausbau der Residenz planvoll weiter. Als 1732 die letzten 400 Parzellen der Friedrichstadt bis zur Mauerstraße bebaut waren, wurde unter Leitung des Obersten Christian Reinhold von Derschau (1679–1742) und des Baumeisters Philipp Gerlach d. J. (1679–1748) die schon seit 1723 geplante Erweiterung in Richtung Süden und Westen durchgesetzt. Das in der ersten Bauphase der Friedrichstadt im Sinne typischer Vorstellungen des barocken Städtebaus entstandene geometrische Straßenraster wurde durch eine großzügige Einfassung abgeschlossen, deren Hauptachse die Wilhelmstraße mit tiefen Gartengrundstücken auf der Westseite bildete.

Eine Besonderheit des barocken Städtebaus war die Anlage von drei großflächigen Stadtrandplätzen jeweils am Ende von Hauptstraßenzügen. So entstand im Norden das »Quarree« (später Pariser Platz) am Ausgang der Straße Unter den Linden, im Süden das »Rondell« (heute Mehringplatz) unterhalb des Treffpunktes von Friedrich-, Linden- und Wilhelmstraße und in der Mitte das »Octogon« (später Leipziger Platz) am Ende der Leipziger Straße. Diese Plätze sollten den Soldaten der in den Bürgerhäusern einquartierten Regimenter als Appell- und Exerzierplätze dienen und außerdem einen Teil des Marktlebens aus der Innenstadt abziehen. Das letztere Vorhaben konnte, was das »Octogon« anbetrifft, nicht verwirklicht werden.

Von besonderem Interesse ist hier die Bebauung der Wilhelmstraße. In ihrem südlichen Teil begnügte man sich mit einer reihenhausartigen, meist zweistöckigen Bebauung, die zwar gefällige, aber sparsam gestaltete Fassaden zeigte. Nördlich der Kochstraße entstand andererseits von 1734 bis 1736 eine Anzahl von Adelspalästen, die architektonische Meisterleistungen jener Zeit waren. Auch am Ende der Leipziger Straße und am »Octogon« entstanden städtebaulich harmonisch abgestimmte zweistöckige Bauwerke, die zum Teil in engerer Bebauung, zum anderen jedoch auch palastartig ausgeführt wurden.

Im Anschluß an die Errichtung der Friedrichstadt wurde die gesamte, in den letzten Jahren schnell gewachsene Stadt mit einer über acht Kilometer langen Palisade bzw. Mauer umgeben, passierbar durch 13 Tore. Das Mauer- und Torsystem verhinderte einerseits Zolldefraudationen. Außerdem sollte es die Massencharakter annehmenden Desertionen von Soldaten der Berliner Garnison erschweren. Alle diese Tore hatten

16

darum eine Akziseeinnahmestelle und eine ständig besetzte Militärwache.

Das »Octogon«, am Ausgang aus der Stadt auf der stark frequentierten Leipziger bzw. Potsdamer Straße gelegen, erhielt 1735 eines dieser Tore – das Potsdamer. Es ragte aus den meist einfach gehaltenen übrigen Pfeilerbauten durch seine architektonische Durchgestaltung und seinen reichhaltigen Schmuck heraus – wie übrigens auch das Brandenburger Tor in früher Fassung. Zeitgenössische Pläne zeigen deutlich, daß sich auch hinter dem Pfeilerbau des Potsdamer Platzes je ein Akzise- und ein Wachthaus befanden.

Das Vordringen der Friedrichstadt hatte jene Linie erreicht, an der vor dem Tor nun der Potsdamer Platz entstand. Während das als Hauptplatz des barocken Bauensembles konzipierte »Octogon« innerhalb der Mauer von den Architekten sinngemäß auf dem Reißbrett projektiert worden ist, entwickelte sich der Platz außerhalb der Toranlage entsprechend bestimmter funktioneller Anforderungen ungeplant, sozusagen aus »wilder Wurzel«.

Im Grunde genommen ergab sich diese neue Platzanlage aus der Tatsache, daß mehrere Straßen bzw. Wege aus verschiedenen Richtungen auf das Potsdamer Tor zuliefen. Die wichtigste von ihnen war nach wie vor die nach Potsdam führende, auf der sich der Verkehr immer mehr verstärkte. Als Verkehrsader nach Sachsen kam ihr ebenfalls eine dominierende Rolle zu. Der schnelle Ausbau der Stadt unter dem Soldatenkönig – 1713 gab es da 220 Gebäude, 1740 aber schon 1154 – hatte nicht nur militärische Ursachen. Der gewerbliche Aufschwung verstärkte ebenso den Reiseverkehr wie der Umstand, daß vor allem Friedrich II. (1740–1786) seinen Staat über längere Zeiträume hinweg von Potsdam aus regierte, was dessen politische und kulturelle Bedeutung erhöhte. Kaleschen des Hofes, verschiedener Adliger, hoher Beamter und

Offiziere waren den Bewohnern der an dieser Straße liegenden Dörfer bald nichts Besonderes mehr.

Die Bedeutung der Potsdamer Straße wurde aber auch durch lokale Gründe noch gehoben. Hier fiel vor allem die Entwicklung Schönebergs ins Gewicht. Nach den Verwüstungen des Dreißigjährigen Krieges neu besiedelt, wurde es unter Friedrich II. im Rahmen der gewerblichen Siedlungspolitik für die Besetzung mit 20 böhmischen Weber- und Spinnerfamilien ausgewählt.

Schon Zeitgenossen erkannten die steigende Bedeutung der vom Potsdamer Tor ausgehenden Straße nach Potsdam. Als man in Preußen das Straßensystem durch die Anlage befestigter »Chausseen« zu verbessern begann, war sie die erste, die unter der Leitung von Carl Gotthard Langhans (1732–1808), Schöpfer des Brandenburger Tores, von 1791 bis 1793 »chaussiert« wurde. Auch die Brücke über den Schafgraben, die spätere Potsdamer Brücke, erstand im Zusammenhang mit diesen Arbeiten neu, wenngleich noch als hölzerne Konstruktion.

Von großem Einfluß auf die Entstehung des Potsdamer Platzes war auch jener Weg, der die Verbindung zwischen dem Potsdamer Tor und den Anwesen der Hugenotten am südlichen Tiergartenrand herstellte. An seinem Ende entstand aus einem 1716 angelegten Ackerbürgergehöft noch vor 1750 der Sitz des »Hofjägers«, zuständig für das Tiergartengelände.

Der Tiergarten war ohnehin stärker zu einem von vielen Berliner Bürgern besuchten Flanier- und Vergnügungspark geworden. In diesem Zusammenhang wurde auch die Allee vom Brandenburger Tor nach Charlottenburg begradigt und befestigt. Der Weg vom Potsdamer Platz zum südlichen Tiergartenrandweg wurde bis an diese Allee herangeführt und war nun die wichtigste Verbindung zwischen Charlottenburg und dem südlichen Teil Berlins über das Potsdamer Tor.

Schloß Bellevue

Im nördlichen Teil des Parks, direkt an der Spree, hatte Hans Georg Wenzeslaus von Knobelsdorff (1699–1753) eine Meierei anlegen und sich ein Landhaus errichten lassen. Nach seinem Tod wechselte dieses Besitztum mehrmals, bis der jüngste Bruder Friedrichs II., Prinz August Ferdinand (1730–1813), sich seit 1785 an dieser Stelle durch Philipp Daniel Boumann d. J. (1747–1803) Schloß Bellevue errichten ließ. Es ging in die Architekturgeschichte als erster königlich-preußischer Schloßbau von eindeutig klassizistischem Charakter ein. Die Straße vom Potsdamer Tor zur Charlottenburger Allee wurde nun zum Schloß Bellevue durchgeführt.

Weitere sandige, aber zunehmend häufiger benutzte Wege außen und innen an der Akzisemauer entlang gingen ebenfalls vom Potsdamer Tor aus. Im Norden zum Brandenburger Tor hin hießen sie die Brandenburgische Communication, im Süden zum Halleschen Tor hin die Potsdamer Communication.

Der Ausbau dieser Verkehrswege veränderte die Situation vor dem »Octogon« mit dem Potsdamer Tor insofern, als sich mehrere Bürger an ihnen häuslich niederließen. Geländeteile südlich des Potsdamer Tores waren bereits vor 1770 parzelliert worden, und mehrere Berliner siedelten sich zwischen Potsdamer Communication und Potsdamer Straße an. Die verbliebenen Wiesen und Landflächen an der Potsdamer Straße wurden ebenfalls parzelliert und an Gärtner und Ackerbürger verpachtet. Insgesamt gesehen, war das Gebiet vor dem sich herausbildenden Potsdamer Platz um 1800 aber noch dünn besiedelt. Der sehr genaue Tierparkplan aus dem Jahre 1795 von Peter Haas (1754–1804) zeigt für das gesamte Gelände zwischen »Hofjäger«, Potsdamer Tor, Tiergarten und Schafgraben nicht einmal drei Dutzend bebaute Grundstücke.

Die ein- und zweistöckigen bauern- und landhausartigen,

manchmal auch schon villenartigen Häuschen, von den Straßenfronten zurückgesetzt und in mitunter idyllisch anmutende Gärten eingebettet, gaben dem Gebiet einen durch und durch vorstädtischen Charakter. Gewerblich wurde es, wenn man von etwa zwei Dutzend Gärtnern und wenigen Landwirten aus Charlottenburg und Schöneberg absieht, in keiner Weise genutzt. Nur in der weiteren Umgebung waren im Verlauf des 18. Jahrhunderts einige Manufakturen entstanden: im Norden hinter dem Tiergarten an der Spree eine Juchtenfabrik und eine Kattunbleiche, am Schafgraben in Höhe des Hofjägeretablissements eine Strumpfmanufaktur und in der Nähe des Halleschen Tores eine Tuchbleiche. Die dem Potsdamer Platz am nächsten gelegenen Gewerbebetriebe lagen innerhalb der Akzisemauer.

Als im Siebenjährigen Krieg (1756–1763) König Friedrich II. 1760 mit seiner Hauptmacht in Schlesien stand, gelang es am 3. Oktober einem russischen, kurz darauf auch einem österreichisch-sächsischen Korps, die südlichen Tore der Residenz an der Spree zu bedrängen, Charlottenburg zu besetzen und die preußischen Truppen in tagelange Scharmützel zu verwickeln. Auf den Rixdorfer und Schöneberger Höhen, aber – wie eine zeitgenössische Karte beweist – auch vor dem Schafgraben dicht neben der Potsdamer Straße und südwestlich des Tiergartens hatten die Gegner ihre Artillerie aufgestellt und von dort aus die Friedrichstadt unter Beschuß genommen.

Napoleons Spielball

Die fernerhin relativ geruhsame Entwicklung des Viertels vor dem Potsdamer Tor wurde am Anfang des 19. Jahrhunderts wieder durch bedeutsame internationale Ereignisse unterbrochen, die bis in das Innerste Preußens wirkten. König Friedrich Wilhelm III. (1797–1840) hatte durch wankelmütige und unentschlossene Bündnispolitik die internationale Stellung Preußens isoliert, das nun Spielball der napoleonischen Eroberungspolitik wurde. So kam es am 14. Oktober 1806 zur Schlacht bei Jena und Auerstedt, die für Preußen mit einer katastrophalen Niederlage endete.

Schon wenige Tage später rückten französische Truppen auf Berlin vor. Am 24. Oktober zog die Vorhut durch das Hallesche Tor in die preußische Residenz ein. Zwei Tage später erlebten auch die Bewohner der Umgebung des Potsdamer Platzes und der Leipziger Straße das Schauspiel des Einzugs der bunt zusammengewürfelten Heerhaufen.

Der Ausbau Berlins erfuhr durch die kriegerischen Zeitläufe während der antinapoleonischen Befreiungskriege eine lange Unterbrechung. Dann rückten Veränderungspläne in den Vordergrund, die auch den Potsdamer Platz betrafen. Dabei knüpfte man an die gelungene Neugestaltung des Brandenburger Tores durch Carl Gotthard Langhans in der Zeit von 1788 bis 1791 an. Die architektonische Aufwertung des in steigendem Maße frequentierten Straßenzuges und des in Hofkreisen besonders wichtig erscheinenden Tores rückte in den Mittelpunkt der Diskussionen. Die große Bedeutung, die man diesem Bereich zuschrieb, drückt sich auch in der Tatsache aus, daß in Erinnerung an die Völkerschlacht bei Leipzig das »Octogon« zum Leipziger Platz und das Potsdamer Tor in Leipziger Tor umbenannt wurden.

Karl Friedrich Schinkel (1781–1841) verwirklichte in den Jahren 1823/24 die Umbaupläne. Entsprechend der ursprünglichen Funktion des Tores als Akziseeinnahmestelle und Militärwache gestaltete er die Anlage durch zwei die Straße flankierende Torhäuser. Sie wurden mit viersäuligen dorischen Vorhallen versehen, so daß sie die klassizistische Auffassung jener Zeit widerspiegelten. Mit der Umgestaltung des Leipziger Platzes wurde Peter Joseph Lenné (1789–1866) beauftragt. Ihm gelang es, die architektonische Leistung Schinkels harmonisch abzurunden. Die 1828 mit mittelhohen eisernen Zäunen eingefaßten Rasenhälften erhielten eine nur sparsame Baum- und Buschbepflanzung, wodurch die nüchterne Randbebauung des relativ geräumigen Platzes mit ihren barocken Palais betont und zu einer sinnvollen Einheit mit der Toranlage zusammengefügt wurde.

Insgesamt hatte sich in dem Gebiet zwischen Tiergarten und Schafgraben der vorstädtische Charakter mit einer ausgeprägten sommerhaus- und villenartigen Bebauung noch verstärkt, obendrein wurde die Besiedlung auch hier erheblich forciert. Im Laufe dieser Entwicklung sind zwischen 1830 und 1840 die alten volkstümlichen Namen der Wege durch Bezeichnungen ersetzt worden, die dem Charakter eines Wohnviertels besser entsprechen mochten. Der Potsdamer Platz und die Potsdamer Straße behielten ihre alten Namen. Die Charlottenburger Allee hieß nun Bellevuestraße, der Südrandweg des Tiergartens Tiergartenstraße und die Potsdamer Communication Hirschelstraße.

Der schnelle wirtschaftliche Aufschwung zwischen 1815 und 1870 in der preußischen Hauptstadt führte zur Herausbildung bevorzugter Standorte, zu einer gewerblichen Raumordnung; nicht absolut, doch deutlich erkennbar. Das Maschinenbauviertel vor dem Oranienburger Tor, das Konfektionsviertel zwischen Werderschem Markt, Hausvogteiplatz und Leipziger Straße, das Weberviertel im Osten und Nordosten Berlins, die Konzentration von über 300 Banken (um 1870) zwischen der Prachtstraße Unter den Linden und der Leipziger Straße – dies waren für jeden erkennbare Ballungsschwerpunkte des wirtschaftlichen Lebens in frühkapitalistischer Zeit.

Das Territorium vor dem Potsdamer Tor hatte durchaus seinen Anteil an dieser Entwicklung. Nicht daß es direkt Regie-

22

rungszentrum, Industriegebiet oder Sitz bedeutender Handelsunternehmen geworden wäre. Aber da es unmittelbar neben dem Stadtzentrum mit der Häufung aller dieser Wirtschaftspotenzen lag, eingebettet in eine wohltuend erholsame Landschaft, wurde es zu einem beliebten Wohngebiet der Wohlhabenden: Beamte, Offiziere, Bankiers, Kaufleute und Fabrikanten. Der hohe Anteil an Regierungs-, Justiz-, Legations-, Kommerzien- und sonstigen Räten und an Geheimen Räten trug dem Viertel vor dem Potsdamer Platz – nüchtern »Friedrichvorstadt« geheißen – den Spitznamen »Geheimratsviertel« ein.

Symbol für den Aufstieg des Kapitalismus in der ersten Hälfte des 19. Jahrhunderts war die Dampfmaschine. Sie revolutionierte nicht nur den gesamten Produktionsprozeß, sondern ebenso den Verkehr. Ihre mobile Form wirkte auch auf die Geschicke des Potsdamer Platzes nachhaltig ein. Ausgehend von englischen Erfahrungen und unter Beachtung der zukunftsweisenden Schrift von Friedrich List aus dem Jahr 1833, in der er die Bedeutung Berlins für ein zukünftiges deutsches Eisenbahnnetz postuliert hatte, setzten sich Berliner Kapitalisten immer nachdrücklicher für den Bau der Eisenbahnen von Berlin aus ein. Politische, ökonomische und militärische Gründe führten dazu, daß diese Pläne relativ schnell verwirklicht wurden.

Die Berlin-Potsdamer Eisenbahn AG organisierte den Bau der Linie Potsdam–Berlin. Nach Aufnahme des Teilbetriebs von Potsdam bis Zehlendorf konnte einen guten Monat später, am 29. Oktober 1838, die gesamte, über 26 Kilometer lange Strecke bis zum Potsdamer Bahnhof in Betrieb genommen werden. Zehn Jahre darauf wurde die Linie bis Magdeburg verlängert, wodurch Berlin Anschluß an das westdeutsche und internationale Eisenbahnnetz erhielt.

Nur gut 600 Meter vom Potsdamer Bahnhof entfernt entstand kurz danach ein zweiter, größerer, der Anhalter Bahnhof. Am 1. Juli 1841 wurde von hier aus der Verkehr nach Jüterbog aufgenommen, kurze Zeit später nach Dessau und Köthen. Dadurch gewann man Anschluß an das sächsische Eisenbahnnetz, bald auch zu südeuropäischen Ländern. Der Anhalter Bahnhof erhielt zwar mit dem Askanischen Platz und der Anhaltischen Straße eine direkte Verbindung zur Wilhelmstraße und über diese zum Stadtzentrum. Aber es stellte sich bald heraus, daß der Potsdamer und der Leipziger Platz mit der Leipziger Straße den Besucherstrom magnetisch anzogen. So war denn die Bedeutung des Potsdamer Platzes durch die Aufnahme des Eisenbahnverkehrs enorm gestiegen; denn der überwiegende Teil des gesamten schnell wachsenden Personenverkehrs mit mittel-, süd- und westdeutschen Ländern und dem Ausland in diesen Richtungen ging durch das »Nadelöhr« Potsdamer Tor.

Hinsichtlich des Nahverkehrs rückte der Potsdamer Platz ebenfalls mehr in den Blickpunkt. Der private Kutschen- und der öffentliche Droschkenverkehr stiegen sprunghaft. Am 30. Oktober 1846 erhielt mit der »Concessionirten Berliner Omnibus Compagnie« zum ersten Mal ein Pferdebusunternehmen eine Betriebserlaubnis in der Residenzstadt, und zwar gleich für fünf Linien. Drei davon führten über den Potsdamer Platz: Alexanderplatz–Bendlerstraße, Carlsbad–Jannowitzbrücke und Anhalter Bahnhof–Schönhauser Tor. Die Personenbeförderung durch Pferdebusse beherrschte den Potsdamer Platz fast zwei Jahrzehnte lang.

»Unser Schmerzenskind«

Die weiteren Geschicke des Platzes beeinflußte für zwei Jahrzehnte eine im Oktober 1851 eröffnete Eisenbahnlinie, die

24

den bedeutenden Güterverkehr der voneinander unabhängigen Berliner Eisenbahngesellschaften zusammenführen sollte. Sie querte zu ebener Erde im Verlauf der alten Akzisemauer alle Straßen und Plätze und entwickelte sich bald auch am Potsdamer Platz zu einem vielgeschmähten Verkehrshindernis. Der damals in Berlin lebende Schauspieler Hugo Wauer schilderte einem Freund die prekäre Situation:

»Stelle Dir vor, daß unser Schmerzenskind, die Passage am Potsdamer Platz, täglich sechs- oder achtmal durch einen aus ›Sanitätsrücksichten‹ behutsam fahrenden, von einem langsamt schreitenden und mit einer großen Glocke läutenden Bahnbeamten geführten Zug von 60 bis 100 Güterwagen vollständig gesperrt wurde, aber nicht etwa ›anno dazumal‹, sondern noch nach 1870. Und bei jedem derartigen Zug stauten sich Hunderte von Fuhrwerken und Tausende von eiligen Passanten!«

Erst 1871 wurde dieser Zustand beendet, als der Güterverkehr zwischen den Eisenbahngesellschaften auf die neuentstandene Ringbahn verlegt wurde. Sie führte im weiten Bogen um die damalige Stadt herum.

Nach Entstehung der Eisenbahnen gingen in der baulichen Gestaltung der Umgebung des Potsdamer Platzes große Veränderungen vor sich. Noch nach Eröffnung der Berlin-Potsdamer Bahn glich das Gelände, sofern man die vereinzelt entstandenen größeren Häuser übersah, einer ländlichen Idylle. Die wurde nun immer öfter durch das Lärmen der Bauarbeiter unterbrochen, und nach und nach wurde ringsum der Potsdamer Platz zugebaut. Als die aus Königsberg stammende Schriftstellerin und Vorkämpferin der Frauenemanzipation Fanny Lewald nach Berlin übersiedelte, beschrieb sie die Situation:

»Kam man 1840 nach den Stadttheilen in der Gegend des Potsdamer Thores, so war es dort einsam wie in Darmstadt oder Karlsruhe. Die Anhalter Eisenbahn und die von Potsdam aus weiter eröffneten Schienenwege zogen Menschenmassen und den Verkehr nach dem Westende der Stadt. Es waren dort neue Straßen wie die Anhalter Straße und der Askanische Platz entstanden; das ganze Viertel zwischen dem Askanischen Platz und der Potsdamer Straße befand sich im Bau. Rund um den Thiergarten erhoben sich neue Häuser, und zwar mit einem Aufwande und mit einem Geschmack, von welchen früher bei Privatbauten nicht entfernt die Rede gewesen war. Der Luxus war überhaupt auffällig gestiegen.«

Der erste Teil der Lewaldschen Schilderung bezieht sich auf den Ausbau des Geländes zwischen dem Potsdamer und Anhalter Bahnhof. Hier wurden in Form von drei- bis vierstöckigen Mietshäusern die Straßenfronten durch eine zusammenhängende, kompakte Bebauung geschlossen. Ähnlich wurden auch die Hirschelstraße und die um 1844 neu entstandenen Köthener, Dessauer und Bernburger Straße sowie die Link-, Eichhorn- und Schellingstraße zwischen dem Potsdamer Eisenbahngelände und der Potsdamer Straße bebaut. Letztere erhielt nach und nach ebenfalls eine geschlossene Bebauung.

Das Viertel vor dem Potsdamer Tor bekam eine neue Hauptstraße, als 1867 die alte Akzisemauer niedergerissen wurde. Die bescheidenen Straßen, die innerhalb und außerhalb der Mauer entlangführten, waren nun eine einzige breite Anlage, die vom Halleschen über das Potsdamer bis zum Brandenburger Tor führte. Sie verband wichtige Ausfallstraßen aus der Innenstadt und erfüllte eine Mittlerfunktion zwischen der Altstadt und den neu entstehenden Stadtteilen.

1872 erhielt sie nördlich des Leipziger Platzes eine Verbindung mit der Wilhelmstraße, indem durch den Garten des verstorbenen Generals Graf von Voß-Buch die Voßstraße eingerichtet wurde. Südlich der Anhaltischen Straße entstand eine weitere Verbindung dieser Art, die nach dem Berliner

26

Bürgermeister Heinrich Hedemann (1800–1872) benannte Hedemannstraße.

Durch den Abbruch der Akzisemauer war mit dem Potsdamer Platz noch etwas Besonderes geschehen: Er hatte sich nach Osten hin geöffnet. Die Torhäuschen von Karl Friedrich Schinkel waren ihrer Maueransätze entledigt und standen nun, der einstigen Funktion beraubt, frei mitten auf einem großen Doppelplatz, nur so zum Schmuck. Eigentlich sind der Leipziger Platz, von den Architekten des frühen 18. Jahrhunderts so akribisch ausgeformt, und der Potsdamer Platz, der immer noch ziemlich wild und ungebärdig vor sich hin wuchs, seit dieser Zeit ein einziger Platz. Zwar lag er noch immer am Rande der Stadt, aber vor allem durch seine Eisenbahnen war er ein bißchen Berlins Tor zur Welt. Und er war Zentrum für das neue Tiergartenviertel.

Hautnah beieinander

Wie sehr Berlin damals nicht nur Produkt des wirtschaftlichen Aufschwungs und der rasanten Verkehrsentwicklung war, sondern vor allem auch der »großen Politik«, und in welchem Umfang der Potsdamer Platz daran Anteil hatte, zeigt der Einfluß des Reichseinigungsprozesses auf die Geschicke der Stadt. In den fünfziger und sechziger Jahren des 19. Jahrhunderts wohnten Adel, Staatsbürokratie, Offizierskorps, »großes« und »kleines« Bürgertum nirgends so hautnah und sich gegenseitig beeinflussend beieinander wie in der Gegend um den Potsdamer Platz. Die »Revolution von oben« wurde nicht von Bismarck, dem »Schmied des Reiches«, allein an den grünen Tischen der Regierung und der Diplomatie oder etwa nur unter dem Zwang sich zufällig ergebender Realitäten konzipiert und realisiert. Sie war auch das Ergebnis zahlreicher gesellschaftlicher Zusammenkünfte – Herrenabende, Diners und Hausbälle in den schmucken Villen des Tiergartenviertels.

Für die weiteren Geschicke des Potsdamer Platzes war nicht so wichtig, daß die Hirschel- und Schulgartenstraße im Zusammenhang mit dem Abbruch der Akzisemauer im Gedenken an den Sieg bei der Schlacht von Königgrätz (3. Juli 1866) ein Jahr darauf in Königgrätzer Straße umbenannt wurden oder daß auf dem Platz selbst seit dem 2. September 1871 lange Zeit jährlich Erinnerungsfeiern an den preußischen Sieg bei Sedan stattfanden. Als wesentlicher erwies sich vielmehr, daß in dieser Zeit die Wilhelm- und die Leipziger Straße sowie der Leipziger Platz zum Regierungszentrum des Norddeutschen Bundes und schließlich des deutschen Kaiserreiches avancierten.

Ein Prozeß, der schon im ersten halben Jahrhundert begonnen hatte, fand jetzt seinen Höhepunkt: In 13 Gebäuden der Leipziger Straße und des Leipziger Platzes und in 13 weiteren der Wilhelmstraße, meist in bedeutenden historischen Palais, hatte sich bis 1883 die überwiegende Zahl der deutschen Reichsinstanzen, der preußischen Staatsbehörden und ihrer wichtigsten Unterabteilungen angesiedelt. Immer größer wurde die Zahl politisch-administrativer Dienstreisen, diplomatischer Missionen und schließlich der Hof- und Staatsbesuche aus aller Herren Länder, die über den Potsdamer, noch öfter über den repräsentativeren Anhalter Bahnhof anreisten, um im Berliner Schloß empfangen zu werden und in einem der Ministerien hinter dem Potsdamer Platz Verhandlungen zu führen.

Der gewonnene Krieg gegen Frankreich 1870/71 und die Reichseinigung hatten noch andere Folgen für Berlin und für den Potsdamer Platz. In seiner weiteren Umgebung war ein Häusermeer unterschiedlichster Bausysteme für voneinander abweichende Funktionen, von verschiedener Qualität, mit höherem und niederem Komfort, mit Bewohnern aller Klassen und Schichten, dieser und jener Berufsgruppen widersprüchlich, aber gewaltig gewachsen – verschiedenen selbständigen kommunalen Zuständigkeiten angehörend, jedoch schon ein Stadtkörper. Noch nicht Berlin, aber bereits auf vielfältige Weise vom Funktionsgefüge dieser Weltstadt gewordenen Kaisermetropole vereinnahmt. Mittendrin lag der Potsdamer Platz: Auch seine Umgebung erfuhr eine immer größere Besiedlungsdichte.

Ein Platz, dessen umwohnende Bevölkerung die Einwohnerschaft einer eigenen Kleinstadt ausmachte, der täglich von Reisenden und Touristen passiert wurde, über den man vom Osten der Stadt in den Westen und umgekehrt gelangte – ein solcher Platz mußte auch verkehrsmäßig besser erschlossen werden. Zuerst wurden der Potsdamer und der Anhalter Bahnhof durch repräsentative Großanlagen ersetzt. Der neue Potsdamer Bahnhof entstand 1868 bis 1872 unter Leitung von Ludwig Quassowski in Ziegelbauweise; Sockelwerk und Schmuckelemente bestanden aus Sandstein.

Baukünstlerische Maßstäbe legte der Architekt Franz Schwechten (1841–1924) dem Neubau des Anhalter Bahnhofs zugrunde, ausgeführt von 1876 bis 1880. Der durch Formsteine und Terrakotten geschmückte und mit Sandsteinteilen ergänzte Ziegelbau im gefälligen Rundbogenstil wurde und wird von Architekturkritikern als Höhepunkt der Berliner Bahnhofsbaukunst des 19. Jahrhunderts gewertet.

Beide Bauwerke hatten neben umfangreichen Abfertigungshallen und Wartesälen, die Klassen 1 bis 4 streng getrennt, besondere Empfangs- und Aufenthaltsräume für den königlichen bzw. kaiserlichen Hof, auch bei bedeutenden Staatsempfängen genutzt. Solche Empfänge bestimmten mit Prunk und pomphaftem Aufwand mehr das Tagesgeschehen auf dem Potsdamer Platz als die fortwährende Ankunft der

Massen meist namenloser Reisender, woran man sich bald gewöhnt hatte. Vor allem im Personenverkehr behielten die beiden ältesten Berliner Bahnhöfe ihre überragende Bedeutung; 1890/91 fuhren beispielsweise pro Jahr knapp einenhalb Millionen Fahrgäste vom Potsdamer Bahnhof und einenviertel Millionen vom Anhalter Bahnhof ab – weit mehr als von anderen Bahnhöfen der Stadt.

Nach Beseitigung der Verbindungsbahn 1871 konnte auch das Nahverkehrssystem mit dem Zentrum Potsdamer Platz an die gestiegenen Anforderungen angepaßt werden. Pferdestraßenbahnen eroberten das Terrain. 1873 fuhr die erste Linie vom Potsdamer zum Halleschen Tor. 1879 eröffnete die »Große Berliner Pferdeeisenbahn AG« die Linie vom Potsdamer Platz nach Schöneberg, bald bis zum Spittelmarkt verlängert. Sie entwickelte sich zu der am stärksten frequentierten in Berlin. Dann ging es Schlag auf Schlag, und der zunehmende Verkehr auf dem Potsdamer Platz faszinierte vor allem Besucher.

Der schnelle Ausbau des Pferdebahnnetzes in der Innenstadt und in den Vororten des Westens erhob den Potsdamer Platz mit den Anlaufpunkten Potsdamer und Anhalter, Wannsee- und Ringbahnhof zum wichtigsten Berliner Verkehrsknoten. Um 1895 gab es nirgendwo in der Stadt eine Stelle, wo – wie auf dem Potsdamer Platz – in jeder Stunde am Tage 244 Pferdebahnwagen nach allen Richtungen fuhren.

Die Elektrifizierung der Straßenbahn kam in diesem Gebiet erst um 1900 richtig in Gang, aber schon am 21. August 1902 fuhr die letzte Pferdebahn im Innern der Stadt von der Großgörschenstraße zum Wedding – natürlich über den Potsdamer Platz. Zwei Jahre später querten ihn bereits 34 Straßenbahn-, außerdem noch sechs Pferdebuslinien. Starkes Droschkenaufkommen vervollständigt das Bild. Während der hochsommerlichen »Hauptsaison« gingen oder kamen im Tagesdurchschnitt vom bzw. zum Potsdamer Bahnhof 343 Droschken, vom bzw. zum Anhalter Bahnhof sogar 361.

Auch unterirdisch rumorte es bereits. Straßen wurden metertief aufgegraben, um der »Unterpflasterbahn« einen Tunnel zu schaffen, und der erste Berliner Bahnhof unter der Erde war der neben dem Potsdamer Bahnhof. Er hatte von Beginn an Anschluß an die 1902 eröffnete Hoch- und Untergrundbahnlinie von der Warschauer Brücke bis zum Knie.

Die Vergnügungsmeile

Eine Besonderheit des Viertels um den Potsdamer Platz bildeten zahlreiche Cafés, Weinstuben und Restaurants. Und auf was für illustre Gäste konnte man da bei einem Bummel stoßen. Etwa auf die Maler und Bildhauer Anton von Werner, Begas, Kaulbach, Adolph von Menzel, sämtlich in dieser Gegend wohnhaft. Nicht selten war auch Theodor Fontane (1819–1898) zu beobachten, der seit 1873 bis zu seinem Tod in der Potsdamer Straße 134 c wohnte. Als Journalist und Schriftsteller war er schon weit bekannt, aber seine bedeutenden Romane schrieb er erst hier, Menschen, Dinge und Ereignisse kritisch beobachtend. Kein Wunder, daß in mehreren Werken die Gegend um den Potsdamer Platz als Handlungshintergrund erscheint.

Bei dem schnellen Bevölkerungswachstum und der sprunghaft zunehmenden Zahl von Reisenden, vor allem Touristen, stellte sich die Frage nach Bewirtung immer aufs Neue. 1883 war das Gebiet zwischen Tiergartenstraße, Landwehrkanal, Bendlerstraße und Potsdamer Platz mit 92 Restaurants, 10 Destillen, 13 Wiener Cafés und Konditoreien und 36 Schankwirtschaften schon recht gut versehen. Bekannte Namen finden sich auf der Liste: Das 1880 aus der Innenstadt übergesie-

delte Café Josty, Frederich und Aschinger in der Potsdamer
Straße, Fürstenberg am Askanischen Platz, Telschow am Potsdamer Platz, Westphal in der Königgrätzer Straße ... Die um
die Jahrhundertwende entstandenen Nobelhotels warteten
selbstverständlich alle mit gut ausgestatteten Restaurants und
luxuriösen Cafés auf.

Darüber hinaus gebar die Zeit um 1900 auch auf diesem
Gebiet Neues: große Bier- und Weinhäuser von ungekannten
Dimensionen, sozusagen Paläste der Massenbewirtung. Nach-
einander entstanden zwischen 1901 und 1912 das Münchner
Königliche Hofbräuhaus, das »Alt-Bayern«, das Weinhaus
Rheingold, das Bierhaus Siechen und das Weinhaus Huth.
»Alt-Bayern«, ein monumentaler Bierpalast, war von Architekt Wilhelm Walther (1857–1917) entworfen worden – mit
zahlreichen Gastzimmern, Sälen und Höfen, denen alle baukünstlerischen Raffinessen von Romanik, Gotik, Renaissance
und Barock mitgegeben wurden. Von der reichen, kein edles
Material wie Marmor, feinste Hölzer, Stuck, Glasmosaik aus-
lassenden Innenausstattung gar nicht zu reden. Allenthalben
schienen dem Biertrinker serienweise porträtierte deutsche
Fürsten, Könige, Kaiser, Kirchenheilige und Künstler zuzu-
nicken, darunter Wilhelm II. in Öl.

Auch das »Haus Potsdam«, nach Entwürfen von Franz
Schwechten 1911/12 an der Königgrätzer Straße zwischen Köthener Straße und Potsdamer Bahnhof errichtet, reckte seine
Gaststätten, das Kino, die Büros, vor allem aber die zwei
Stockwerke seines Cafés Piccadilly so richtig in Positur. Von
der Ausstattung her nicht weniger luxuriös wie »Alt-Bayern«,
mußte das Café zu Beginn des Ersten Weltkriegs seinen »un-
deutschen«, angeblich das Nationalgefühl verletzenden Namen ablegen und sich fortan »Vaterland« nennen.

Das Adreßbuch von 1836 verzeichnete für das Viertel um
den Potsdamer Platz zwölf Gastwirte, Hoteliers und Pensions-

besitzer. Bis 1883 hatte sich das Bild grundlegend verändert. Jetzt gab es hier schon zwölf wirkliche Hotels, davon mehrere mit internationalem Niveau wie der Fürstenhof, der Askanische Hof, das Westendhotel oder das Hotel Gericke. Doch die wachsende Großstadt mit ihrem steigenden Fremdenverkehr stellte immer höhere Ansprüche. Weitere große Hotels etablierten sich gerade in der Umgebung des Potsdamer Tores, darunter das Esplanade und das Exzelsior.

Natürlich entstanden während jenes halben Jahrhunderts, das den Potsdamer Platz in der Welt berühmt machte, nicht nur Bahnhöfe, neue Hotels und Gaststätten. Der Fiskus ließ einige Bauten errichten, die sich in die Vielfalt der Funktionen des Territoriums, aber auch in dessen Architektur bestimmend einfügten: von 1872 bis 1881 das Kunstgewerbemuseum nach Plänen von Gropius & Schmieden, ein Bauwerk der jüngeren Schinkel-Schule in palazzoartiger Form; von 1880 bis 1886 der mächtige, nach einem Entwurf Hermann Endes ausgeführte Rundbau des Museums für Völkerkunde; von 1901 bis 1905 die Kunstgewerbeschule. Maßgeblich mitbestimmt wurde das architektonische Bild um den Potsdamer und den Leipziger Platz auch durch die Neubauten des Preußischen Abgeordnetenhauses und des Herrenhauses mit seiner gewaltigen Front.

So hatte sich alles in allem der Potsdamer Platz ins Überdimensionale entwickelt. Als relativ unbedeutender Randplatz der königlichen Residenz war er in das 19. Jahrhundert eingetreten. Dann spiegelte er den Aufstieg Berlins zur Weltstadt wider. Als zentraler Platz eines immens gewachsenen Stadtkörpers, als Verbindungsglied zwischen dem alten und neuen Berlin und als dessen Tor zum übrigen Deutschland, ja, ein wenig auch zur Welt, vollzog er schließlich den Übergang zum 20. Jahrhundert.

Erster Weltkrieg, Nachkriegskrise und Inflationszeit

dämpften das turbulente Leben und Treiben um den Potsdamer Platz. Gewiß blieb er der Verkehrsknotenpunkt der Hauptstadt, und mit Bildung der Einheitsgemeinde Groß-Berlin 1920 rückte er auch verwaltungsmäßig vom Rand der Stadt her in ihr Zentrum. Doch das Weltstädtische, die unaufhörliche Bewegung fehlten in jenen Jahren. Auch war die wirtschaftliche Depression hier stärker zu spüren. Aber schon vor der Mitte des Jahrzehnts begann eine Aufschwungphase, als die »goldenen zwanziger Jahre« in die Geschichte eingegangen. Auch wer von diesem Gold nicht allzuviel abbekam, konnte sich am Potsdamer Platz in dessen Glanz bewegen – und war es bloß als Zaungast.

Hier wurde das Leben wieder hastiger, turbulenter, ausschweifender. Vergnügungs- und Tourismusgewerbe verbuchten sogar eine große Zeit. Dies drückte sich auch aus in den wenigen bedeutenden Bauwerken, die nun hier entstanden, etwa das noble »Café am Tiergarten«, errichtet durch Architekt Oskar Kaufmann (1873–1956), ab 1933 bekannt unter dem neuen exotischen Namen »Mokka Efti«. Am deutlichsten nahmen gestiegene Ansprüche Gestalt an beim Umbau von »Haus Vaterland« 1928, da bereits in Kempinski-Besitz. Dem riesigen Café Vaterland im Erdgeschoß wurden weitere Gasträume an die Seite gestellt mit Namen wie Rheinterrasse, Grinzing, Löwenbräu, Türkisches Café, Wild-West-Bar, Csardas, Mexico-Bar. Die Ausstattungen waren dem jeweiligen Landeskolorit angepaßt. Insgesamt fünf Küchen, darunter die seinerzeit größte Gasküchenanlage Europas, deuten auf schier astronomische Umsätze hin.

Selbstredend gab es nicht nur bei der Gastronomie, sondern auch auf anderen Gebieten Entwicklungen. War der Potsdamer Platz schon 1917 Sitz der neuen, in den Bürotrakt von »Haus Vaterland« gezogenen Universal-Film AG (Ufa), so fand sich etwas weiter in der Potsdamer Straße 10 – zeitweise als Nr. 4 gezählt – das um die Jahrhundertwende erbaute Vox-Haus. Von dort aus gingen seit dem 29. Oktober 1923 die ersten Rundfunksendungen in den Äther.

Dahinter blieb das Geschäftszentrum Potsdamer Platz nicht zurück. Stattliche Büro- und Verwaltungsgebäude veränderten das Bild. An der Königgrätzer Straße, die nach 1925 Friedrich-Ebert- und weiter südlich später Stresemannstraße hieß, entstand das Europahaus, Verwaltungs- und Vergnügungskomplex mit 280 Meter langer Straßenfront. Die Architekten Hans Bielenberg, Josef Moser und Otto Firle hatten dieses von zwölf bis zu drei Stockwerken abgestufte Schulbeispiel der Neuen Sachlichkeit mit modernen Bürotrakten, mehreren Gaststätten, einem Kino und dem »Tanzpalast« ausgestattet.

Derselben baukünstlerischen Schule verpflichtet, aber weniger gegliedert: das 1927 direkt am Potsdamer Platz errichtete Columbushaus des Architekten Erich Mendelsohn (1887–1953), ein neunstöckiges Büro-Hochhaus, neben dem die überkommene alte Bebauung zwergenhaft wirkte. Die imposanten Veränderungen des Platzes fielen namentlich bei Dunkelheit auf. Die »goldenen Zwanziger« waren die Geburtsjahre der gleißenden, flackernden, ihre Farben wechselnden Lichtreklamen; sie suchten die Passanten glauben zu machen, daß erst nachts die Welt wirklich schön wird.

Gestapo-Nachbarschaft

Nach der »Machtergreifung« durch die Nationalsozialisten am 30. Januar 1933 änderte sich am Potsdamer Platz zunächst nicht viel. Das Leben pulsierte wie eh und je. Allerdings hingen jetzt überall Hakenkreuzfahnen, und zunehmend tauchten braun- oder schwarzuniformierte Männer auf, auch irgendwie geheimnisvolle Gestalten in dunklen Ledermänteln.

Fahrzeuge der SS und der Polizei waren gerade hier immer häufiger zu sehen: Dicht am Potsdamer Platz bauten die Faschisten die Zentrale ihres Unterdrückungsapparates auf.

In die ehemalige Kunstgewerbeschule, Prinz-Albrecht-Straße 8, zog Anfang Mai 1933 der Chef der Geheimen Staatspolizei (Gestapo), Rudolf Diels, später gefolgt von Reinhard Heydrich. Noch im selben Jahr entstand hier das berüchtigte Gestapo-Gefängnis, Folterstätte und bald Durchgangsstation zu den Konzentrationslagern. Dann zog noch das Reichssicherheitshauptamt ein. Auch das Preußische Abgeordnetenhaus besetzten zeitweilig die neuen Beherrscher des Staates: Von Juli 1934 bis März 1935 tagte darin der sogenannte Volksgerichtshof.

In der Architektur wurde ein Hang zum Gigantischen erkennbar. Der signifikante Beweis dafür entstand in nächster Nähe. Das alte Reichskanzlerpalais mit dem Anbau der Reichskanzlei an der Wilhelmstraße aus den Jahren 1928–30 genügte Hitlers Großmachtansprüchen nicht. Also entwarf Albert Speer (1905–1988) einen monströsen Führerpalast von riesigen Ausmaßen. Stilistisch ordnete er sich ein in die Reihe spartanisch-klassizierender Bauten der Nazizeit, nur daß er durch seine Strenge und Leere alles andere in den Schatten stellte.

Auch ein bescheideneres, jedoch brauchbares Projekt wurde verwirklicht. Im Mai 1933 war die neben dem Potsdamer Bahngelände verkehrende Wannseebahn elektrifiziert worden. Zugleich gerieten Pläne aus der Zeit vor dem Ersten Weltkrieg wieder in den Blick, denen zufolge die am Stettiner Bahnhof endenden Vorortzüge aus Richtung Norden mit den südlichen, am Potsdamer Platz endenden Linien zusammengeführt werden sollten. Ebenfalls im Mai 1933 begannen also die Schachtarbeiten für einen Tunnel unter der Innenstadt einschließlich Spree und Landwehrkanal. Am 20. August 1935 unterbrach ein Unglück diese Arbeiten: Zwischen Brandenburger Tor und Potsdamer Platz brachen die Tunnelwände; 19 verschüttete Arbeiter konnten nur noch tot geborgen werden.

Schließlich erhielt der Potsdamer Platz seinen S-Bahnhof samt Zwischengeschoß mit Zugängen zur bis heute so bezeichneten Nord-Süd-Bahn, zum Potsdamer Bahnhof und zur U-Bahn – und zwar ohne wesentliche Verkehrseinschränkungen. Am 9. Oktober 1939 ist der letzte Abschnitt zwischen Potsdamer und Anhalter Bahnhof eröffnet worden. Über die neue Nord-Süd-Verbindung war nun durchgängiger Vorortverkehr ohne Umsteigen möglich.

Die »Friedenspläne« des nationalsozialistischen Regimes zur gigantomanischen Umgestaltung Berlins hat der Potsdamer Platz unbeschadet überstanden. Doch der Krieg, den die Machthaber des Dritten Reiches mit dem Ziel einer »Neuordnung Europas« und des Erringens der Weltherrschaft vom Zaun brachen, zog ihn schlimm in Mitleidenschaft. Während zahlreicher Luftangriffe auf Berlin fielen seit 1941 hier und da einige Bomben, die bereits manches Haus im Bereich des Platzes zerstörten oder beschädigten. Und als Ende 1943 Flächenbombardierungen einsetzten, wurden die Schäden von Mal zu Mal umfangreicher.

Im Januar/Februar, dann vor allem im April/Mai 1944 war das Regierungsviertel Ziel schwerer Bombardements. Der Potsdamer und der Leipziger Platz erlitten nun Schäden katastrophalen Ausmaßes. Einer der schwersten amerikanischen Großangriffe mit 937 Flugzeugen am 3. Februar 1945 vernichtete beide Plätze innerhalb von eineinhalb Stunden fast vollständig.

Als Amerikaner und Briten am 21. April 1945 die Bombardierung Berlins einstellten, gab es in diesem Bereich kaum ein unbeschädigtes Haus. Die Angriffe waren beendet worden, weil die verbündete Sowjetarmee Berlin erreicht hatte. Und die faschistischen Machthaber ließen den irrwitzigen Widerstand fortsetzen! Tagelanger Artilleriebeschuß und der Einsatz panzerbrechender Infanteriewaffen legten die ohnehin kläglichen Reste des einst so gepflegten Doppelplatzes und der ihn umgebenden Straßen vollends in Schutt und Asche. Nachdem am 28. April sowjetische Einheiten bis an den Landwehrkanal vorgedrungen waren und schwere Kämpfe um die Potsdamer Brücke stattgefunden hatten, besetzten sowjetische Vorausabteilungen zwei Tage später Teile des Potsdamer Platzes. Am 2. Mai endeten hier die Kämpfe.

»Berlin plant«?

Am 17. Mai 1945 wurde von der sowjetischen Besatzungsmacht ein Magistrat unter Dr. Arthur Werner eingesetzt. Daß der bewährte Architekt Hans Scharoun (1893–1972) Stadtrat für Bau- und Wohnungswesen wurde, ließ für den Potsdamer Platz das Beste hoffen. Bereits im August wurden erste Ergebnisse von Arbeiten für die städtebauliche Entwicklung in der Ausstellung »Berlin plant« der Öffentlichkeit vorgestellt. Denn Berlin sollte eins bleiben, trotz der Viermächteverwaltung, die sich im Einmarsch von Besatzungstruppen der drei westlichen Alliierten seit Juli und dem Arbeitsbeginn der interalliierten Militärkommandantur für Berlin am 7. Juli nach außen sichtbar zeigte.

Der Potsdamer Platz war dadurch zu einer Art »Dreiländereck« geworden. Hier grenzten seit je die Bezirke Mitte (nunmehr sowjetischer Sektor), Tiergarten (britisch) und Kreuzberg (amerikanisch) aneinander. So hatte er seine Chance, die ihm von jeher angeborene Rolle als verbindendes Element zwischen den Teilen Berlins wieder zu spielen. Doch dazu fehlten die baulichen Voraussetzungen. Von den 50 Gebäuden des unmittelbaren Platzbereichs waren nur zwölf soweit erhalten, daß man sie mit gewissem Aufwand in funktionsfähigen Zustand versetzen konnte. Nach und nach etablierten sich einige Einzelhändler, Kinobetreiber und Leute, die von sektorenüberschreitenden Geschäften leben wollten.

Vor allem bemächtigte sich der schwarze Markt des günstigen Terrains, wo man Razzien in einem Sektor durch wenige Schritte in zwei andere Sektoren ausweichen konnte. Bald beherrschte den Platz ein bis dato untypisches Getriebe: quirliges Gemisch aus Schiebern, Schwarzhändlern, Prostituierten und Kriminellen. Spektakuläre Einsätze von Stadt- und Militärpolizei waren an der Tagesordnung.

Eine gemeinsame Verwaltung der Stadt konnte sich nur in Abhängigkeit von der großen Politik entwickeln. Und da standen die Aussichten für den Potsdamer Platz äußerst schlecht. Die grundsätzlich antagonistischen Vorstellungen der führenden Politiker der drei Westmächte und der Sowjetunion über die zu verfolgende Politik nach dem Zweiten Weltkrieg führten zu ständigen Konflikten zwischen Ost und West. Der Kalte Krieg kulminierte in der Luftbrücke, der Spaltung Berlins und der Gründung zweier selbständiger deutscher Staaten.

Jetzt rief es schon politische Spannungen hervor, daß am 12. August 1948 sowjetische Militärangehörige Schwarzmarkthändler während einer Razzia einige Dutzend Meter weit in den amerikanischen und britischen Sektor verfolgten, daß Gewalt angewendet wurde und einige Schüsse fielen. Die Sektorengrenze am Potsdamer Platz erhielt deutliche Markierungen durch Leuchtfarbenlinien auf dem Straßenpflaster, ja, durch Stacheldrahtverhaue.

Unter den Bedingungen der politisch-administrativen Teilung kam es zu keiner gemeinsamen städtebaulichen Planung mehr. Das einstige Zentrum Berlins, der Potsdamer und der Leipziger Platz, war für die Kommunalbehörden beider Stadthälften zur unaktuellen Randerscheinung geworden. Überlegungen dazu verschob man auf eine scheinbar immer fernere Zukunft.

Nur 1953 rückte das öde Areal nochmals in den Mittelpunkt überraschenden Geschehens. Zunehmend deutlich war geworden, daß die wirtschaftliche Entwicklung in der DDR gegenüber der Westdeutschlands und Westberlins zurückblieb. Als in Ostberlin Preissteigerungen und Erhöhungen der Arbeitsnormen durchgesetzt werden sollten, kam es am 16. Juni auf den Baustellen der Stalinallee (heute Karl-Marx-Allee) zu ersten Streiks und zu einer Demonstration. Von Anfang an hatte die Volksbewegung auch politischen Charakter; sie richtete sich zum Teil gegen überzogene administrative Praktiken eines stalinistischen Systems.

Tags darauf formierte sich ein Demonstrationszug Tausender Bauarbeiter und Arbeiter mehrerer Großbetriebe. Er führte zum Haus der Ministerien in der Leipziger Straße. Über den nahen Potsdamer Platz kamen ihm andere Demonstranten entgegen, zum großen Teil aus Westberlin. An manchen Stellen der Stadt entwickelten sich bürgerkriegsähnliche Verhältnisse; die Bewegung griff auch auf andere Orte in der DDR über. Das Columbushaus, die Ruine von »Haus Vaterland« und Kioske auf dem Potsdamer Platz gingen in Flammen auf, Läden der Leipziger Straße wurden geplündert. Dann rollten sowjetische Panzer und setzten den ausgerufenen Ausnahmezustand durch.

Spitzhacken und Kräne

Dergestalt meldete sich der Potsdamer Platz in das Leben der Stadt zurück. Doch er wurde von West wie Ost mit um so größerer Unaufmerksamkeit gestraft und Bestandteil jener Abstands- und Sperrzone, die beide Teile immer unüberwindlicher voneinander trennte. Als nach dem 13. August 1961 der Mauerbau die Spaltung Berlins im Wortsinn »zementierte«, regierten auf der Ostseite unter zwanghaftem Abschottungsdenken zuerst einmal Spitzhacke und Planierraupe.

Das Columbushaus, die Ruine des Kaufhauses Wertheim an der Leipziger Straße, Reste der Neuen Reichskanzlei und der Schinkelschen Torhäuschen auf dem Leipziger Platz wurden »abgeräumt«. Ein bis zu mehrere hundert Meter breiter Sand- und Grasstreifen – Blick- und Schußfeld der Grenzsoldaten – zog sich längs der Mauer vom Brandenburger Tor bis südlich des Potsdamer Platzes hin, ausladender als sonst irgendwo. Allein das Asphaltachteck der Fahrbahn des Leipziger Platzes und halbverschüttete, vermauerte Eingänge zu U- und S-Bahn markierten noch ungefähr die Lage des einst berühmten Doppelplatzes.

Auch auf Westberliner Seite überwog zuerst der Abriß den Neubau in dieser Gegend. Ihm fiel manches zum Opfer, was auf- oder ausbauwürdig gewesen wäre: der Anhalter Bahnhof, die Hotels Exzelsior und Nürnberger Hof, das Prinz-Albrecht-Palais, die ehemalige Kunstgewerbeschule und das Völkerkundemuseum.

Gegen 1965 begann um den Askanischen Platz eine allmähliche lockere Bebauung mit Hochhäusern und Flachbauten. Die Wiederherstellung des Kunstgewerbemuseums (Martin-Gropius-Bau) bis 1981 bildete ohne Zweifel einen Höhepunkt dieser Bestrebungen. Westlich des Potsdamer Platzes veränderte sich gleichfalls einiges. Dort steht das einzige Bauwerk, das 1956 bis 1960 in seinen historischen Formen wiedererstand – die St.-Matthäus-Kirche. Daneben erheben sich umstrittene Schöpfungen moderner Architektur, die dem Viertel einen eigenwilligen Stempel aufdrücken: Die Philharmonie nach Plänen von Hans Scharoun 1960 bis 1969, die Neue Nationalgalerie von Mies van der Rohe 1965 bis 1968 und die Staatsbibliothek wiederum von Hans Scharoun 1967 bis 1978 sind zu Kernpunkten eines Bereichs geworden, der als sogenanntes Kulturforum den Potsdamer Platz flankieren soll.

Allerdings wurde dabei die historische Straßenführung endgültig zerstört. Alle Überlegungen endeten an der Westtangente. Planungen in Ost (ein ständig veränderter respektive modifizierter Generalbebauungsplan) wie West (zuletzt der Flächennutzungsplan FNP 84) boten keine Lösungsvorschläge für die auf den Sankt-Nimmerleins-Tag verschobene Neugestaltung des Potsdamer Platzes.

Erst mit dem Mauerfall stellte sie sich gebieterisch neu, die Frage nach Berlins zerstörter Mitte. Der Doppelplatz – in mehr als 250jähriger Geschichte vom Randplatz der zunächst kurfürstlichen, dann königlichen Residenz zum Hauptplatz der Kaiser-, schließlich Weltstadt avanciert –, der viele erhebende und erniedrigende Momente erlebte und unter Bomben und Geschossen unterging, um dann beiseite geschoben und abgeräumt zu werden: Er hat plötzlich wieder seine Chance.

Straßenverkehr und Vergnügen waren und sind für die meisten Chronisten des Potsdamer Platzes dessen herausragende Kennzeichen. Allenfalls die Bahnhöfe kommen außerdem vor. Und Geschäfte gab es gar nicht?

Es gab sie. Der preußische Staat hat sie gemacht, wobei sich einige Betroffene ziemlich angemeiert vorkommen mußten. Und schon sehr beizeiten wurden sie gern mit zugereisten Provinzlern gemacht, die man allerdings – zumindest im vorigen Jahrhundert – einigermaßen reell bediente.

Tagsüber. Was sich bei Nacht und im Morgengrauen auch am Potsdamer/Leipziger Platz abspielte, hat Ludwig Löffler 1856 beschrieben: »Mit dem Laternenauslöscher und dem Abgange des Nachtwächters erscheinen die plundrigen Gestalten der Lumpen- und Knochensammler, die den aus den Straßengossen gesammelten Abfall zu ihrem Erwerbszweig machen. Dann die vom Lande hereinkommenden Gemüse- und Fischweiber, letztere eine durch bodenlose Grobheit berüchtigte Kaste des schönen Geschlechts, die Postknechte, Paket- und Briefträger, Sandfuhrleute, Zettelankleber, Straßenfeger, die sich mit dem übrigen Volk, mit Gipsfigurenhändlern, Waldteufel-Jungen und Bücklings-Mädchen vermischen.«

Isidor Kastan (1840–1931) steht für spontanes Verlassen einer ursprünglich angesteuerten Berufslaufbahn. Nur kurz war der studierte Mediziner als Arzt tätig, dann zog es ihn zum Journalismus, und schließlich ist er beim angesehenen Berliner Tageblatt *Ressortleiter für Innenpolitik geworden.*

ISIDOR KASTAN

Für 30 Pfennig ins Konzert

Man brauchte nur einen Schritt über die beiden Schinkelschen Torbauten am Westabschlusse des Leipziger Platzes
hinauszutun, und das Bild war von Grund aus verändert. Unmittelbar neben dem großstädtischen Leipziger Platze war die
hinter der lächerlichen Stadtmauer sich ausdehnende Raum-
fläche über alle Vorstellung ärmlich und vernachlässigt. Der
alte Potsdamer Bahnhof war wie alle anderen Berliner Bahnhöfe eine erbärmliche »Bude«. Einen anderen Ausdruck hat
unsere reiche deutsche Sprache nicht zur Verfügung, um die
baulichen Zustände der hauptstädtischen Bahnhöfe jener Zeit
wahrheitsgemäß zu bezeichnen.

Dem jämmerlichen Aussehen entsprachen die inneren Einrichtungen auf das Vollkommenste. Im Wartesaal der dritten
Klasse waren an den Wänden Bänke aus Kiefernholz angebracht; ein eiserner Ofen in der Mitte desselben spendete in
den Wintermonaten die nötige Wärme; für prächtige Be-
leuchtung sorgten ein paar frei in die Zimmerluft hinausflak-
kernde Gasflammen.

Im Wartesaal zweiter Klasse sah es schon vornehmer aus.
Hier konnte man sich auf Stühlen und Bänken mit Rohrge-
flecht niederlassen; hier hatten die Gasflammen schon Glaszy-
linder, hier stand auch schon ein weißer Kachelofen.

In dem kleinen Wartesaal erster Klasse herrschte indessen
eine sinnbetörende Prachtausstattung in Gestalt von Mahago-

45

nisesseln und Sofas, deren Polster mit knallrotem Plüsch überzogen waren. Von der Decke herab hing ein fünfarmiger Beleuchtungskörper mit Milchglaskugeln herab. Wer sich einmal unbefugterweise in dieses Heiligtum hineinwagte, hielt förmlich den Atem an vor Staunen über den Luxus.

Und so wie hier war's auf dem Schlesischen, dem Stettiner, dem Anhaltischen Bahnhof. Auf diesem Bahnhof hat sich's einmal zugetragen, daß sich die Gemahlin des Kaisers Alexander II. bei ihrem Gang nach dem Hofzuge in der Dunkelheit den allerhöchsten Fuß verstauchte. Ein Donnerstrahl zuckte auf die Verwaltung der Anhaltischen Eisenbahngesellschaft herab, und die Folge davon war, daß ein Ministerialbefehl erging, für die Abstellung der skandalös gewordenen Mißstände schleunigst Sorge zu tragen und einen Bahnhofsumbau in die Wege zu leiten.

Dieser Unfall einer fremdländischen Fürstin hat nicht in letzter Linie dazu beigetragen, den aller Beschreibungen spottenden jämmerlichen Berliner Bahnhofseinrichtungen ein rascheres Ende zu bereiten. Diese allerdings dann auch nur um so gründlicher durchgeführten Umwandlungsarbeiten fielen in die Mitte der siebziger und achtziger Jahre.

Als jedoch die neu erbauten weiten Bahnhöfe mit ihren kühn überspannten Eisen-Glashallen, den prächtigen Vorhallen, Wartesälen und allen sonstigen zweckmäßigen Einrichtungen endlich vollendet waren und die Verwaltungen der betreffenden Eisenbahngesellschaften zu dem Ende daher sehr tief in ihre Beutel hatten greifen müssen, da erschien der preußische Eisenbahnminister mit seiner Eisenbahnverstaatlichungsvorlage und steckte die ganzen neuerstandenen hauptstädtischen Herrlichkeiten, will sagen die ebenso prachtvollen wie zweckmäßigen Bahnhöfe nebst den gesamten riesigen Anlagen und Gebäuden um ein Billiges ein.

Die privaten Eisenbahngesellschaften machten keineswegs

46

gute Miene zum bösen Spiel der Minister Thielen und Maybach. Sie mußten sich schließlich mit den angebotenen Abfindungssummen zufriedengeben. Sie konnten das auch, bei Lichte besehen. Die Allgemeinheit jedoch hatte keinerlei Grund, sich über den Übergang des privatgesellschaftlichen Eisenbahnbetriebs in den staatlichen irgendwie zu beklagen.

Vorerst jedoch stand, wie schon angedeutet, der alte Potsdamer Bahnhof außerhalb der Stadtmauer in seiner ganzen Winzigkeit und Ärmlichkeit da, wie er sich noch aus seiner Erbauungszeit vom Jahre 1842 her unangetastet forterhalten hatte. In seiner unmittelbaren Nachbarschaft erblickte man damals ein in sehr bescheidenen Ausmaßen errichtetes einstöckiges Haus, das allen Berlinern aus jener Zeit noch bekannte Schreibersche mit seinen für die ländlichen Ankömmlinge besonders verlockend ausgestatteten Schaufenstern. Hier standen die derbgewebten Baumwollen- und Leinwandwaren, weiße und farbige, in Rollen nebeneinander aufgestellt. Es war alles auf den Geschmack der zur Stadt zum Einkauf kommenden Landleute berechnet.

Der damalige Gegensatz zwischen dem völlig kleinstädtischen Aussehen der Gegend unmittelbar am Potsdamer Bahnhof und dem großstädtischen Glanze des Leipziger Platzes war wirklich mehr als überraschend; er war geradezu verblüffend. Weiter westwärts, vom Beginn der Potsdamer Straße bis zum Landwehrkanal, herrschte eine wahrhaft ländliche Stille, die sich mit jedem weiteren Schritt nach dem »Westen« zu steigerte. Wer fernab von dem »Stadtgewühl« in Ruhe leben wollte, der wählte seinen Wohnsitz hier in dieser weit vom Verkehr abgelegenen Straße, deren prächtige alte Bäume ihren besten Schmuck bildeten. Allen Häusern waren breite Vorgärten vorgelagert, die in ihren mehr volkstümlich gehaltenen, an die Kleinstadt erinnernden Blumenanordnungen und Lauben einen traulichen Anblick gewährten.

Zwischen dem Potsdamer Platz und der armseligen, schmalen Holzklappenbrücke über den Landwehrkanal zeigten sich bereits damals einige ansehnlichere Bauten. Die allermeisten waren jedoch über alle Maßen kläglich. Ein einziges Bauwerk hat sich in seiner ganzen ehemaligen Pracht erhalten. Viele Jahre erfreute sich die darin untergebrachte Frederichsche Speisewirtschaft eines überaus lebhaften Zuspruchs unter der besseren Berliner Bürgerschaft.

Der berühmteste Gast war bis zu seinem Hinscheiden Adolf Menzel, der hier seine sehr ausgiebigen Abendmahlzeiten zu nehmen pflegte – er aß nämlich nur einmal täglich, dann aber recht reichlich. Der unsterbliche Meister fand stets sein Tischchen am Fenster bereitgestellt. Der knurrige kleine Herr mit dem gewaltig großen Kopfe, dem abweisenden Gesichtsausdruck wurde von allen Anwesenden mit einer förmlichen Scheu betrachtet.

Der Wirt gab natürlich sein Allerbestes, um den Stolz seines Hauses, wie er Menzel stets benannte, zufriedenzustellen. Allerdings durfte er den ewig brummenden Künstler mit der wirtsmäßigen Verbeugung nicht bedienen. Derlei vertrug Adolf Menzel ganz und gar nicht. Wohl aber ließ er sich zuweilen mit »seinem« Kellner in eine längere Unterhaltung ein, die auf einen recht heiteren Ton abgestimmt sein mochte, wie man aus einem gelegentlichen Schmunzeln oder sogar aus einem hellen Auflachen Menzels entnehmen konnte.

Einer allgemeinen Beliebtheit erfreuten sich der »Sommersche Salon« in der Potsdamer Straße Nr. 9 und der große, schöne dahinterliegende Garten. Hier spielte jeden Mittwoch und jeden Sonnabend die Liebigsche »Symphoniekapelle«, damals die einzige in Berlin, die ausschließlich klassische Musik zu Gehör brachte. Der Eintrittspreis betrug 30 Pfennig.

Diese Liebigschen Symphoniekonzerte während der sechziger Jahre verliehen dem damaligen Berlin einen in kulturgeschichtlicher Hinsicht recht bemerkenswerten Zug. Die aus etwa 40 Musikern bestehende Kapelle hatte der alte Liebig ausschließlich aus seinen ehemaligen militärischen Berufsgenossen nach und nach zusammengebracht und zusammengehalten. Sie waren nach abgeleisteter Militärdienstzeit mit dem Zivilversorgungsberechtigungsschein in den Subalterndienst getreten und pflegten in ihren dienstfreien Stunden der Kunst. Sie musizierten unter der Führung des wackeren, freundlich dreinschauenden alten Liebig, dessen Gesichtszüge eine auffallende Ähnlichkeit mit denen Alexander von Humboldts aufwiesen, und erfreuten ungezählte Tausende durch ihre braven Leistungen.

*Auch im Alter und in der letzten seiner zahlreichen Berliner Woh-
nungen, Potsdamer Straße 134 c, hat der Journalist Theodor Fontane nicht von einer lebenslangen Vorliebe gelassen. Am 11. Juni
1883 schrieb der Dreiundsechzigjährige an seine Frau: »Das Beobachten und Schlüsseziehen ist, wie Du weißt, meine Wonne.«*

*Beobachtet aber wurde nicht zuletzt das tägliche Leben vor der
eigenen Haustür einschließlich des nahen Potsdamer Platzes. Der
Dichter kam gar nicht umhin, dieses Terrain ins scharfe Auge zu fassen, pflegte er doch in Restaurants des Platzes zu verkehren, Freunde
zu treffen, dem Puls der unablässig wachsenden Großstadt nachzu-
spüren. Und dergestalt einen anderen Briefsatz vom Sommer 1883
zumindest teilweise zu widerlegen: »Ich bin absolut einsam durchs
Leben gegangen, ohne Klüngel, Partei, Clique, Koterie, Klub, Wein-
kneipe, Kegelbahn, Skat und Freimaurerschaft.«*

*So gingen Impressionen, gewonnen auf dem Potsdamer Platz,
gleich in zwei kleine Fontane-Romane ein. Zunächst in die tragisch
endende Liebesgeschichte »Cécile«, 1886 von einer Zeitschrift vor-
abgedruckt und ein Jahr später als Buch erschienen. Hier kommt der
Ingenieur von Gordon, lange beruflich durch die Welt gereist, wieder
nach Berlin und passiert auf dem Weg zu neuen Freunden den Platz.*

*An anderer Stelle, in dem 1888 spielenden Familienroman »Die
Poggenpuhls« (veröffentlicht 1896), trifft aus der Provinz »Onkel
Eberhard« ein, der General Eberhard von Poggenpuhl. Seine Berliner Verwandten wohnen in der Großgörschenstraße nahe dem Matt-
häikirchhof und bitten den Gast, bei ihnen zu logieren. Doch den
General zieht's – wohin? Na eben: zum Potsdamer Platz, ins Hotel
an einem Brennpunkt der Stadt.*

*(Es mag angezeigt sein, zwei vergessene Begriffe zu erklären, die
im »Cécile«-Zitat vorkommen: »Tienen« sind zu Fontanes Zeiten
runde Holzbottiche von etwa sieben Liter Fassungsvermögen gewesen, und »Besinge« waren Heidelbeeren.)*

THEODOR FONTANE

»Auch heute wieder unpassierbar«

Nun war es Morgen, und er erschrak fast, als er in sein Wohnzimmer trat und sich hier umsah. Alles lag noch gerade so da,
wie's gestern gelegen hatte: Wäsche, zerstreut über die Stühle
hin, Überzieher und Fracks an Schrankecken und Fensterrie-
gel gehängt und der Koffer selbst halb aufgeklappt zwischen
Tür und Ofen.
»Und nun sollt ich wohl«, hob er an, »in diesem Chaos Ordnung stiften.« Rüstig ging er ans Werk und mußte lachen, als
der Kleiderschrank bei jeder Berührung seiner Holzriegel
quietschte. »Noch ganz die alte Zeit. So quietschten sie früher
auch. Aber Berlin wird Weltstadt.«
Er ruhte sich einen Augenblick und machte dann Toilette.
»Wohin? Alte Freunde besuchen, die vielleicht keine mehr
sind? Immer mißlich. Also neue, das heißt mit anderen Worten die St. Arnauds. Denn andre hab ich nicht. Aber sind sie
da? Mit oder ohne Chance, jedenfalls kann ich einen Versuch
machen.«
Und er nahm Hut und Stock, um in der St. Arnaudschen
Wohnung vorzusprechen.
Diese war auf dem Hafenplatze, so daß der einzuschlagende
Weg erst durch ein Stück Königgrätzer Straße, demnächst
aber über den Potsdamer Platz führte, der auch heute wieder
wegen Kanalisation und Herstellung eines Inselperrons unpassierbar war. Wenigstens in seiner Mitte. So mußte Gordon

denn an der Peripherie hin sein Heil versuchen, was ihn freilich nur in neue Wirrnisse brachte.

Denn es war gerade Markt heute, der, wie gewöhnlich an dieser Stelle, zwischen Straßendamm und Häuserfront abgehalten wurde. Hier saßen die Marktfrauen in einer Art Defilee, »gekeilt in drangvoll fürchterliche Enge«, durch welche Gordon nun hindurch mußte. Wirklich, das war nichts Leichtes, aber so schwer es war, so vergnüglich war es auch, und auf die Gefahr hin, überrannt zu werden, blieb er stehen und musterte die Szenerie.

Weithin standen die Himbeer-Tienen am Trottoir entlang, nur unterbrochen durch hohe, kiepenartige Körbe, daraus die Besinge blauschwarz und zum Zeichen ihrer Frische noch mit einem Anflug von Flaum hervorlugten. In Front aber, und zwar als besondere Prachtstücke, prangten unförmige verspätete Riesenerdbeeren auf Schachtel- und Kistendeckeln, und dazwischen lagen Kornblumen und Mohn in ganzen Bündeln, auch Goldlack und Vergißmeinnicht, samt langen Bastfäden, um, wenn es gewünscht werden sollte, die Blumen in einen Strauß zusammenzubinden.

Alles primitiv, aber entzückend in seiner Heiterkeit und Farbe. Gordon war ganz hingenommen davon, und erst als er sich satt gesehen und ein paar kräftige Atemzüge getan hatte, ging er weiter, um, an der Köthner-Straßen-Ecke rechts einbiegend, auf den Hafenplatz zuzuschreiten.

»Weil da das meiste Leben ist«

In diesem Augenblick ging draußen die Klingel, und Friederike trat ein, um den Herrn General zu melden. »Lupus in fabula.« Aber ehe Leo noch das Wort aussprechen konnte, stand der Onkel schon in der Tür, legte den Finger halb dienstlich an die Schläfe und sagte: »Habe die Ehre, Frau Schwägerin.«

Die Mädchen eilten ihm entgegen, Leo natürlich desgleichen; als aber auch die alte Frau sich erheben wollte, versagten ihr die Kräfte, so sehr war sie bewegt von der Güte ihres Schwagers, für den sie immer eine besondere Liebe und Verehrung gehabt hatte.

»Sitzen bleiben, meine liebe Albertine. Das kommt von den zu jugendlichen Bewegungen.«

»Du bist immer so gut, Eberhard, immer der alte. Aber sage vor allem, was führt dich her? In Winterszeit nach Berlin.«

»Ja, Albertine, was führt mich her! Ich könnte sagen: dein Geburtstag. Aber du würdest es vielleicht nicht glauben, und da ist es doch wohl besser, daß ich gleich mit der Wahrheit herausrücke. Geschäftliches führt mich her, Hypotheken, Abschreibungen und auf der Bank allerlei Sachen. Und da die Reise nun mal nötig war, habe ich mir natürlich diesen vierten Januar ausgesucht, um meiner lieben Frau Schwägerin gratulieren zu können.«

»Und du wirst bei uns wohnen«, sagte die Majorin. »Wir können dir nicht viel bieten, aber wir haben doch die Aussicht auf den Matthäi ...«

»Ich weiß, Albertine«, sagte der General. »Alles sehr schön. Aber offen gestanden, ich ziehe den Potsdamer Platz vor, weil da das meiste Leben ist. Und Leben ist nun mal das Beste, was eine große Stadt hat. Das fehlt uns in Adamsdorf. Ich bin also wieder im ›Fürstenhof‹ abgestiegen, bin da schon bekannt, und wahrhaftig, es sieht beinahe so aus, als freuten sich alle, wenn ich komme.«

»Wird auch wohl so sein.«

»Und wenn ich mich da morgens ins Fenster lege, links und rechts ein Sofakissen unterm Arm, und die frische Winterluft kommt so vom Hall'schen Tor her, und ich hab dann so Café Bellevue und Josty vor mir, Josty mit dem Glasvorbau, wo sie schon von früh an sitzen und Zeitungen lesen, und die Pferdebahnen und Omnibusse kommen von allen Seiten heran, und es sieht aus, als ob sie jeden Augenblick ineinanderfahren wollten, und Blumenmädchen dazwischen, und in all dem Lärm und Wirrwarr werden dann mit einem Male Extrablätter ausgerufen, so wie Feuerruf in alten Zeiten und mit einer Unkenstimme, als wäre wenigstens die Welt untergegangen – ja, Kinder, wenn ich das so vor mir habe, da wird mir wohl, da weiß ich, daß ich mal wieder unter Menschen bin, und darauf mag ich nicht gern verzichten.«

*S*ogar Gastronomen können unternehmerischen Instinkt nötig haben, wie der Fall des renommierten, ehedem für seine Fleischpasteten (!) berühmten Cafés Josty beweist. *Fast 100 Jahre lang, seit ihrer Gründung 1793, hatte sich die beliebte Konditorei eines schweizerischen »Zuckerbäckers« an der Stechbahn befunden, dem Schloß schräg gegenüber, und war gut dabei gefahren: Die Nähe zum Hof und zu dessen Besuchern, Angestellten, Nutznießern brachte Umsatz.*

»In den Wochentagen«, notierte ein Kenner 1846, »sieht man viele Zivilpersonen. Sonntags nach der Parade blitzen und blinken die Uniformen in buntester Mischung. Die Militärpersonen, die bei Josty verkehren, sind meistens gereift und alternd. Viele von ihnen sind über die Erinnerungen 1813 bis 1815 nicht hinausgegangen. Nach und nach verschwinden sie aber, man trägt die alten Kämpfer zur Ruhe.« Und mit ihrem Abgang und dem Aufkommen aller möglichen Veränderungen in der, seit 1871, Kaiserstadt Berlin wandeln sich bei Josty die Auffassungen von Prosperität und Perspektive.

Unerwartetes geschieht: 1880 verläßt das Unternehmen, beinahe möchte man von einer ehrwürdigen Institution sprechen, die so lange angestammte Schloßgegend und übersiedelt an den Potsdamer Platz! Nur weniges hätte der aufmerkenden Öffentlichkeit ähnlich augenfällig machen können, wohin der Zug der Zeit sich wendet: nach dem Westen der Stadt.

Dort, auf dem Grundstück einer dahingegangenen biedermeierlichen Apotheke, würde das räumlich stark vergrößerte Café mit markisenbeschattetem Vorgarten, mit noch breiterem Angebot und mit zahlreich ausliegenden internationalen Zeitungen ganz neue Gästeschichten anziehen. Kaum mehr der Rede wert, was da an der Stechbahn aufgegeben worden war ...

Einer, der das Café Josty nicht erreichte, ist Karl Liebknecht gewesen. Am 1. Mai 1916 wollte er, gegen 20 Uhr auf dem Potsdamer Bahnhof angekommen, von der Restaurantterrasse aus zu den Passanten sprechen. Bei ihm befanden sich Rosa Luxemburg und wei-

tere Vertraute. Die kleine Gruppe blieb im starken Verkehr fast stek-
ken. Das unübersichtliche Gedränge begünstigte Spitzel; sie vereitel-
ten zuletzt jedes Durchkommen, so daß Liebknecht mitten auf dem
Platz seine bekannte Losung rief: »Nieder mit dem Krieg! Nieder
mit der Regierung!« Und umgehend verhaftet wurde.

Hans Ostwald (1873–1940) war ein unermüdlicher Lokalhisto-
riker, dem die Stadt viele kultur- und sittengeschichtliche Schilde-
rungen verdankt.

HANS OSTWALD

Alle Tische besetzt

Ein matter Widerschein zittert vom Asphalt des Potsdamer Platzes über die Tische, über die Gruppen, über die reich oder auffallend gekleideten Damen, über die Gesichter der Herren. Die Sonne prallt auf den Platz hernieder und fängt sich in der weiten, dunstgefüllten Hohlgasse der Leipziger Straße, die hinter den mattgelben, mit dörrendem Laub umpflanzten Torgebäuden und dem Grün des Leipziger Platzes ihren Schlund auftut. Auf dem Platz schieben sich die Droschken, die Elektrischen, die Automobile, die kastenartigen Geschäftswagen zu einem wirren Knäuel zusammen, lösen sich, entfliehen in die einmündenden Straßen – und streben wieder dem Platz zu, wie Fliegen, die sich der verderbenbringenden Lampe nähern …

Vor dem Gitter des Cafés ein buntes Hin und Her von Menschen. Junge Mädchen, schlank, leicht und luftig gekleidet. Frauen, die beim vorsichtigen Überschreiten des Platzes elegante Schuhe und reiche, flimmernde Unterkleider sehen lassen. Herren, die aus der Börse, aus vornehmen Bureaus und Geschäften kommen – und nur wenige Frauen und Männer, die Spuren ihrer Arbeit an der Kleidung tragen …

Dies Bild gehört zum Café Josty. Es ist der Hintergrund. Ohne ihn – was wäre das Café?

Erst dieser zusammenfassende Ausstrahlungspunkt des Westens von Berlin ermöglicht dies Lokal mit all seinen Reizen, seinen Menschen und seinem bunten, vielfältigen Treiben. –

Im Sommer. Nachmittags. Unter grünen Bäumen im Schatten des Hauses eine schier verwirrende Fülle von Gestalten. Wie sie eben das heutige Berlin bietet. Helle, blendende Sommertoiletten. Herren in vornehmster Straßenkleidung, mit bunten Westen, echte Panamas auf den markanten Köpfen. Auch mit Cylinder oder neuestem Filz. Alle Tische besetzt.

Zwei Damen rauschen heran. Luftige, plissierte Seide. Matte Modefarbe. Nur die Hüte grün, in dem Saft des sommerlichen Wiesengrases. Die Gesichter frisch und erhitzt. Aber einige Falten an den Schläfen und die Fülle der Brüste und der Hüften und der frauenhafte schwere Gang, den hohe Absätze nicht ganz hinwegtäuschen, künden doch von gewissen Jahren.

Und an der sicheren Art des Auftretens sieht man, daß diese beiden Damen gewöhnt sind, allein auszugehen.

Alle Blicke folgen den hohen Gestalten, die zwischen den Tischen nach leeren Plätzen suchen – und in der Nähe eines Tisches mit alten Herren freie Stühle finden. Wie sie nun so sitzen, sieht man einen leichten Puderhauch auf ihrem Gesicht. Und die Brillantohrringe funkeln wie dankbare Geschenke …

Nicht nur die jungen Herren, die in der Nähe sitzen, suchen Blicke zu erhaschen und die Gestalten zu erfassen. Auch die Damen lassen ihre Augen über diese berückenden Kleider gleiten. Neid, Neugier, Erstaunen, Nachahmungssucht blikken heimlich und offen.

Und auch vom Tisch der alten Herren finden Blicke zu den beiden hinüber. Der Herr in Hellgrau, dessen rotes, aristokratisches Gesicht zwischen zwei weißlichen Bartenden glüht, weiß auf dem Gesicht der einen ein feines Lächeln hervorzurufen …

Er hört kaum, wie ihn sein Nachbar, ein rasierter, gradsitzender Alter, dem etwas vom pensionierten General eigen ist, fragt:»Und Rohrbeck?«

»Ach so – ja, ja – na, der, der geht noch ins Bureau ... Ja, der ist doch nu ›Wirklicher‹ geworden. Na – der arbeitet, bis er alle is!« antwortet der Graue zerstreut.

»Ja – das is nu mal so – wir Alten lassen nicht locker ... Sonst – na, dann stirbt man doch so sachte ab, wie Klützow – und Randleben – und – – na –«

Er winkt mit der Cigarre und raucht sinnend weiter.

Die andern hören ihm zu und versinken auch ins Sinnen.

Ihre Augen bekommen einen Schimmer, als sähen sie dies Gewimmel da vor sich gar nicht ...

*

Plötzlich kommt ein großer, breitschultriger Herr vorüber. Sein knochiger Kopf mit dem graugesprenkelten schmalen Vollbart, mit dem rotfleckigen Gesicht, der starken Nase, den flackernden Augen und dem dicklippigen Mund erinnert an einen reaktionären agrarischen Parlamentsredner, der aus industriellen Gründungen Riesengewinne zog.

Die Alten grüßen ihn ehrerbietig.

Er ist ganz familiär leutselig.

Macht aber ein steifes Äußeres, als ein kleiner Herr mit scharfem Gesicht, blondem Spitzbart und spöttischem Lächeln dicht bei ihm vorübergeht. Ein aristokratischer Standesgenosse, der eine der jüngsten giftigsten Oppositionszungen im Reichstag ist und den alten Herrn auf gewisse soziale Widersprüche in dessen Leben und Reden hingewiesen hat.

*

Dicht an der Veranda ein Tisch mit Künstlern. Ein blonder, elegant gekleideter Jüngling, ehemaliger Jurist, jetzt schreibt er Verbrecherhumoresken. Ein schäbig gekleideter, blaßhaariger Bildhauer mit einer mädchenhaften jungen Frau. Ein Schriftsteller, mit riesiger dichter Lockenfülle, rundlichem Gesicht, aufgeworfenen Lippen, der in der Lodenjoppe den Agrarier markiert, einen prachtvollen Jagdhund bei sich hat, gibt sich wie der größte Naturfreund, kann aber nicht drei Tage ohne sein Berlin W. leben. Er schreibt die Verbrecher- und Dirnengeschichten, die schon mehr als derb sind – kommt aber aus den protzigen Straßen und luxuriösen Lokalen des Westens nur selten ins Volk. Ein Illustrator, der sich aus der Arbeiterherkunft herausgearbeitet hat und dessen eckiger Schädel und faltiger, glattrasierter Mund eine Mischung von Sportsmann und Verbrecher vortäuschen.

Unweit von ihm sitzt ein kleiner, dicker, gewöhnlich gekleideter Mann mit seiner Tochter; sie in weißem Battist, grellrote billige Blumen auf dem riesigen Hutgeflecht. Plötzlich ruft der Dicke ganz vertraulich: »Herr Fuchs! Herr Fuchs!«

Klopft dem Illustrator auf die Schultern und lotst ihn an seinen Tisch und spricht so laut, daß fast das ganze Lokal es hören kann, mit dem bekannten Künstler von den Tagen, da der im Hause des Dicken – im Südosten – oben unter dem Dache seine Künstlerlaufbahn begann ...

*

Hinten, an der Wand, blüht einsam ein Kleid. In einem feinen Rot. Mit einem aparten, kecken schwarzen Hut. Das bleiche Gesicht mit den gescheitelten, hängenden Haaren sieht wunderbar lieblich darunter aus. Die kleinen roten Lippen glühen, und die großen dunklen Augen glänzen ...

Ein junger breitschultriger Mensch kommt in neuester Eleganz. Den kurzgeschorenen blonden Fechterkopf mit der orientalischen Nase weit vorgeschoben. Sein blühendes Gesicht grüßt flüchtig nach allen möglichen Tischen, wo alle möglichen jungen Mädchen sitzen, die früher in großen Kaufhäusern bedienten, jetzt aber nachmittags hier freundschaftlich in auffallenden Toiletten zusammenkommen. Aber – er geht an allen diesen Tischen vorbei, schlängelt sich zwischen einigen Familien hindurch – und setzt sich zu dem Mädchen in Rot. Bald stützt er seine behandschuhte Rechte auf den dünnen Spazierstock – und plaudert mit der Debütantin, die beglückt lächelt. Später kommen mehrere von den jungen Mädchen mit an den Tisch – alle reden den jungen Mann mit Du an …

*

Dicht bei einer Mutter, die mit Paketen und mehreren Schlagsahne schleckenden Töchtern dasitzt, plaudern zwei andere Mädchen ihre Geheimnisse aus: »Du, Lissi, der Offizier, den ich im vergangenen Jahr hatte, kommt zum Winter wieder auf Akademie hierher.«

»Na – und dein Geheimrat?«

»Solange der nichts merkt, laß ich den ruhig zahlen … Da wäre ich ja schön dumm!«

»Wärste auch. Mein Fabrikant hat auch keine Ahnung, daß mich der kleine Japaner öfter besucht. Na – ich kann doch nicht warten, bis der seine Alte mal laufen läßt … Na – weißte, der hat es wirklich zu schlecht getroffen.«

Die jungen Mädchen tun, als hören sie das alles nicht. Aber die Mutter sieht sie an. So rechte wohlerzogene höhere Töchter, nach denen sich nicht zu viele Männer umsehen. Glanzlose Augen, blasse, gewöhnliche Stubengesichter reizen nicht dazu …

»Nein«, sagt die Mutter, »nein, früher, als es hier noch nicht so groß war, verkehrte doch ein anderes Publikum. Da traf man noch lauter Bekannte. Leute, die was waren … Aber – davon wißt ihr ja nichts. Damals wart ihr ja noch Kücken …«

*

Vorn am Gitter sitzt ein Kreis junger Männer. Übernächtigt, mit Großstadtgesichtern. Hochelegant. Etwas Rastloses, Zähes, Überhebendes im Blick. Sie sprechen von Nietzsche, von den letzten Pferderennen, von den Premieren, die für den Winter bevorstehen, kritisieren mit Kennerblicken die vorübergehenden Mädchen und Frauen – und lachen über einen ihres Kreises, der eine der Damen da draußen für eine Dame erklärt.

*

Laute jähe Rufe: »Abendblatt! Abendblatt!«

Und über die Gitter hinweg reichen die sonst abseits stehenden Zeitungshändler die Blätter. Wie rasend geworden, laufen sie um das volle Lokal herum, laut rufend: »Abendblatt! Abendblatt!«

Viele der älteren Herrn sehen zuerst nach dem Handelsteil. Flüchtig prüft ihn ein großer, stattlicher Mann, der sich bedächtig eine goldene Brille aufsetzt: Er will nur sehen, ob die Zeitungen richtig bringen, was er heute auf der Börse für eine Panik angerichtet hat …

*

Oben, in der kleinen Glasveranda, wo fast nur ältere Herren sitzen, ein junger Architekt. Mit einem Rechtsanwalt, der einen bekannten pfiffigen Kopf hat. Sie warten auf Geldgeber, die denn auch kommen. Der eine rundlich, mit treuherzig verkniffenem Gesicht, dem ein goldenes Pincenez etwas Ehrbares gibt. Der andere schwarz, bärtig, mit scheuen, glänzenden Augen: richtige Schieber.

Sie stutzen nicht wenig, als ihnen der Architekt seinen Rechtsanwalt vorstellt. Den hatten sie nicht erwartet. Und sie holen nicht die Verträge hervor, die sie schon fertig aufgesetzt hatten …

*

Abends spät, nach einem großen Ordensfest. Draußen ist Winter. An den Garderobenständern hängen kostbare Pelze, einfachere Mäntel und Offizierskragen. Damen sitzen in luxuriösen Jacketts, Pelzhüte auf den duftig frisierten Haaren, mit ihren Männern an den Tischen. Hier und da eine ganze Familie. Allerlei junge Leute. Hinten ein Schriftsteller mit einer jungen Schauspielerin. Er grüßt zum Tisch einer Familie hinüber. Man lächelt – aber grüßt zurück ... Die Damen tuscheln miteinander ...

Glänzende Theatertoiletten schimmern hier und da zwischen Herren in schwarzem Frack.

Und an einem Wandtisch glänzen Orden – in Gold und Silber und Edelsteinen. Ein ganz kleiner, graubärtiger Herr sitzt dort, den Kopf mit den müde geschlossenen Augen vornüber. Die Orden hängen bis auf die Erde hinab.

Und alles flüstert lächelnd:

»Menzel – der alte Menzel.«

*

Frühlingsabend. Der Vorgarten mit seinem bunten Publikum, übergossen von weißem elektrischen Licht. Die Zweige, durchleuchtet grün, darüber. Aus der kastanienduftenden Bellevuestraße kommen vom Tiergarten her Paare, jung, selig, mit verschlungenen Armen, die Augen mehr nach dem Gesicht des anderen als auf die Straße.

Einzelne der Paare kommen noch herein ins Café.

Ein müdes, graubleiches Gesicht. Geschmackvoll gekleidet. Die dunkeln Haare kurz geschoren, der Bart verstutzt.

Seine Augen waren immer ein wenig geschlossen. Nun aber leuchtet es beim Lächeln in ihnen auf. Wie Frühlingserinnerungen.

Ach Gott – wie oft war schon Frühling ...

Aber – er sieht doch nach den koketten, liebeverheißenden

Mädchen, die wenige Schritte vor dem Gitter auf und ab gehen oder in kleinen Gruppen stehen bleiben und mit ihren
Reizen locken – zu einem neuen Frühling – – –

PAUL BOLDT

Auf der Terrasse des Cafés Josty

Der Potsdamer Platz in ewigem Gebrüll
Vergletschert alle hallenden Lawinen
Der Straßentrakte: Trams auf Eisenschienen,
Automobile und den Menschenmüll.

Die Menschen rinnen über den Asphalt,
Ameisenemsig wie Eidechsen flink.
Stirnen und Hände, von Gedanken blink,
Schwimmen wie Sonnenlicht durch dunklen Wald.

Nachtregen hüllt den Platz in eine Höhle,
Wo Fledermäuse, weiß, mit Flügeln schlagen
Und lila Quallen liegen – bunte Öle;

Die mehren sich, zerschnitten von den Wagen.
Auf spritzt Berlin, des Tages glitzernd Nest,
Vom Rauch der Nacht wie Eiter einer Pest.

Er war – ähnlich dem schon zitierten Hans Ostwald und den noch zu zitierenden Hardy Worm und Franz Hessel – ein Flaneur, ein Stadtbummler mit profundem lokalhistorischem Wissen. Und genauem Blick: An mehreren Kunstakademien ausgebildet, zeichnete er für humoristische Zeitschriften wie Ulk und Lustige Blätter. So prädestinierte sich Edmund Edel (1863–1934), gut bekannt etwa mit dem berühmten Maler Max Liebermann und in dessen Atelier am Brandenburger Tor ein- und ausgehend, als Mitautor der locker erzählenden Buchreihe »Großstadt-Dokumente«, die es auf 50 Bände brachte.

Bei aller Verschiedenheit der überlieferten Betrachtungen des Potsdamer Platzes kehrt eine Gemeinsamkeit öfter wieder: Wie andere Schilderer der abendlichen oder nächtlichen Szenerie ortet Edmund Edel 1908 im Lampenschein auffälligerweise einen braunen Schimmer. Herrührend von der Beschaffenheit des Kunstlichtes? Oder hervorgerufen durch irgendwelche Spiegelungen? Wir werden es wohl nicht mehr erfahren.

Hingegen erfahren wir bei dem gelassen dahinspazierenden, gelegentlich besinnlich innehaltenden Edel etwas vom »merkwürdigen Getute«, akustische Urform großstädtischer Verkehrsregelung und in erster Linie bestimmt für die über den Platz verteilten, auf die Signale hin möglichst synchron ihre Arme schwenkenden Polizisten. Das Horn regierte den Potsdamer Platz bis zur Aufstellung des Ampel-Verkehrsturms und soll sicherheitshalber sogar dann noch eine Weile beibehalten worden sein.

EDMUND EDEL

Die Königin der Konfektion

Zwischen den Torhäuschen, diesen alten Wahrzeichen einer stillen, gemütlichen Zeit, wo den Wünschen der Berliner noch ein Ziel gesetzt wurde, ergießt sich die Welle der Großstadt.

Die Nacht beginnt. Die schimmernden Dünste des vibrierenden Tages lösen sich in das Halbdunkel der Dämmerung auf, einzelne elektrische Flammen spielen als Vorläufer der großen Nachtillumination durch die mattblaue Luft. Die mächtigen Baumgruppen des Leipziger Platzes verdichten sich zu großen Massen, und die alten Denkmalsherren auf den Postamenten verschwinden konturlos in die ihnen so notwendige Ruhe.

Abend! Friede auf Erden und ein Wimmeln auf dem Potsdamer Platz.

Die Lampen blitzen auf – warmes, violettbraunes Licht tänzelt von den hohen Kandelabern, alles in eine festfrohe, bengalische Stimmung gießend.

Die Elektrischen surren, die Autos pusten, die Droschkenkutscher schimpfen, und ich stehe am Torhäuschen und stelle mir das erstaunte Gesicht des alten würdigen Wächters von anno dazumal vor, wenn er plötzlich aufwachen und sein liebes Potsdamer Tor so vollständig in »Unordnung« finden würde.

Es lachen die Mädchen, die aus den Geschäften kommen,

und tuscheln sich von »ihm« ins Ohr und von Herrn Lehmann, dem Vorsitzenden des Vereins »Blaue Schleife«, der neulich auf dem letzten »Abend« so entzückend das Lied von den »Rosan, Tulpan, Nelkan« gesungen hat. Und Hedwig erzählt von einem alten Herrn, der ... na ... Pfui überhaupt, die alten Herren! Und Paula schwärmt von der Kunstausstellung, und Lieschen deklamiert ein Gedicht, das »ihr Dichter« ihr heute geschickt hat, und Grete muß »schnell machen«, da sie erwartet wird.

Unter den kecken, lustigen Hüten kecke, lustige, liebeblitzende Augen, schalkhafte Mündchen, wiegende Hüften und schlanker Gazellenwuchs.

Die Füßchen trippeln unter dem schwarz und weiß karierten Rock – fußfrei fertig zum Gebrauch von 20 Mark abwärts –, die Brüste dehnen sich unter den duftigen Blusen, und ein paar weiße Heftfäden aus dem Atelier bleiben schamhaft der kleinen fleißigen Arbeiterin treu und begleiten sie durch alle Gefahren und Freuden des Abends.

Hoch über ihnen aber schwebt stolzen wiegenden Ganges die Königin des Hausvogteiplatzes, Berlins Konfektioneuse. Auch sie ging einstmals in einfacher Bluse und »fertigem« Rock, auch an ihre Spuren hefteten sich unzweideutige Heftfäden. Durch Nacht zum Licht! Der Appetit kommt beim Essen, und nichts lernt sich schneller als der Luxus, wenn man Geschmack hat und »er« das Geld!

Zwischen der kleinen, munteren Hedwig, zwischen Paula und Grete, zwischen den Heftfäden und den englischen Strohhüten und billigen Mullblusen schreitet sie daher, die Königin der Konfektion, stolz und hehr und hoch. Jeder Zoll ein Gardemaß, jeder Zoll »Tailor made«.

Die »Kleinen« mit den lustigen Backen, mit den frischen Gliedern und den geringen Gehältern trippeln zu Aschinger oder nach Hause zu »Muttern« oder zu »Tanten«, oder Emil wartet am »Potsdamer«, oder »Mieze ihrer« nimmt sie mit zu Schultheiß oder – – mittwochs!

Mittwochs, da geht es »raus«. Hinaus nach Halensee, nach Südende, nach Wilmersdorf, hinaus zu Lust und Tanz, bis daß die Beinchen nicht mehr können – und der Herr Lagerchef muß am anderen Tage verschiedene Anschnauzer wegen der falsch aufgeklebten Etiketten vom Stapel lassen.

Ich stehe an der Normaluhr und freue mich, daß so viele Mägdelein und Jünglinge diese Vorliebe für gutgehende Uhren mit mir teilen.

Normaluhr und Rendezvous … wie Lachen und Küssen, wie Sonne und Frühling.

Und selbst die paar »Damen«, die in ihrer gesucht einfachen Aufmachung die falsche Vorspiegelung der bürgerlichen besseren Tatsache markieren und einsam ihres Weges ziehen, bis daß ein mitleidiger Fremdling sein karges Abendbrot in einer Weinstube mit ihnen teilt, selbst diese paar »Damen« können mir nicht die Freude an der Normaluhr verderben, diesem ewigen Zeitmesser des Liebesfrühlings der Berliner »kleinen Mädchen«.

Zwischen den Torhäuschen des Leipziger Platzes flutet die Jugend hinweg von der Arbeit zur Ruhe und zum Vergnügen, hinaus in den abendfrischen Tiergarten, durch die Bellevueallee an dem Schokoladenbrunnen vorbei, der den Roland darstellen soll, über den Kemperplatz in die Zelten, zur Militärmusik, zu Liebe und Gondelfahrten, zu Lachen und hellem Lagerbier …

Am Leipziger Platz hält die Wagenburg, und drüben, an der Linkstraße, stoppt eine andere Reihe von Gefährten. Ein paar Minuten ist der Potsdamer Platz leer, polizeilich abgesperrt. Arme ängstliche alte Damen und nervöse Herrlein gehen sicheren Fußes über den Platz wie Pharao durch das Rote Meer.

Dann ist ein merkwürdiges Getute, als wenn der Jäger ein

Halali bläst nach fröhlicher Pirsch. Der dicke Wachtmeister in der Mitte des Platzes stößt in das Horn. Die schnauzbärtigen Schutzleute, die liebevoll vor den vier Wagenburgen, die den Platz umsäumen, Posto gefaßt, heben die rechte Hand in die Höhe, und nun saust es und surrt es und rennt es über den Platz, als wenn die Hölle ihren Teufeln einen Sonntagnachmittagurlaub gegeben hätte.

Wehe dem kleinen Mädchen, das schnell noch hinüberwollte, weil sie ihren Max drüben an der Normaluhr bereits ergattert hatte. Sie muß sich, anstatt in die Arme ihres Liebsten zu stürzen, unter den Schutz der heiligen Hermandad stellen, um nicht als Frikassee zum Rendezvous zu kommen.

Ein neues Tuten. Dasselbe Schauspiel. Wieder einen Augenblick liegt der Potsdamer Platz friedlich da – – –

Aus der Leipziger Straße drängen die Menschen hinaus. Die Geschäfte sind geschlossen, das Vergnügen kann beginnen.

1914 Hurra-Rufe und patriotische Gesänge zu Kriegsbeginn auf dem Potsdamer Platz. Zwei Jahre danach Karl Liebknecht dort verhaftet. Noch zwei Jahre weiter eine wirre Szenerie aus abgerissen und desillusioniert als Geschlagene von der Front heimkehrenden Soldaten und schießenden Revolutionären – die Stadt, ja, das Land in Auflösung. Da kommt ein rheinländischer Prokuristensohn von Mitte 20 des Weges und steigert sich auf ebendiesem Platz in einen Rausch expressionistischer Sätzeschleuderei.

Curt Corrinth (1894–1960) hat Jura studiert, dazu Literatur- und Kunstgeschichte, als ihn Schreibdrang packt. Aufs Papier haut er einen stabreimsüchtigen Text voller gewaltsamer Wortbildungen und bedeutungsschwerer Gedankenstriche, den er »Potsdamer Platz oder Die Nächte des neuen Messias« betitelt und mit der Genrebezeichnung »Ekstatische Visionen« versieht. Seinen Ich-Helden Hans Termaden aus tiefer Provinz schickt, jagt, preßt der gleichsam fiebrige Verfasser hinein ins Prostituiertenmilieu des Platzes, das sich Corrinths Hauptfigur aberwitzig verklärt darstellt. Die »Visionen« – ein Erzeugnis äußerster Verstiegenheit, die ungeheuer komisch konterkariert wird durch sehr irdische Einlassungen einer käuflichen »massigen Geliebten« mit ununterdrückbarem Erwerbssinn.

Die 90-Seiten-Schrift erschien 1919 beim renommierten Münchner Georg Müller Verlag in stattlicher Auflage von 5000 Exemplaren. Im selben Jahr brachte Corrinth, später Ufa-Dramaturg und Buchhändler, den Roman »Trieb« unter die Leute, 1920 »Bordell – Ein infernalischer Roman in fünf Sprüngen«, flankiert durch »Die Leichenschändung – Ein Buch vom wollüstigen Tod«. Dann gingen ihm und dem epischen Expressionismus die Puste aus, kein Wunder nach dem Überstehen solcher Wallungen.

CURT CORRINTH

Zu Ungeheurem getrieben

Wem Gott will rechte Gunst erweisen, den schickt er in die weite Welt.

Den Hans Termaden: nach Berlin.

Und das klang wohlgetane Schickung.

Denn neugeborenes Europa sähc anders sich – denk' es, o Globus! – in alten Dämmerwelten heute noch dumpf verröchelnd, unvermögend, seinen verzückt geliebten Messias in Hans Termaden aus Barmen an der Wupper zu verehren, jenem Götterliebling, der allzu frühe – dennoch: geziemt, ob des Entschwebten in ewige Gefilde freudedurchrauschter Paradiese, eigensüchtige Klage uns, den Beseligten, ihr meine Brüder und Schwestern? – frühe uns entrückt ward, und dessen Evangelium und Erlösertat in schlichten Worten diese schlichten Zeilen schlicht berichten sollen.

Ihr wißt, daß ihm in junger Jugend jene starben, die als seines Lebens – gebenedeiten Lebens! – verantwortliche Erzeuger anzusehen sind. O der Eltern unseres Vielgeliebten! Während ich seinem kurzen Erdengang nachzudenken glückhaft mich befleißige, steigt auch ihr Sein – wenn schon schattenblaß – dennoch mächtig mir empor, und nichts Schöneres bleibt meiner träumrischen Seele, als, eine Zigarette lang, diesen Beiden segnendes Sinnen zu vergönnen.

Doch bald schon verglüht in dem frischen Dunkel dieser frühlingsschwangeren Märznacht duftendes Labekraut meines Gaumens und Hirns. Vorwärts treibt mich Ungeheures. Und wenn auch Geheimstes mir raunt, vermessen gebäre sich mein Beginnen –: Alles überflammender Impuls peitscht weiter den Entzündeten auf einmal planumfangener Bahn. Wohl schwache Hand, umkrampft sie dennoch energiegesättigt bannenden Griffel. Ich vollend' es. Hier wucht' es errichtet, *monumentum aere perennius.*

Und solchermaßen glomm des Erleuchteten erste Nacht.

*

Frühlingstage schwangen fliederweiß wie diese, und Abend ertrank schon sanft gleitend in besternter Nacht – hoch, hoch und blau und silbern diademte Himmel –, als müdgeraster D-Zug aufseufzend verebbte im tosenden Hallenhafen des Potsdamer Bahnhofs. Glieder spannten Muskeln, neue Lebenskräfte aus der Gewißheit endlichen Landens gewinnend. Koffer schwangen rufend sich Gepäckträgern entgegen. Unendliche Verwirrung durchtorkelte augenblickslang hunderte von Lebewesen, die geöffneten Wagentüren hastend entquollen. Dann sänftigte Toben bald hin zu geordneter Harmonie. Gebändigter Strom floß vielgliedrig der Sperre, den Portalen zu.

Hans Termaden: noch stand er, unsicher und die Provinz, die an seinem Willen fühlbar klebte, still verfluchend, als, anwerfend sich schier verzweiflungsvoll gegen den drängenden Strom, ein Grünlivrierter in sein Gesichtsfeld bog, dessen Schirmmütze er hausdienerhafte Zugehörigkeit zu dem Hotel Adlon entlas, jener bergenden Stätte, da er, weisem Rate reichshauptstadtkennender Freunde folgend, längst schon telegraphisch Zimmer und Bett seinem reisematten Leib bestellt hatte. Befehlsgewohnter Ruf bannte heischend den Sklaven an seine Person und den Abteilkoffer, der alsbald, von herkulischer Schulter unterstützt, dem Ausgang zustrebte, gefolgt von seinem jungen reiseulsterumkleideten Herrn.

Ha – die steinernen Treppen hinab. Ha, die wirre Lichtflut
kürbissener Bogenlampen, pfahliger Laternen, werbender Lokale. Ha, Menschenmarkt, wogend kaum fünfzig Schritt weit
von dem Auto, das unseren Meister hintragen sollte zur Stätte
schlafseliger Ruhe.

Ha: umsternte Ankunft.

Zaudernd verharrte belackschuhter Fuß auf dem Trittbrett.
Gedankenlose Geste vertraute dem Hausdiener länglichen
Gepäckschein. Geistabwesend entzündete aristokratische
Rechte die schmale Zigarette zu beruflicher Bestimmung.
Längst sahen des Schauenden Gepäckstücke sich bergend ver-
staut, warteten Diener und Schofför auf das Zeichen zur Ab-
fahrt, und immer noch gingen raffende Augen auf Raub aus.

Ah, so entschied sich ein Schicksal. Ah, so gebar Europa seinen Messias.

Sekt, kürzlich im Speisewagen genossen: wie er aufschäumte
einmal noch in Adern, darinnen Blut ahnungsvoller rauschte
denn je zuvor.

Warten warum, wenn Leben Klippen umtoste? Meer umarmen und Schwimmer sein, jederstund, wie es beschworen!
»Hinweg, hinweg! Liebe Leute, regelt mir Koffer und Zimmer und was ihr wollt. Fahrt, fahrt. Und komm ich heute
nicht, komme ich morgen; Leben wartet meiner. Und keine
Sekunde mehr ist mir zu säumen! – Davon!«

Und weil nicht nur Zimmer nebst Bad auf eine Woche
schon telegraphisch bezahlt waren, sondern auch neues Gold
nicht unwirksam spleenig erscheinende Forderung unter-
stützte, besann sich lange weder Diener noch Schofför. Ver-
borgenes Lächeln löste Hebeldruck aus, aufmurrte Motor,
und gummiglatt glitt der Wagen hinein in die winkende
Lichtfülle vorn, bald in schönen Kurven dem Gesicht des Blei-
benden entschwindend.

Da hoben Schultern sich verlangend und Brust und Arme.

Flammen sengten junge graue Augen. Herzklopfenlos, doch fester Gewißheit voll: dort brandet Stadt, Welt, Leben! – schwang starker Fuß gespannten Leib lockendsten Gefilden entgegen.

*

Dröhnende Glocke schlug zehn.

Schauerte Erdball auf?

An diesem Abend um zehn bluttanzte messianischer Jüngling seiner Bestimmung, unserer Lebenserfüllung entgegen. Alalà alalà â

*

Normaluhr du am Potsdamer Platz, bahnhofsauffahrtvorgepflanzt; Halteschilder ihr, schießender Straßenbahnen; Plakatsäulen, vergnügungs-, aufruf-, mordüberklebt: Lotsenzeichen ihr alle, oh, im Meer der Menschen, um euch brandend allabendlich. Geisterhand in jenen Stunden winkte aus deinem Zifferblatt, machte deine schwarzen Zeiger raunen von ungeheuersten Schicksalen. Warten umstand euch geballter denn eh, rotbestrichene Pfahle. Eure runden, wohlgemessenen Leiber, Zementene, oh wie grüßt euch Ahnen nahen Geschehens. Menschen, die euch erschauten, dieses Mal, strahlten fremden, feierlichen, bunteren Schein.

Und ein junger Leib entsog euch allen ekstatische Sensationen.

Aber die Menge.

Nicht die Fülle der Uniformen brachte Wirrnis, nicht nakkenthronende Hüte fabulöser Männereleganz, wie Barmen an der Wupper sie nie geschaut, nicht blasierte Monokel, nicht Gamasche, Silberstock, letzter Biegsamkeit lässig umgürtete Herrenstatuen. Wie das versank, nur Begleitung schwang gleich den Musiken der nahen Cafés, darinnen neueste, provinzunbekannte Schlager walzerten, twosteppten, girrten, schmachteten, posaunten, tausende Gestalten Blicke verschwendeten, Süßeres verhießen.

Doch es tanzten Gesichter im rauschend phantastischen Strom, strahlend in geheimnisvollen Farben bunten Winkens. O Gesichter.

Krankenschwestern nicht, jene nie fehlenden Embleme des wogenden Platzes. Küchenmädchen aschingerumgrüßt kaum, weißbeschürzte, unbehutete. Backfische nur verwehend, die verwegen Mappen schwenkten, je zu zwein die Baumelzöpfe warfen und von frühem giftigen Wissen kicherten.

Aber dieser andern oh.

Nah, und langsam schon vorüber (winkend? ja! ein Gruß!) –: Rot leuchtete auf Schleierwangen Freude geahnter Nächte; Weiß winkte von dampfenden Linnen; Schwarz der Brauen malte letzte Verzückung vermählten Fleisches. Gewißheit, ha, daß Provinzgerauntes nicht Märchen blieb, sondern zu tanzendem Sein erstand und doch farbenreicheres, strahlenderes, nah und ferneres Märchen ward!

Da zeugte verzücktes Herz, aufschauernd, hymnische Monologe.

Dieser Stadt und dieser Welt und solchen Nächten ankam ich – heut erst weiß es ganz mein Blut – vor einundzwanzig ungenützten Jahren zielgeboren. Märchenbücher meiner Kindheit: eure Königinnen sind Gestalt geworden. Daß im großen Krieg – wie weit, wie weit! – Vater Millionen verdiente und in tollen ersten Friedensjahren genialisch ungezähltere noch erraffte: hier die Wiesen, da es gilt, fürstlich sie zu verschwenden.

Bogenlampen, eure tausend Augen blenden mich.

Orient, im Land der Mark erstandest glühnder du denn in Wüsten und Städten des Morgens.

Schwingt – schwingt – schwingt – oh –:

Duft süßer als je geahnt, entschwebend auf zartweißen Wolken stäubenden Antlitzen; du dich verzückt Gebärender in Welten raunender Jupons und durchbrochener Strümpfe: zartere, innigere Gewebe, als Dichterphantasie seit Schöpfungsbeginn ersann, Lustwächter ihr, Eunuchen vor den Toren seliger Regionen.

Singt – singt – singt – oh –:

*

Blut von euch auf Augenwegen hin zu mir, flammenrot mich überströmend und ertrinken machend.

Schau ich wohin?

Rot-Weiß-Schwarz – – Antlitze, wirbelnd, harmonisches Chaos, Meer, darauf Steuermann sein fieberndem Drängen seligste Erfüllung sein muß.

Im Kreis um mich – und nun Ellipsen windend – – wer deutet mir geheimes Gesetz dieses schicksalsschwangeren Reigens?

Hände – oh breit' ich sie aus? – nicht zu erraffen, doch Beute zu beben selbst, vergehend, einmal, einmal.

Die Geigen – drinnen – –

Die Stimmen – hier – –

Königinnen, wie blüht meinen Augen ihr zederngleich, gleitet meinem Ohr ihr, leise summend, Gebenedeite der Freude, verheißend wie ladende Frühlingsgewässer vorüber.

Was schaut ihr – mich an –?

Ahnt – ahnt – –

Selig, wer nichts atmen darf als Geschenk für eure Arme und eure Schenkel, die ich mir weißer und fester erdichte denn Marmor aus den Gruben von Paros.

Doch euer Schoß soll süßeres Lied sein denn Salomos Liebe, und muß sterben machen – so – wohl – –

Turbulente Ekstase gewann kein andres Ventil denn neu

sich entzündende Zigarette. Die löste fiebernden Leibes heiße Erstarrung, zwang zu tastenden Schritten gebannten Fuß.

Langsam wandelte der göttliche Jüngling kleine Strecke, die sich selbst Pole setzte in dem wirbelnden Ausgang jenes großen Cafés, »Vaterland« geschmacklos betitelt in verrauschten Kriegszeitläuften, und dem gewichtig blau hängenden Briefbewahrer an dem Gitter des Untergrundbahnhafens. Aber nicht abließ zitternder Blick von den duftenden bunten Königinnen, die vor dem Staunenden harsche Vermehrung übten wie Mücken im Sommer, und nimmer vermochte ohnmächtiger Wille zu gebieten wie den qualdurstigen Augen, so dem Schwellen mannbaren Gliedes.

Visionäre Situation kochte, hingekrampft zum schlechthin höchstmöglichen Gipfel, rasend zerstörenden Lavaausbrüchen zu, als eine Köngin zielsicher hindrängte zu endlicher Entscheidung und siegreich diese auch beiden Parteien gewann.

Er sah sie kommen, entlas ihrem Blick schon durch den Wirbel von hundert anderen Gesichtern ehernes Wollen. Da lähmte den Trunkenen fast Entsetzensschauer, so wie auch wir, Brüder und Schwestern, manchmal gebebt vor der Erfüllung doch glühend Ersehnten – faßte ihn übermächtig, daß nichts mehr an Tat wuchs, als halb abwehrendes Heben aristokratischer Hände und ein Augenflehen, gleich dem des Rehs, das den starken Beschäler erspäht.

Dann geschah es.

Wundervolle Hüften rauschten seidig vor ihm auf, strahlendes Antlitz bog ihm ein kosendes Streicheln, Himmelsstimme flüsterte seinem zerschrillenden Warten:

»Na, Freundchen?«

Und rote Schleier brausten kochend seinem Sehn.

Hatte er geseufzt, bejaht, genickt?

Schon verebbte in etwa das Chaos des Menschenmarktes,

vereinzelter nur gluteten bunte Prinzessinnen zweisamem Schreiten vorbei. Sein Arm lag, geborgen, an schrittspreizendem Schenkel. Seinen Gang, zuckenden, lenkte schicksalsstarker Wille. Stimme der Königin harfte melodisch zur Seite. Und aber blitzten Lichter auf, doch verhangene eines kleinen Hotels. Nicht beachteten die Beiden den buckligen Mißmut des kleinen Besitzers, der, wie allnächtlich, so auch heut seinen »Dessauer Hof« höchster Erdenfreude tempelte. Gold ließ von Bewußtlosem sich an Verneigte verteilen. Türen klappten diskret. Dann winkte nichts mehr als trauliche Nachttischlampe, weißlinnenes Bett, zu allem bereit und bereitet, seidenes Knistern, kosendes Kichern – ein kleines Ich und ein gewaltiges, wollendes Du. –

Unser Meister wäre nicht Er gewesen, hätte ihn bald nicht doch erwachende Bewußtheit neu geboren. So denn erfieberte er den hochgebauten, annoch bunt behangenen Leib, vor dessen Brüsten nur sich schon Blusen- und Korsettpforten aufgetan, dessen wunschumdichteten Mittelpunkt aber noch Weiße bewogte, dieweil das Blau des Rockes am Boden zerfloß und Spitzen fraulicher Herrlichkeiten verheißend blendeten.

Und doch, seltsam: nicht das ward ihm himmlische Erregung. Wohl umkrallten seine tobenden Nerven diese ergierten Wunder, doch fern. Als ein Strom der Lust aber, darin er sich erstes Ertrinken wollustschauernd vergönnte, sank ihm das rote, flammende Haar der Erwählten, – so voll Verführung, daß alle Not und Verschüchterung ob des gigantischen Märchens umschlug in Besitztriumph, er fast wie Sklavin die Erstaunte niederzwang zu dem ächzenden Diwan und erste Fleischerlösung schon errang, indem wie sinnlos sein brennendes Antlitz sich preßte und einbiß in dies brandige Strombett.

Ha – schäumte auf die rote Braut. Schier unsanft entzog sie, die nichtbezahlten Sensationen des Kavaliers erspürend, ihm Haar wie Körper, und errichtete sich als schwellendes Denkmal vor seiner Jugend.

»So hab'n wa nich jewettet, Freundchen. Was jiebste, was haste?!«

Er rang ihr Hände entgegen.

»Komm, komm«, heischte heiser ein anderer aus ihm. Aber Königinnenwille verlangt harschere Bezwingung. »Nischt zu machen, Knabe Karl. Tu Jeld in meinen Beutel, Schatz. Dann kannste.«

Wohl kam's dem Entflammten von fern wie Wasserstrahl. Aber edle Geburt verleugnete sich nicht. Gefaßtheit siegte auch diesem unbegreiflich Neuen gegenüber. Biegend ungeduldige Rechte ertastete in schon abgestreiftem Jackett die lederne Brieftasche, entriß ihr blau winkende Banknote und drängte sie, schämig, der staunenden Königin auf.

Der wollte fast Warnungslaut entfliehen. Doch schloß noch beizeiten sich rotes Gehege perler Zähne. Nur wilder Triumph ob lang erträumter, stets verflüchtigter, endlich erjagter Beute heischte Erscheinung.

Ganz Deutschland amüsierte sich einst über die Geschichte vom »Falschen Prinzen«, der so auch seine in der Haft verfaßte und 1927 veröffentlichte Autobiographie überschrieb. Harry Domela hieß der Autor, ein Abenteurer und Lebenskünstler aus skurriler Notlage: Weil der Sohn deutschbaltischer Eltern nach dem Ersten Weltkrieg gegen den jungen, gerade selbständig gewordenen Staat Lettland gekämpft hatte, wurde er aus Riga ausgewiesen. Und galt in Berlin zwar als Deutscher, aber als staatenloser! »Reichsfremd« hieß das um 1920, und es bedeutete, kein Recht auf Unterkunft, Arbeit, Heimat zu haben. Dem jungen Burschen ohne Paß, ohne Beziehungen, ohne Kenntnisse blieb nur die Straße.

Im Herbst 1922 friert und hungert er sich durch die Gegend des Potsdamer Platzes und macht dabei wiederholt Bekanntschaft mit der Polizei; denn auch kriminelles Talent geht ihm ab, stets fällt er gleich auf. Später helfen ihm gute Manieren und sicheres Auftreten unverhofft weiter. Tadellose Umgangsformen, gelegentliche Verwendung irgendwelcher adliger Namen – alsbald öffnen sich dem Stadtstreicher Türen zu einer Welt, in der, trotz Republik von Weimar, verbissene Kaisertreue noch längst kein leerer Wahn ist.

Indem er sich gar als falscher Hohenzoller ausgibt, als »Wilhelm, Prinz von Preußen«, überspannt Harry Domela am Ende den Bogen. Bis dahin hat dieser neue Hauptmann von Köpenick freilich kräftig abgesahnt, und nach der Verhaftung verschafft ihm seine Geschichte und mehr noch die seiner ewig autoritätsgläubigen, servilen »Standesgenossen« einen der größten Lacherfolge des Jahrhunderts.

Doch vorher findet er sich ganz tief unten auf der sozialen Leiter, gescheucht, verachtet, eingeknastet.

HARRY DOMELA

Aufgegriffen im Wartesaal

Nun umfing mich wieder die Weltstadt. Ich stand auf der Straße und ließ mich von der Woge ihres ruhelosen Lebens treiben. Ich hatte nur noch ein paar Pfennige in der Tasche. Als ich so allein durch die wildbewegten Straßenzüge ging, packte mich ein Gefühl der Schwäche, der Ohnmacht, der Selbstaufgabe, so daß ich gar nicht merkte, wie lange ich schon ziel- und planlos daherwanderte. Es wurde dunkel. Überall gleißten und glitzerten Lichter auf.

Mit einer wahren Wollust überkam mich auf einmal der Gedanke: Sie haben dich um deine Arbeit gebracht, also brauchst du auch nicht mehr zu arbeiten; sie wollen ja keinen anständigen Menschen aus dir gemacht sehen, nun, so pfeif' auch drauf, und sei Lump in Lumpen. Der Gedanke war da, ging wieder fort und kam immer wieder zurück. Plötzlich packte er mich mit einer Stärke, daß ich in eine Kneipe hineinging und mehrere Glas Bier hintergoß.

Ich trat wieder in die Nacht hinaus, hinaus in den Regen, der eben eingesetzt hatte. Ich lief und lief und wurde todmüde. Die erste Nacht auf der Straße! Nur noch wenige Menschen begegneten mir. Dirnen riefen Taxis an und fuhren mit viel Gekreisch und Lachen davon. Ich war bis auf die Haut durchnäßt; ich fröstelte, daß mir die Zähne klapperten.

Um vor dem Regen geschützt zu sein, stelle ich mich in einen Hausflur. An die Wand gelehnt, nicke ich ein. Lange kann es nicht gedauert haben, da leuchtet mir ein Wächter ins Gesicht. »Na, was machen Sie denn hier? Scheren Sie sich fort! Marsch!« Wieder in den Regen hinaus, immer weiter, gejagt, gehetzt, getrieben. Ich hätte umfallen können.

Um fünf Uhr komme ich am Anhalter Bahnhof vorüber. Die großen Türen sind geöffnet. Einige Autos mit den neuesten Zeitungen werden entladen. Ich gehe in den Wartesaal. An den Tischen sitzen schlafend einige zerlumpte Kerle. Vorn am Büfett steht eine betrunkene Gesellschaft. Droschkenkutscher trinken ihre Tasse Kaffee und essen ihr Brot dazu. Ich setze mich an einen Tisch in der Nähe der Zentralheizung und bin bald eingeschlafen.

Auf einmal erhalte ich einen Stoß. Ich mache die Augen auf, ein Bahnbeamter und ein großer Herr in Zivil stehen vor mir. »Fahrkarte, bitte!« Ich habe keine. Der Zivilist tritt auf mich zu und zeigt ein rundes Messingschild: Kriminalpolizei. »Woher kommen Sie?« Ich erzähle. »Haben Sie Papiere?« Ich zeige sie ihm. Er prüft sie gar nicht, sondern zeigt auf die Tür, wo zwei Wachtmeister stehen. »Gehen Sie 'rüber, und warten Sie dort!«

Bei den Wachtmeistern stehen schon zehn bis fünfzehn Mann, denen dies nichts Neues zu sein scheint. Einige flüstern verstohlen miteinander. Eine Dirne schimpft und lamentiert. Die Wachtmeister sprechen kein Wort. Immer mehr Leute kommen hinzu. Ein Kriminalbeamter ruft auf einmal: »Fertig, los!« Der ganze Trupp setzt sich in Bewegung. Die Beamten passen auf, daß niemand entwischt. Leute auf dem Bahnsteig bleiben stehen und sehen neugierig zu, wie wir in der Bahnhofswache verschwinden. Ich bin schon so müde geworden, daß ich mich nicht mehr sonderlich schäme.

Ob jemand Waffen bei sich habe. Kurze Visitation. Die Papiere werden geprüft. Einer notiert sich alle Namen und geht in ein Nebenzimmer. Ich höre, wie er die Namen scharf durch das Telephon buchstabiert. Das Fahndungsregister auf dem

Polizeipräsidium soll Auskunft geben, wer gesucht wird. Jetzt kommt mein Name an die Reihe; deutlich höre ich die Buchstaben hingesagt. Was wird nun werden, denke ich. Nach einiger Zeit kommt der Wachtmeister zurück. Er liest einige Namen herunter. »Die werden eingeliefert, die andern können gehen.« Ich bin unter letzteren. Ich erhalte meine Papiere zurück. Der Kriminalbeamte warnt mich: »Der Aufenthalt auf dem Bahnhof und in dem Wartesaal ohne Fahrkarte ist verboten; fasse ich Sie nochmals, werden Sie wegen Hausfriedensbruches bestraft.« Wenn ich mich noch einmal sehen lasse ...!

Draußen herrschte beißende Kälte. Ich fror, ich hungerte. Den ganzen Tag lief ich wieder in den Straßen Berlins umher, müde und zerschlagen. Ich meldete mich beim Städtischen Arbeitsnachweis; als sie jedoch hörten, ich sei Reichsfremder, zuckten sie mit den Achseln und machten mir keinerlei Hoffnungen. Wieder hinaus auf die Straße. Es schien mir bestimmt zu sein, in Berlin unterzugehen.

Der Nachmittag verging, der Abend kam. In den Geschäften wurden die Schaufenster erleuchtet. Und ich stand draußen, hungernd, ohne Obdach.

Es wurde immer später. Die Läden wurden geschlossen. Die Nacht brach herein, die Straße wurde immer leerer. Alles ging nach Hause. Ich kam am Anhalter Bahnhof vorbei. Ein Grauen packte mich. Nur zu deutlich hatte ich von dem Kriminalbeamten gehört: »Fasse ich Sie nochmals, werden Sie ...« Dort hätte ich gegen das naßkalte Wetter Schutz finden können, an der warmen Heizung, auf harter Bank. So aber lief ich weiter, immer weiter ...

Am Tage hatte ich den Hunger nicht so verspürt; ich war zu erregt und verzweifelt gewesen. Nun peinigte er mich unheimlich und jagte mich durch die nächtlichen Straßen. Stunde um Stunde verging. Gegen einhalb sieben Uhr konnte ich Kälte und Müdigkeit nicht mehr ertragen und ging, einerlei, was nun kommen sollte, in den Bahnhof Potsdamer Platz und setzte mich in eine Ecke des Wartesaals. Zwei Tage ohne Essen und Schlaf, nur wer es durchgemacht hat, weiß, was es bedeutet.

Im Wartesaal war es noch ganz still. Auf den Bänken lagen einige ausgestreckt und schliefen. Ich setzte mich, konnte jedoch kein Auge zutun; zu stark war die Erregung der beiden letzten Tage gewesen. Eine einfache Frau mit einem Köfferchen setzte sich zu mir. Sie machte den Koffer auf und nahm einige große Butterbrote heraus. Dann bestellte sie sich Kaffee und begann langsam und ohne sonderlichen Appetit, sozusagen aus reiner Gewohnheit, zu essen.

Ich saß da und starrte mit brennenden Augen gierig auf das Brot, dessen Anblick mir Folterqualen bereitete. Falls ich sie bitten würde, die stille, einfache Frau, mir ein Stück Brot abzugeben, vielleicht würde sie es tun. Ganz bestimmt wird sie es tun, dachte ich. Soll ich …? Ich wagte nicht, sie darum zu fragen. Aber immer und immer wieder kam mir der Gedanke: Tu es doch, sie sieht gut und freundlich aus.

Ich kann es nicht mehr aushalten. Ich setze zum Sprechen an, ich forme die Lippen – aber ich kriege kein Wort heraus. Immer wieder lege ich mir die Worte zurecht, bekomme aber keine Silbe heraus, alles bleibt mir in der Kehle stecken. Noch immer sitzt die freundliche Alte vor mir und ißt seelenruhig. Ich räuspere mich und nehme mir vor, langsam bis zwanzig zu zählen und sie dann ganz bestimmt anzusprechen. Ich fange an, langsam: eins, zwei, drei, vier …, komme bis fünfzehn, da erhebt sich das Mütterchen, nimmt ihr Köfferchen, packt alles drin ein und geht. Die Tränen stehen mir in den Augen. Ich sehe sie in die Bahnhofshalle hinausgehen. Ich stehe auf und folge ihr von weitem, bis sie meinem Auge entschwindet.

Draußen vor dem Bahnhof herrschte schon reges Leben. Unfähig zu denken, taumelte ich mehr als ich ging die Potsdamer Straße entlang. Brot! Nur ein Stück Brot! Alle Menschen gingen ausgeschlafen und gleichgültig an mir vorüber. Sahen sie mir denn nicht an, daß ich mich kaum noch auf meinen Füßen schleppen konnte? Wieder verging Stunde auf Stunde. Und wieder begann meine nächtliche Wanderung, straßenauf, straßenab. Ein feiner eisiger Sprühregen hatte mich ganz durchnäßt. Es war kalt. Der nasse Asphalt glänzte im Laternenlicht.

Ich lehne mich an eine Laterne und beginne mitten im Regen zu schlafen. Es gelingt mir nur für kurze Zeit; jeder Fußgänger schreckt mich auf. Ich bin bis ins innerste Mark durchfroren. Es mag ungefähr fünf Uhr morgens sein. Vor mir der Anhalter Bahnhof. Menschen gehen ein und aus, in ihre warmen Mäntel gehüllt. Da drinnen ist Wärme und Ruhe. Ich möchte hinein. Deswegen werden sie dich doch nicht gleich bestrafen. Ich gehe die Treppe langsam hinauf. Der Dunst und die Wärme des Wartesaales schlagen mir einladend entgegen, sie überwinden in mir die letzte Scheu. An der warmen Heizung finde ich einen Stuhl, und von Wärme und Müdigkeit überwältigt, verfalle ich in einen tiefen, todesähnlichen Schlaf.

»He, aufstehen! Fahrkarte!« Es dauerte eine Zeit, bis ich wach wurde. Vor mir stand ein Kriminalbeamter. Mein Herz schlug mir vor Schreck bis zum Halse. Und nun wiederholte sich dasselbe wie vorgestern: hin zur Tür, dann zur Polizeiwache. Meine Kleider dampften und klebten mir beim Gehen am Leibe; es war ein widerliches Gefühl. Auf der Polizeiwache wurde ich sofort erkannt. »Na, da sind Sie ja schon wieder; Sie werden eingeliefert.« Betäubt sitze ich auf der Pritsche. Jetzt wirst du bestraft, jetzt ist alles aus.

Stunde auf Stunde verging. Endlich rasselte ein Schlüssel. »Der Wagen ist da – raus!« Wieder standen Leute herum und starrten mich an; ich sah es schon gar nicht mehr. Die Fahrt war endlos. Die »Grüne Minna« fuhr an sämtlichen Bahnhöfen vorbei und nahm alle Festgenommenen zum Präsidium mit. Der Wagen wurde immer voller. Die Luft war vom Rauchen so dick geworden, daß ich zu ersticken glaubte. Dazu die unerhört gemeinen Redensarten. Ich saß zusammengesunken auf meiner Bank. Ich fühlte mich maßlos erniedrigt, vollkommen unfähig, mich des niederdrückenden Einflusses dieser neuen Umgebung zu erwehren.

Durch meine Festnahme war ich in sie hineingestoßen, ein Teil von ihr geworden. Was hatte ich denn noch vor den andern voraus? Was unterschied mich denn von dem alten zerlumpten Bettler in der Ecke da? Nur mein Alter, sonst nichts. Wir waren alle gleich.

Am nächsten Morgen wurde ich entlassen. Zu niemandem konnte ich gehen und mich mit meiner Schande und Verzweiflung verkriechen. In den Wartesälen schlief ich jetzt am Tage, so daß ich keine Revisionen zu befürchten hatte. So ging es einen Tag nach dem andern.

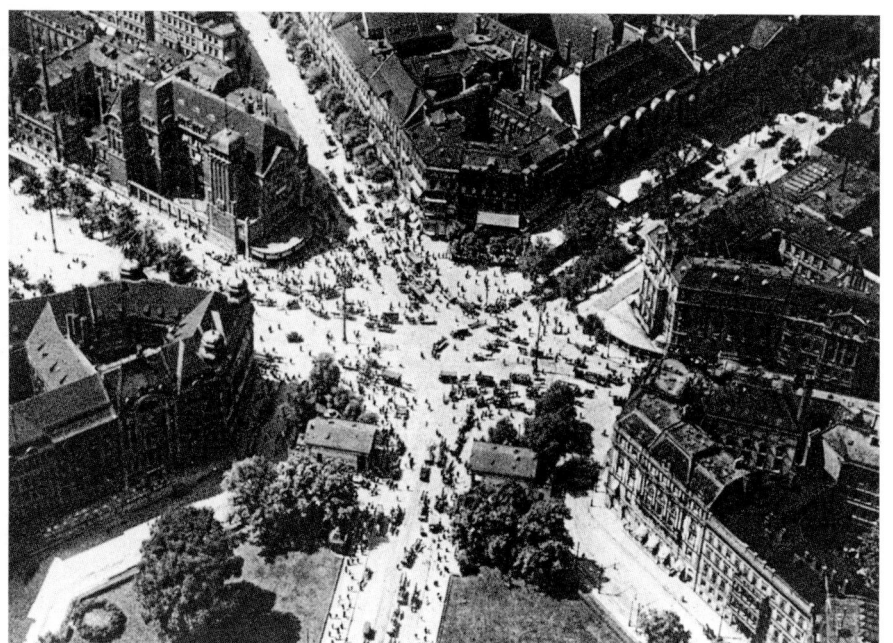

Verkehrsknotenpunkt im Herzen der Stadt. Der Potsdamer Platz aus der Luft gesehen im Jahre 1923.

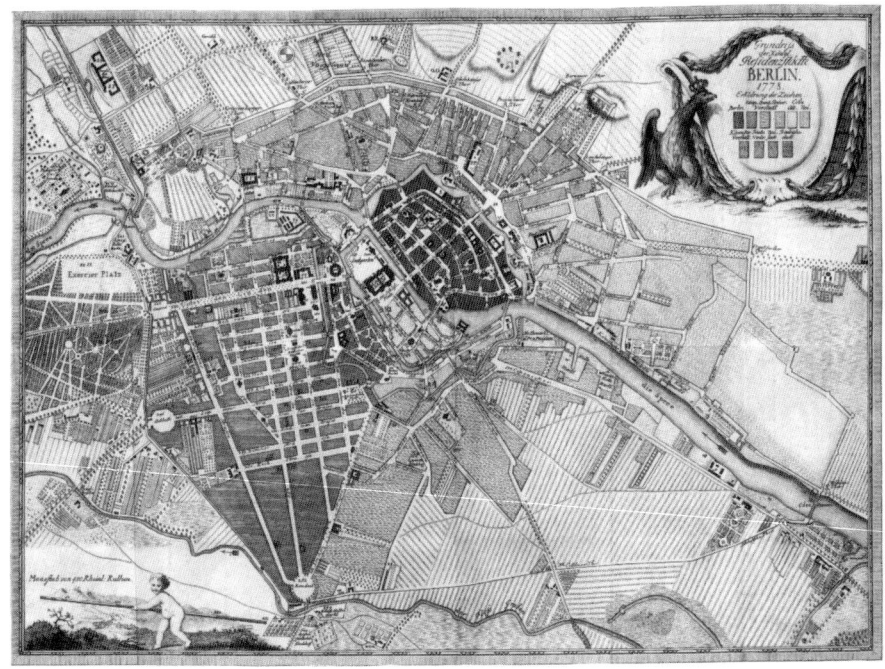

Auf diesem Grundriß von 1778 ist der Potsdamer Platz als Einmündung von fünf Straßen bzw. Wegen links unten im Bild zu erkennen.

Rechts oben: Die über acht Kilometer lange Palisade um die Stadt war durch 13 Tore passierbar. Eines davon war das Potsdamer Tor, hier abgebildet auf einer Zeichnung von 1775.

Rechts unten: das 1823/24 von Karl Friedrich Schinkel neugestaltete Potsdamer Tor mit den zwei flankierenden Torhäuschen, die die Akziseeinnahmestelle (das Zollhäuschen, rechts im Bild) und die Militärwache (links) beherbergten.

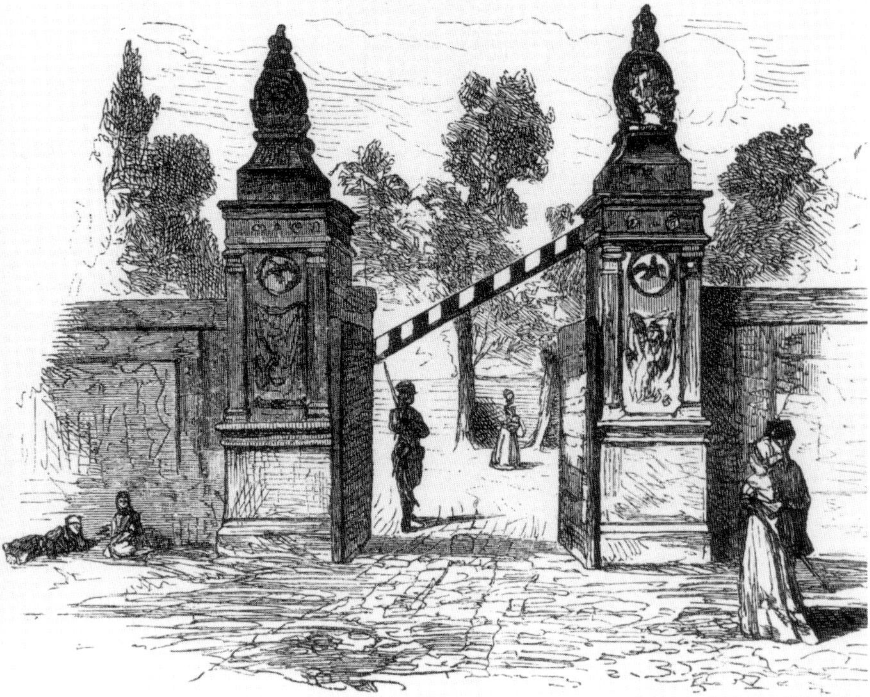

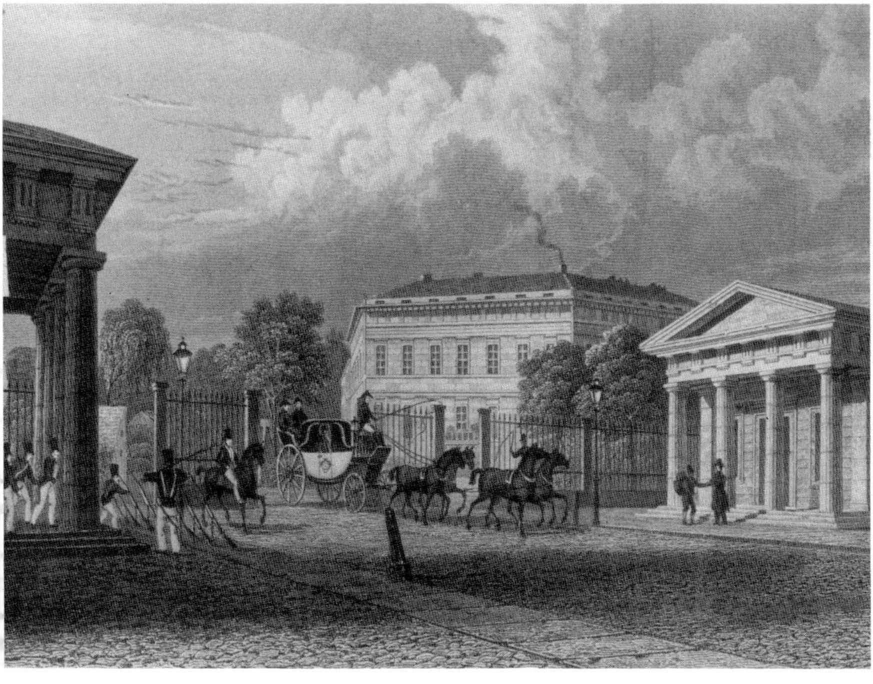

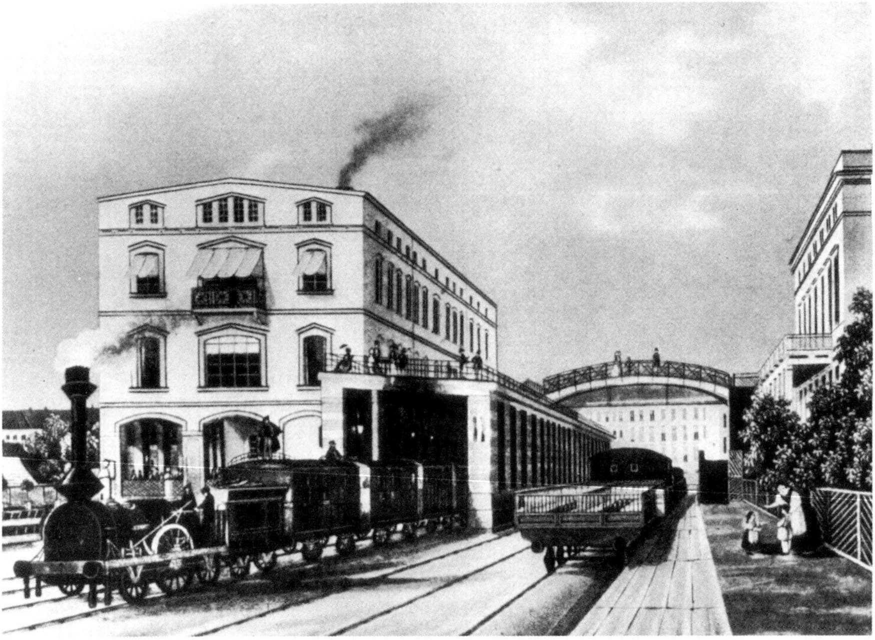

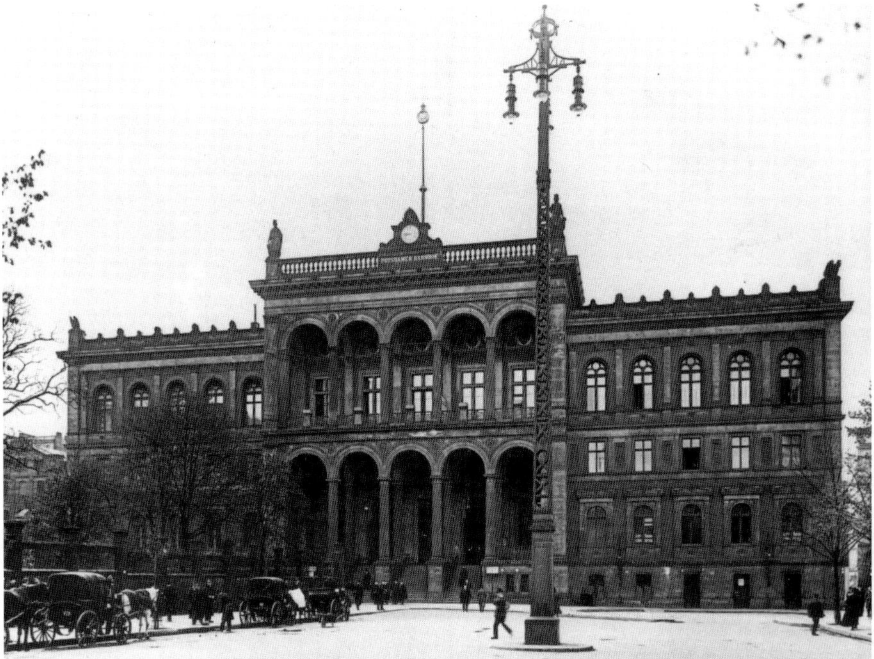

Die 1851 eröffnete Verbindungsbahn zwischen den verschiedenen Berliner Eisenbahngesellschaften fuhr im Verlauf der alten Akzisemauer quer über Straßen und Plätze und war ein vielgeschmähtes Verkehrshindernis.

Links oben: Alle frühen Bahnhöfe Berlins wie dieser erste der Berlin-Potsdamer Eisenbahn waren Kopfbahnhöfe, da sie die Anlaufstellen verschiedener, voneinander unabhängiger Bahnlinien darstellten.

Links unten: Am Potsdamer Bahnhof wurden 1890/91 eineinhalb Millionen Fahrgäste pro Jahr durchgeschleust. Hier der Neubau des Bahnhofsgebäudes von 1872.

Blick von Westen auf den Leipziger Platz und die Leipziger Straße. Eine Ansicht vom Potsdamer Platz aus dem Jahr 1905.

Die vielbefahrene Potsdamer Straße am Potsdamer Platz um 1901. Hinten links ist ein Flügel des Potsdamer Bahnhofs zu erkennen.

Um die sprunghaft ansteigende Zahl von Reisenden beherbergen zu können, waren um die Jahrhundertwende am Potsdamer Platz einige noble Unterkünfte entstanden. Hier im Bild das Hotel Bellevue und das Palast-Hotel um 1901.

Blick in Richtung Leipziger Platz, der von den beiden Torhäusern flankiert wurde. Hinten links der imposante Bau des Kaufhauses Wertheim an der belebten Leipziger Straße. (Foto: 1909)

Auch das Hotel Fürstenhof war eines der ersten Häuser am Platz. Auf dieser Aufnahme aus dem Jahr 1908 ist hinten rechts ein Teil des Potsdamer Bahnhofsgebäudes abgebildet.

Nachtleben auf dem Potsdamer Platz. Die erste elektrische Straßenbeleuchtung
Berlins, dargestellt auf einem Holzstich aus dem Jahr 1883.

Ein beliebtes Motiv auf Grußkarten in alle Welt war das Café Josty. Mit dabei auf dieser Postkarte von 1900 Ansichten vom Potsdamer Bahnhof und der Leipziger Straße.

Die zahlreichen Blumenverkäufer gehörten ebenso zum Bild des Potsdamer Platzes wie die Schinkelschen Torhäuser, hier im Hintergrund.

Blick auf die Südseite des Potsdamer Platzes um 1910 mit dem »Haus Vaterland« in der Mitte und dem Potsdamer Bahnhof hinten rechts im Bild. Vorn links das Hotel Fürstenhof.

Hier trafen sich die bekannten Persönlichkeiten der Zeit: das Café Josty, rechts im Bild. Im Hintergrund die Bellevuestraße. (Foto: 1913)

Verkehr auf dem Potsdamer Platz. Schon in den zwanziger Jahren prägten
die Elektrische, Autos und die doppelstöckigen Omnibusse das Straßenbild.
(Foto: 1926)

Das dichte Verkehrsgewühl fand sich auch auf Postkarten der Zeit wieder wie auf dieser von 1928, die einen Blick in die Leipziger Straße zeigt mit dem berühmten Ampelturm im Vordergrund.

*Dem zwar stattlichen, aber durch keinerlei Besonderheiten heraus-
gehobenen Geschäftshaus sah niemand an, daß es zur Wiege des
deutschen Rundfunks bestimmt sein würde. Potsdamer Straße 4 –
das war seit 1907 ein fünfgeschossiges Bürogebäude in Stahlskelett-
Bauweise mit Werksteinfassade, 21,40 Meter hoch, 21,10 Meter
breit, 26 Meter tief. Rechtsanwälte, Fotoatelier, ein paar Wohnungen, Konditorei mit Bar: was eben so üblich gewesen ist am Potsdamer Platz.*

*1921, nach Besitzerwechsel, bahnt sich Neues an. Die jetzige
Hausherrin, die Schallplattenfirma Vox, stellt zwei Bauanträge: auf
Umwandlung der Restaurantgeschosse in Geschäftsräume und auf
Errichtung zweier Antennenmasten, ein Jahr später ergänzt durch
das weiterführende Projekt eines Tonaufnahme-Komplexes. An ei-
nem zentralen, hoffentlich den Umsatz begünstigenden Platz der
Stadt ist die Präsentation von Schallplatten und Musikapparaten
beabsichtigt.*

*Es kommt überraschend anders. Weil einige Leute den richtigen
Riecher haben, meldet sich am 29. Oktober 1923 aus dem ersten
deutschen Funkhaus das alsbald Millionen Menschen faszinierende
Medium Radio. Und in permanenter Umgestaltung des Hauses bekommt der Potsdamer Platz einen vom Keller bis zum Dach und sogar darüber hinaus – Antennen – rundfunkspezifischen Zweckbau,
ähnlichen Projekten in aller Welt ein Vorbild.*

*Postrat Hermann Thurn vom Telegraphentechnischen Reichsamt
erklärte 1924: »Wenn in einer Zeit schwerster wirtschaftlicher Not
und politischer Bedrängnis der Versuch gemacht wird, dem deutschen
Volke durch künstlerisch und geistig hochstehende Vorträge aller Art
etwas Anregung und Freude in das z.Zt. so geistig arme, freudlose
Leben zu bringen, so ist dies um so mehr zu begrüßen, als hierdurch
auch die Möglichkeit geschaffen wird, der Fachindustrie ein neues
Tätigkeitsfeld zu eröffnen und damit für Arbeiter und Angestellte
Arbeit und Verdienst zu schaffen. Die Hauptaufgaben des Unterhal-
tungsrundfunks sind folgende: 1. Er soll weitesten Kreisen des Volkes*

89

gute Unterhaltung und Belehrung durch drahtlose Musik, Vorträge und dgl. verschaffen. 2. Er soll dem Reich eine neue wichtige Einnahmequelle erschließen. 3. Durch die neue Einrichtung soll dem Reich und den Ländern die Möglichkeit gegeben werden, an große Kreise der Öffentlichkeit nach Bedarf amtliche Nachrichten zu übermitteln.« In diesem Zusammenhang sah Postrat Thurn gar *»Bedeutung für die Staatssicherheit«* heraufziehen …

Nachdem 1929 der Rundfunk am Potsdamer Platz aus- und ein Kino eingezogen war, nachdem es im einigermaßen weiterverwendbar über den Krieg gekommenen Haus nach 1945 sogar zwei Kinos (*»Aladin«* und *»Camera«*) gegeben hatte, was den Begriff Vox-Haus wieder ins Bewußtsein der Stadt rückte, kam am 22. März 1971 das Aus. Das Bezirksamt Tiergarten ließ es durch ein Abrißunternehmen einfach wegsprengen – einer positiven Statik-Beurteilung ungeachtet.

KARL-HERMANN ZEHM

»Darbietungen auf drahtlosem Wege«

In die Umbauzeit fällt die Gründung der ersten Vorläuferfirma einer Rundfunkgesellschaft. Am 8. Juli 1922 wird die »Deutsche Stunde, Gesellschaft für drahtlose Belehrung und Unterhaltung mbH« in das Handelsregister von Berlin eingetragen. Gegenstand des Unternehmens: »Gemeinnützige Veranstaltung von öffentlichen Konzerten und Vorträgen belehrenden und unterhaltenden Charakters sowie weite Kreise der Bevölkerung interessierende Darbietungen auf drahtlosem Wege im Deutschen Reiche«.

Am 28. Oktober 1923 kam der Staatssekretär im Reichspostministerium und engagierter Vorkämpfer für Rundfunkfragen, Dr.-Ing. Hans Bredow, zur Besichtigung der im Vox-Haus installierten Sende- und Studioeinrichtungen. Kurz entschlossen ordnete er die Ausstrahlung einer ersten programmmäßigen Hörfunksendung für den folgenden Tag an.

Die begann dann am 29. Oktober um 20 Uhr mit den später immer wieder zitierten Worten: »Achtung, Achtung, hier ist Berlin auf Welle 400 Meter.« Danach lief ein Musikprogramm, bestehend aus Cello-, Violin- und Gesangsdarbietungen und Wiedergaben von Schallplatten. Die An- und Absage besorgte Walter Krutsche, ständiger Sprecher und Nachrichtenredakteur der (späteren) »Funk-Stunde«. Die Absage endete mit dem ebenfalls bald volkstümlichen Satz: »... und vergessen Sie nicht, die Antenne zu erden!«

Dies alles spielte sich in einem kleinen Studio im dritten Obergeschoß des Vox-Hauses ab. Der junge Berliner Rundfunk hatte damals noch keine zahlenden Hörer, seine einzige finanzielle Basis bildete ein »Vorschuß« der Vox-AG von 1000 britischen Pfund. Entsprechend einfach beschaffen war das Studio: ein Raum von 3,50 mal 3,70 Meter Grundfläche, mit aufgehängten Pferdedecken, Seidenpapier und Scheuertüchern akustisch hergerichtet. Die Aufnahme erfolgte über ein einfaches Kohlemikrophon, die Wiedergabe der Schallplatten durch eine Vox-Sprechmaschine.

Zur Schallplatten-Einspielung wurde das auf einem Stuhl stehende Mikrophon vor den Schalltrichter gerückt. Zum Ausgleich der Höhenunterschiede dienten Berliner Adreßbücher.

An den folgenden Tagen lief ein regelmäßiges Programm, beginnend um 18.30 Uhr und endend gegen 23 Uhr. Der Inhalt bestand hauptsächlich aus Unterhaltungsmusik mit eingeblendeten Vorträgen, abends aus Tanzmusik und zum Abschluß aus »neuesten Nachrichten«. Die erste große Sondersendung des Jahres 1923 war der »politische Weihnachtsgruß« von Reichskanzler Dr. Wilhelm Marx direkt aus dem Vox-Haus.

Anfang 1924 wurden bereits 1025 zahlende Hörer registriert. Die Genehmigungsurkunde Nr. 1 hatte die Reichs-Telegraphenverwaltung am 31. Oktober 1923 – in den letzten Inflationswochen vor der Währungsstabilisierung – für eine Jahresgebühr von 350 Milliarden Mark Herrn Wilhelm Kollhoff aus Berlin-Moabit ausgestellt. Ende 1924 verfügte die (inzwischen so benannte) »Funk-Stunde« über 220 592 registrierte Hörer; die Teilnehmergebühr betrug zwei Mark monatlich.

Das Aufnahmestudio hatte jetzt die doppelte Größe; die akustischen Bedingungen waren durch differenzierte Wandverkleidungen und modernere Mikrophone wesentlich verbessert worden. Dies brachte begeisterte Zuschriften und den steilen Anstieg der Hörerzahl.

Die künstlerische Qualität und der Gehalt der Sendungen stiegen. Aus dem Vox-Haus wurden bald ganze Konzerte und Opern sowie viele Vorträge und Volksbildungskurse gesendet. Als besonderes Experiment wurde die Außenübertragung der »Frasquita«-Premiere aus dem Thalia-Theater unter Leitung des Komponisten Franz Lehár gewagt.

Am 16. November 1924 erschien die erste Ausgabe des später weithin beliebten Programmblattes »Die Funk-Stunde, Zeitschrift der Berliner Rundfunksendestelle, Verlag Funk-Dienst GmbH, Berlin W 9, Potsdamer Str. 4, Vox-Haus«. Auch dies weist hin auf die fließende Funktionalisierung des Vox-Hauses von der Schallplatten- und Sprechmaschinen-Produktion in ein echtes Funkhaus.

Der Sendekomplex in seinem Dachgeschoß bestand aus zwei Studios mit umfangreichem Annex von technischen Nebenräumen. Das kleinere Studio war wegen seiner eigenwillig kleeblattförmig gewölbten Decke wohl am populärsten bei Hörern wie bei Mitwirkenden, nicht zuletzt wegen der vielen dort hergestellten Pressefotos auftretender Künstler und sonstiger bekannter Persönlichkeiten.

Aus dem Komplex lief 1925 der Großteil des Programms. Die Aufnahmen wurden im technischen Nebenraum verstärkt und über die zwischen dem Dach des Vox-Hauses und dem des benachbarten Hotels Esplanade ausgespannte Sendeantenne ausgestrahlt, ab 1924 zusätzlich über den Sender Königs Wusterhausen auf Welle 650 m. Die Studiowände waren mit verschiebbaren Stoffbahnen bespannt, an den Stirnseiten und in der Mitte gab es raffbare Vorhänge – regulierbare Akustik.

Das Programm wurde laufend erweitert. Hörspiele und

ganze Opernaufführungen, z.B. Wagners »Tristan und Isolde«, erwiesen sich als Lieblingssendungen des Publikums. Die Einrichtung noch größerer Studios ließ nicht auf sich warten. Dies deutet zugleich auf die sich ständig verbessernde finanzielle Basis der Funk-Stunde hin; die Zahl gebührenpflichtiger Rundfunkteilnehmer war 1926 allein in Berlin auf rund 500 000 gestiegen. Für eine Reihe regelmäßiger Produktionen wurden bald akustisch geeignete Räume in der Nachbarschaft mitbenutzt: das rückseitig ans Vox-Haus grenzende Hotel Esplanade für Tanztee-Übertragungen, das Hotel Adlon für Darbietungen des Orchesters Marek Weber.

Eine weitere, sehr populäre Außenübertragungsform waren Opernwiedergaben aus der Berliner Staatsoper, wo seit 1926 eine fest eingebaute Mikrophonanlage der Funk-Stunde existierte. Über einen ebenfalls im Opernhaus installierten Vorverstärker führte eine Übertragungsleitung zum Verstärkerraum des Vox-Hauses. Ähnliche technische Einrichtungen müssen sich im Großen Schauspielhaus am Bahnhof Friedrichstraße befunden haben; denn am 8. Mai 1926 wurde von dort das Singspiel »Alt-Heidelberg« übertragen. In der Zeitungswerbung dazu hieß es: »Rundfunkhörer zahlen halbe Kassenpreise.«

1926 war das Blütejahr des Vox-Hauses – an dessen oberer Kapazitätsgrenze. Der Raummangel scheint mehr als drückend gewesen zu sein. Zusätzlich war nämlich noch die im Februar gegründete Reichs-Rundfunk-GmbH eingezogen. Sie sollte durch »wirtschaftlich straffe Organisation«, so der Geschäftsführer, »die einzelnen regionalen Rundfunkanstalten von reiner Verwaltungsarbeit entlasten und für die Durchführung übergeordneter Aufgaben wie Finanzausgleich und Programmaustausch sorgen«.

Zu Beginn des Jahres 1929 deutete sich mit dem Verkauf des Vox-Hauses dessen allmählicher Austritt aus der Rundfunkgeschichte an. Seit einiger Zeit war der Reichs-Rund-funk-Gesellschaft und der Funk-Stunde seitens der Berliner Bauverwaltung der Erwerb eines Geländes in Witzleben na-hegelegt worden. Zugunsten eines Neubaus an der heutigen Masurenallee wurde das Vox-Haus schließlich aufgegeben.

*E*in Leben in steter Bewegung: Der Journalist Hardy Worm (1896–1973) hat anfangs für Zeitungen von Mitte bis links geschrieben, als Gerichtsreporter eine wenig einträgliche Kriminal-Korrespondenz nur aus dem Grund betrieben, weil ihm gerade ein Vervielfältigungsapparat zur Verfügung stand, Anfang der zwanziger Jahre eine kurze Gastrolle in der KPD gegeben und zu DDR-Zeiten eine Einladung ins Höhenrestaurant des Berliner Fernsehturms lächelnd mit der zweideutigen Begründung abgelehnt, er besitze schon genug Übersicht.

Seine schärfste Münchhausiade gelang ihm kurz nach dem Ersten Weltkrieg, als er nächtlicherweile und im Beisein Carl von Ossietzkys die Straßenschilder des Königsplatzes vorm Reichstag mit Papierstreifen überklebte: »Platz der Republik«. Polizisten kratzten die illegale Umbenennung am nächsten Morgen mühsam ab – und staunten nicht schlecht, als der Platz der Republik wenige Wochen später amtlich wurde.

Der unermüdliche Schreiber verfaßte auch aufmüpfige Chansons, unter anderem für ein »Republikanisches Cabaret« an der Nordberliner Elsässer Straße, das – so Worm – »in seiner Programmzusammenstellung Rücksicht auf die Weltanschauung der schaffenden Bevölkerung« zu nehmen hatte. Die angeschlossene Künstlerkeller-Kneipe hörte auf den bemerkenswerten Namen »Zur Entlausungsanstalt«.

Alles zwanziger Jahre, die für den unbekümmerten, bei den braunen Machtergreifern nichtsdestoweniger bestgehaßten Hardy Worm mit Emigration nach Paris und London endeten. Vorher aber fand er noch Gelegenheit zu einer Biege über den Potsdamer Platz.

HARDY WORM

»… um Ihr'n Jeruchssinn zu kitzeln?«

Hier brüllt am Tage fieberndes Leben. Man hat das Empfinden, als werde auf dem Potsdamer Platz ein Riesenfeuerwerk abgebrannt, als schössen Brüllraketen empor, zerplatzten an den Dächern der Häuser und überschütteten die ganze Stadt mit einer Flut von Geräuschen, die den Rädern der Trams, Autos und Lastfuhrwerke entsprungen ist.

Wild stürzen die Autos heran. Knatternd schnellen sie über den Asphalt, zischend verhaltend, wenn ein in der Mitte des Platzes stehender Polizist den Arm hebt. Die Wachmänner haben einen anstrengenden Dienst. Sie stehen im strömenden Regen, in bitterer Kälte, in der Hitzewelle des Sommers. Sie stehen auf einer Insel, die umrauscht wird vom klirrenden Lärm des Tages, wie ein Bollwerk, an dem die Fluten zerschellen. Eine Armbewegung, ein Pfiff auf der Flöte – Autos schnellen heran, Droschken schwanken los, zischend fegt die Straßenbahn die Schienen entlang. Und es überkommt einen ein beruhigendes Gefühl.

Man kann sicher und ungefährdet den Straßendamm überqueren.

Man quetscht sich durch die Fahrzeuge, die wie bebende Tiere warten, daß das Signal zum Start gegeben werde.

Und es schreien die Zeitungsverkäufer.

Obsthändler locken die Vorübergehenden an.

Stiefelputzer preisen ihre saubere Arbeit.

Von Blüten ganz umhüllt, stehen die Blumenfrauen. Dicke, kräftige Personen, die schon seit Jahren hier ihre Sträuße feilbieten. Nicht sonderlich zuvorkommend gegen Käufer, die sie nach der Kleidung taxieren.

Da kommt ein eleganter junger Mann, der zum Bahnhof will, um die Hand seiner in Berlin eintreffenden Freundin zu küssen. Er erhält ein sehr schönes, duftiges Bukett.

Eine ältere Dame, salopp angezogen, ein winziges Hütchen auf dem gescheitelten Haar, geht von Blumenfrau zu Blumenfrau. Sie riecht an den Blüten herum. Aber die Sträuße sind ihr zu teuer. Schließlich wird sie von einer dicken Verkäuferin angefaucht, daß ihr das Hütchen ins Genick rutscht. »Wat denken Se sich denn? Meen Se, ick steh hier rum, um Ihr'n Jeruchssinn zu kitzeln? Wenn Ihn'n de Blum zu deuer sind, reiß'n Se sich doch 'n Bindel Jras aus!«

Die alte Dame hüpft, sichtlich konsterniert, zornige Worte murmelnd, über den Damm und gerät beinahe unter die Elektrische.

Auf den Terrassen der Cafés sitzen gutgekleidete Menschen und schlürfen Eisgetränke.

Damen, die in der Stadt Einkäufe gemacht und sich mit ihren Freundinnen auf ein Plauderstündchen niedergelassen haben. Herren, die Geld genug besitzen, um interessiert das Straßenbild zu beobachten.

Aber auch Geschäftsleute. Sie rechnen ihre Prozente aus, unterhalten sich über Börsengeschäfte.

In einer Ecke des Jostyschen Vorgartens sitzt ein junges Paar. Sie hat eine helle Bluse an, ihr schöngeformtes Bein ist von Seide eingehüllt. Er spricht lachend zu ihr. Und wenn sie die Tassen heben, begegnen sich ihre Blicke und weilen lange aufeinander. Dann berühren sich scheu ihre Hände, wie unabsichtlich. Zwei Großstadtkinder, die Ferien haben, aber aus diesen Steinmauern nicht ausbrechen können, weil ihnen das

Geld für eine Sommerreise fehlt. Nun treffen sie sich sicherlich jeden Tag, machen Spaziergänge in den Parkanlagen. Und auch der Lärm des Tages kann ihr junges Glück nicht zerpflücken.

Den ganzen Tag über ergießt sich eine gewaltige Menschenwoge über den Platz. Es hat sogar einmal einen Statistiker gegeben, der festgestellt hat, wie viele Menschen den Platz innerhalb vierundzwanzig Stunden überqueren. Ich habe die Zahl vergessen. Sie ist auch unwesentlich. Wesentlich für mich sind die Typen, die über den Platz schreiten. Der Bummler, der Geschäftsmann, die »große« Kokotte, das Tippfräulein, der Schieber, der Arbeiter. Und in jedes Menschen Gesicht steht eine Geschichte. Niedergeschlagen, mürrisch die einen, lebenslustig die anderen.

Zwei kleine Gymnasiasten pfeifen und studieren die Litfaßsäule, an der das Bild des Sektfabrikanten, Propheten, Exhibitionisten Häußer prangt. Dieses Menschen, der den Dadaismus nicht verdaut hat. »Mensch, hat der 'n Sauakohl. Der braucht keene Badehose, wenna sich auszieht.« Und sie stoßen sich an und benehmen sich überhaupt sehr unmanierlich gegen den »Monarchen Ich«.

An der Normaluhr steht ein Herr schon seit einer halben Stunde. Er hat ein Sträußchen in der Hand und trippelt ungeduldig hin und her. Er zieht die Uhr, obgleich über seinem Haupte das große Zifferblatt in der Sonne blinzelt. Er geht bis zur Ecke der Leipziger. Reckt sich den Hals aus. Schließlich winkt er fröhlich mit dem Hut.

Da kommt sie, gertenhaft schlank, über den Damm, das Gesicht gerötet. Und sie drückt ihm recht herzlich die Hand und bittet um Entschuldigung, weil sie sich verspätet hat. Sie habe soviel zu tun gehabt. Er weiß ja nicht, daß sie sich ein neues Band um den Hut gelegt hat, um sich für ihn zu schmücken. (Männer sehen ja über so etwas hinweg!) Und dann fassen sie sich unter und gehen plaudernd die Bellevuestraße hinauf, in den Tiergarten, wo Schritte gedämpft auf allen Wegen klingen, wo die Blätter so leuchten. Die Schatten des Abends ersticken die Geräusche der Großstadt. Der Sturm flaut ab. Die Geschäftsfuhrwerke sind längst aus dem Straßenbilde verschwunden.

Eine Lichtreklame blitzt auf.

Die Caféhäuser blicken mit hellen Augen auf die Straße. Immer weniger überqueren den Platz. Noch einmal braust das Leben auf. Ein Fernzug ist eingelaufen. Sonnenverbrannte Menschen sind ihm entstiegen. Sie blicken mit glänzenden Augen um sich. Sie riechen wieder die Großstadtluft, dieses Gemisch von Benzin, Ruß, Parfüm. Alles ist ihnen wieder wie neu. Und sie gestehen sich ein, daß sie mitten in friedlicher Waldesstille, in würziger Luft doch Sehnsucht hatten nach dem Steinmeer, nach dem Getriebe und Gehaste der Großstadt.

Es wird dunkler. Die Lokale schließen ihre Pforten. Noch einmal entsteigen dem Bauche der Großstadt Menschen. Die letzte Untergrundbahn ist eingetroffen. Der Bahnbeamte kommt herauf, schließt die Gittertür und fegt die Steintreppen ab.

Und jetzt knistert's in allen Ecken. Auf der steinernen Umfriedung des Hohé-Kasinos lassen sich die Nachtfalter nieder. Mädchen kommen und liefern Geld ab. Und es werden hier Gespräche gehalten, die nur ein Eingeweihter versteht (Gespräche, die sich um »Bullen«, »Stubben«, »Ganoven«, »Effchen« drehen ...).

Neben mir sitzt eine Prostituierte und erzählt stolz, daß sie heute früh »voll wie eine katholische Kirche« nach dem Alex zur Untersuchung gegangen sei. Während des Vortrages, den der Arzt gehalten, habe sie so laut geschnarcht, daß sie von Kolleginnen geweckt worden sei. Neulich habe sie erst wieder drei Tage abgerissen. Sie erzählt das alles mit der Ruhmredigkeit einer Menschenkaste, die sich außerhalb der Gesetze stehend fühlt und deren Stolz es ist, im Kampf gegen die gesellschaftliche Ordnung Püffe und Wunden davonzutragen. Diese Wunden werden entblößt und wie eine Auszeichnung zur Schau getragen ...

Zum Schluß klettere ich in den Warteraum des Potsdamer Bahnhofes, wo junge Burschen die »goldene Sechse« spielen.

Und trinke einen schlechten, aber teuren Likör.

Und finde, daß es nachgerade Zeit geworden ist, nach Hause zu pilgern.

Seine Kollegen Walter Benjamin, Alfred Döblin oder Robert Walser brachten es weiter als er, nämlich bis in diverse Schriftstellerlexika, die Franz Hessel (1880–1941) meist auslassen. Denn die Genannten haben auch jenseits der »kleinen Form« veröffentlicht, also außer wenig umfänglichen Lesestücken über den Alltag, die städtische Umgebung, die flüchtige Bagatelle noch große Romane, gewichtige Essays.

Franz Hessel, eine Zeitlang Lektor im Rowohlt Verlag, schrieb vorwiegend kurze Feuilletons. Wenn er, tief vertraut mit der französischen Sprache, gerade nicht Stendhal, Balzac oder Jules Romains übersetzte, griff er wohl zu Hut und Spazierstock und durchstreifte während der zwanziger Jahre die Großstadt Berlin. Schauend, aufnehmend, das Tagesgeschehen verknüpfend mit kulturhistorischen Reminiszenzen. Das Lesepublikum seiner Sammelbände »Heimliches Berlin«, »Teigwaren, leicht gefärbt«, »Spazieren in Berlin« und »Nachtfeier« hat ihn dafür geliebt, Walter Benjamin ihn dafür gelobt.

In der Zeitschrift Literarische Welt *rühmte er Hessel als Flaneur, der die »dialektischen Pole« Berlins aufzufinden wisse, worauf sich ihm die Stadt als Landschaft öffne und ihn als Stube umschließe. Dergestalt habe Franz Hessel zu erspüren vermocht, wie »das Neue sich, wenn auch still, so sehr deutlich ankündigt«.*

Wobei einem Flaneur Ungemach widerfahren konnte! Im stets hastigen, um des Betriebes willen betriebsamen Berlin seiner Zeit blieb Hessel nicht verborgen: »Langsam durch belebte Straßen zu gehen ist ein besonderes Vergnügen. Man wird überspült von der Eile der anderen, es ist ein Bad in der Brandung. Aber meine lieben Berliner Mitbürger machen einem das nicht leicht, wenn man ihnen auch noch so geschickt ausbiegt. Ich bekomme immer mißtrauische Blicke ab, wenn ich versuche, zwischen den Geschäften zu flanieren. Ich glaube, man hält mich für einen Taschendieb. Hierzulande muß man müssen, sonst darf man nicht. Hier geht man nicht wo, sondern wohin. Es ist nicht leicht für unsereinen.«

Hat er deshalb mal auf die Fortbewegung im Spazierschritt verzichtet und den Potsdamer Platz samt Umgebung per Rundfahrt-Bus erkundet?

FRANZ HESSEL

Ich wähle »Käse«

Unter den Linden nahe der Friedrichstraße halten hüben und
drüben Riesenautos, vor denen livrierte Männer mit Gold-
buchstaben auf ihren Mützen stehen und zur Rundfahrt ein-
laden; drüben heißt ein Unternehmen »Elite«, hüben »Käse«.
Bequemlichkeit oder natürliches Kleinbürgertum? – Ich
wähle »Käse«. Da sitze ich nun auf Lederpolster, umgeben von echten
Fremden. Die andern sehen alle so sicher aus, sie werden die
Sache schon von 11 bis 1 erledigen; die Familie von Binde-
strich-Amerikanern rechts von mir spricht sogar schon von
der Weiterfahrt heut abend nach Dresden. Mehrsprachig fragt
der Führer neu hereingelockte Gäste, ob sie Deutsch verstehn
und ob sie schwerhörig sind; das ist aber keine Beleidigung,
sondern betrifft nur die Platzverteilung. Vorn hat man mehr
Luft, hinten versteht man besser.
Auf weißer Fahne vor mir steht in roter Schrift: *Sight seeing.*
Welch eindringlicher Pleonasmus! – Mit einmal erhebt sich
die ganze rechte Hälfte meiner Fahrtgenossen, und ich nebst
allen andern Linken werde aufgefordert, sitzen zu bleiben
und mein Gesicht dem Photographen preiszugeben, der dort
auf dem Fahrdamm die Kappe von der Linse lüftet und mich
auf seinem Sammelbild nun endgültig zu einem Stückchen
Fremdenverkehr macht.
Fern aus der Tiefe streckt mir eine eingeborene Hand far-

bige Ansichtskarten herauf. Wie hoch wir thronen, wir Rundfahrer, wir Fremden! Der Jüngling vor mir, der wie ein Dentist aussieht, ersteht ein ganzes Album, erst zur Erinnerung, später vermutlich fürs Wartezimmer. Er vergleicht den Alten Fritz auf Glanzpapier mit dem ehernen wirklichen, an dem wir nun langsam entlang fahren. Er sitzt recht hoch zu Roß in unvergeßlicher Haltung, die Hand unterm weiten Mantel in die Seite gestemmt mit dem Krückstock, den berühmten Dreispitz etwas schief auf dem Kopf. Er schaut weit über uns weg auf Pilaster und Fenster der Universität, einst seines Bruders Schloß.

Wohlwollend sieht er gerade nicht aus, soweit wir das von unten herauf beurteilen können.

Wir sind fast in Augenhöhe mit der gedrängten Helden- und Zeitgenossenschar seines Sockels. Die hat's etwas eng zwischen Reliefwand und Steinabhang. Zusammengehalten wird sie von den vier Reitersleuten an den Sockelecken, die keinen mehr herauflassen würden.

Nun gleiten wir an der langen Front der Bibliothek entlang auf der Sonnenseite. Hinter Markisen eleganter Läden lockt Seidenes, Ledernes, Metallenes. Die Spitzengardinen vor Hiller erwecken ferne Erinnerungen an gute Stunden, an fast vergessenen Duft von Hummer und Chablis, an den alten Portier, der so diskret zu den *Cabinets particuliers* zu leiten wußte. Ich reiße mich los – bin doch Fremder –, um gleich wieder eingefangen zu sein. Reisebüros, Schaufensterrausch aus Weltkarten und Globen, Zauber der grünen Heftchen mit den roten Zetteln, verführerische Namen fremder Städte. Ach, all die seligen Abfahrten von Berlin! Wie herzlos hat man doch immer wieder die geliebte Stadt verlassen.

Aber nun aufgepaßt. Wir biegen in die Wilhelmstraße ein. Unser Führer verkündet in seltsam amerikanisch klingendem Deutsch: Hier kommen wir in die Regierungsstraße Deutschlands. Still ist es, fast wie in einer Privatstraße. Und altertümlich einladend stehen vor der diskreten gelbgetünchten Fassade, hinter der Deutschlands Außenpolitik gemacht wird, zwei großscheibige Laternen. Was für ein sanftes Öllicht mag darin gebrannt haben zur Zeit, als sie zeitgenössisch waren? Eines dieser braunen Eingangstore, die mit geschnitztem Laubwerk geziert sind, führte einstmals in die Wohnung der gefeierten Tänzerin Barberina zu einer Zeit, als sie nicht mehr tanzte und eine Freiin Barbara von Cocceji geworden war. Und über ein Jahrhundert später, von 1862 bis 1878, hat Bismarck hier gewohnt. Da war das kleine Arbeitszimmer mit den dunkelgrünen Fenstervorhängen und dem geblümten Teppich und daneben der Speisesaal, in dem die Emser Depesche verfaßt worden ist. Später zog er dann ins Palais Radziwill, wo auch heute noch der Reichskanzler wohnt, friedlich hinter einem Gartenhof wie ein paar Häuser vorher der Reichspräsident.

Aber unser Führer erlaubt nicht, in diesen Frieden zu versinken, er reißt den Blick zu dem mächtigen Gebäudekomplex gegenüber hin und ruft selbst verwundert: »Alles Justiz!« »Und hier«, fährt er fort, »vom Keller bis zum Dach mit Gold gefüllt, das Finanzministerium.« Das ist ein Witz, über den nur die richtigen Fremden lachen können. Ich tröste mich an der schönen Weite des Wilhelmplatzes, an des Kaiserhofs flatternden Fahnen, an dem grünen Gerank um die Pergolasparren des Untergrundbahneingangs und an General Zietens gebeugtem Husarenrücken.

Ein Gewirr von Türmen, Buckeln, Zinnen und Drähten: »Leipziger Straße, die größte Geschäftsstraße der Metropole!« Aber die durchkreuzen wir einstweilen nur. Wir fahren die Wilhelmstraße weiter, vorbei an vielen Antiquitätenläden, vorbei am Architektenhaus. Das Palais des Prinzen Heinrich, vor dem wir einen Augenblick halten, um durch die schöne

Säulenhalle auf den alten Hof und die alten Fenster zu sehn, und seine schlichten, mit dienender Tugend sich anschließenden Gebäude haben die hellbräunliche Farbe, die dem Dichter Laforgue an vielen Berliner Palais auffiel, als er in den achtziger Jahren des vorigen Jahrhunderts als Vorleser der Kaiserin in Berlin war, er nennt sie *couleur café au lait,* und sie erscheint ihm als der vorherrschende Farbton der Kapitale. Für die Welt der Wilhelmstraße und viele Teile der älteren Stadt gilt das noch heut.

An den altvertrauten Museen der Prinz-Albrecht-Straße hält unser eiliger Wagen nicht. Die meisten Insassen schauen hinüber in den großen Garten hinter dem Landtagsgebäude. Ich sehe in die Fenster, hinter denen die schönen Kostümbildermappen der herrlichen Lipperheidschen Sammlung in der Staatlichen Kunstbibliothek auf ruhevolle Betrachter warten. Am liebsten möchte ich aussteigen und zu den befreundeten Bildern gehen, aber heute habe ich Fremdenpflichten, darf auch in Gedanken nicht zu lange bei dieser Stätte des alten Kunstgewerbemuseums verweilen, die soviel Auswanderung erlebt hat.

Der größte Teil der Sammlungen ist jetzt im Schloß. Und die Karnevalsfeste der Kunstgewerbeschüler, einst die schönsten von Berlin, finden jetzt, da die Kunstschulen nach Charlottenburg verlegt sind, im dortigen Hause statt, und als richtiger *Laudator temporis acti* finde ich natürlich, daß sie dort nicht so schön sein können, wie sie hier waren. Ach, selbst die kleinen Feste, die nach Verlegung der Kunstschule hier noch im Dachgeschoß sich abspielten, sind unvergeßlich.

Wir gleiten an der bauchigen Hochrenaissance des Völkerkundemuseums vorbei. Auch dies wird nur beim Namen genannt und nichts gesagt von Turfan und Gandhara, von Inka und Maori. Vielmehr verkündet unser Sprecher schon von weitem: »Vaterland, Café Vaterland, das größte Café der

Hauptstadt!« Die Fremden stieren auf die große Prunkkuppel des Baues, und die, welche bereits abendliche Berliner Erfahrungen haben, raten den andern, dieses Monsteretablissement mit all seinen Abteilungen, dies kulinarische Völkermuseum von Kempinski und seine Panoramen in nächtlicher Bestrahlung zu besichtigen.

Ja, das sollen sie. Was helfen ihnen unsre alten Paläste und Museen? Sie wollen doch das Monsterdeutschland. Also nur da hinein heute abend, meine Herrschaften, in das alte Piccadilly, jetzt Haus Vaterland! Da wird euch Vaterländisches und Ausländisches vorgesetzt. Hat Sie der Fahrstuhl aus dem prächtigen Vestibül hinaufgetragen, so können Sie bei dem üblichen Rebensaft von der Rheinterrasse bequem ins Panorama blicken, wo Ihnen über Rebenhügeln, Strom und Ruine ein Gewittersturm erster Klasse vorgeführt wird. Heitert sich der Himmel wieder auf, so tanzen Ihnen rheinische Girls unter Rebenreifen eins vor, und samtjackige Scholaren singen dazu.

Das müssen Sie gesehen haben. Von da taumeln Sie, bitte, in die Bodega, wo Ihnen merkwürdige Mannsleute mit bunten Binden um Kopf und Bauch was Feuriges bringen, um Sie in eine spanische Taverne zu versetzen. Die beiden schüchternen Spanierinnen aus der Ackerstraße dort in der Ecke werden durch Tanzvorführungen Ihre Stimmung erhöhen. Beim Betreten der Wildwestbar werden Sie laut Programm die ganze Romantik der amerikanischen Prärie empfinden.

Kaufen Sie sich auf alle Fälle ein Programm! Da wissen Sie gleich, wie Ihnen zumute zu sein hat. Was tut im Grinzinger Heurigen das liebliche Wien? Es liegt in der Abenddämmerung vor den Augen des Beschauers. Wozu laden vor der sonnendurchglühten Puszta ungarische Weine ein? Zum Verweilen. Was empfängt uns im Türkischen Café? Märchenzauber aus Tausendundeiner Nacht. Versäumen Sie nicht, dort auf den Taburetts zu sitzen an Tischen mit echt arabischen Schriftzeichen darauf und den stärksten aller berlinisch-türkischen Mocca double zu trinken. In der Glaswand, die das Bosporuspanorama abtrennt, können Sie Ihren Nachbarn, den Herrn mit der papiernen Zigarrenspitze, so gespiegelt sehn, als säße er an dem Tisch mit der Wasserpfeife, der schon zum Vordergrund des Bildes gehört.

Aber nun bekommen Sie Bierdurst und finden in das Münchner Löwenbräu, das laut Programm »lebensfreudig eingerichtet« ist. Die aufwartenden Madeln, die Ihnen zuliebe noch bayrischer als bayrisch reden, tragen Strohhüte mit Federn, blaue Jacken, geraffte, gestreifte Röcke und jodeln bisweilen ermunternd mit, wenn die Musik es nahelegt. Die wird von den Herren Buam in Hosenträgern gemacht. Auf ihre Hosenbeine ist bauchabwärts bayrisches Kunstgewerbe tätowiert.

Da ist ja auch das künstlerisch ausgeführte Glasfenster mit Ausblick auf die »wildromantische Szenerie des Eibsees«. Und schon geht's los mit der Attraktion. Der Saal verdunkelt sich. Am Eibseehotel gehn die Lichter an. Auch Alpenglühn wird von der Direktion, die keine Kosten scheut, geboten. Sobald der Saal hell wird, beginnt ein Trio, Bua, Madl und Depp, ganz wie auf der weiland Oktoberwiesenausstellung am Kaiserdamm. Dabei zerschlagen die beiden Nebenbuhler, einer auf des andern Kopf, richtige Tonnen. Ja, ja, die Direktion scheut keine Kosten.

Wollen Sie noch in den großen Ballsaal, der sich »dem Glanz der schönsten Säle der Welt würdig an die Seite stellen« kann, wollen Sie »Tanzgelegenheit auf schwingendem Parkett«, so müssen Sie drei Mark extra zahlen, die werden Ihnen aber auf Speisen und Getränke angerechnet. Dafür sehen Sie in einen buntgeschliffenen Spiegelhimmel; Palmenschäfte tragen als Säulen den Saal. Und »deutsche Girls« streifen, wenn sie zum Auftritt eilen, mit ihren Gazeschleiern dicht an Ihnen vorüber. Es tanzt für Sie ein badehosiger starker Jüngling mit einer Dame, die außer der Badehose nur noch eine Art Büstenhalter trägt, tanzt mit ihr, wirbelt sie, während sie nur mit Knöchelschleife um seinen Hals hängt, hantelt mit ihr. Die deutschen Girls aber rutschen als Ruderballett auf dem Boden hin und singen von unserer Zeit, der Zeit des Sports.

Nun haben Sie wohl ein bißchen Linderung von soviel Darbietungen. Da, wo überlebensgroß am Fenster der Teddybär steht, den die vorüberstreifenden Mädchen umarmen, gehn sie auf den offnen Balkon und sehn in heller Nacht schön altberlinisch, gelblichbraun, mild nüchtern den Potsdamer Bahnhof, denselben, auf den jetzt am Tage unser Sprecher zeigt.

Über die Freitreppe zur Station gehen Ausflügler in hellen Röcken und Waschkleidern. Die Glücklichen, es ist ein so schöner Herbsttag. Manche gehn auch den schmalen Durchgang hinüber zu dem kleinen Wannseebahnhof. Ich möchte ihnen am liebsten nachlaufen. Ein Segelboot oder auch nur ein Paddelboot. Oder nichts als ein Gang durch einen der Potsdamer Parks. Potsdam und die Havelseen, die heimliche Seele, das irdische Jenseits von Berlin! Noch dazu heut, an einem Wochentag.

Aber nun kommen wir auf den Potsdamer Platz. Von dem ist vor allem zu sagen, daß er kein Platz ist, sondern das, was man in Paris einen *Carrefour* nennt, eine Wegkreuzung, ein Straßenkreuz, wir haben kein rechtes Wort dafür. Daß hier einmal ein Stadttor und Berlin zu Ende war und die Landstraßen abzweigten, man müßte schon einen topographisch sehr geschulten Blick haben, um das an der Form des Straßenkreuzes zu erkennen.

Der Verkehr ist hier offiziell so gewaltig auf ziemlich beengtem Raum, daß man sich häufig wundert, wie sanft und bequem es zugeht. Beruhigend wirken auch die vielen bunten Blütenkörbe der Blumenfrauen. Und in der Mitte steht der berühmte Verkehrsturm und wacht über dem Spiel der Straßen wie ein Schiedsrichterstuhl beim Tennis.

Seltsam verschlafen und leer sehn jetzt am hellen Mittag die riesigen Buchstaben und Bilder der Reklamen an Hauswänden und Dächern aus, sie warten auf die Nacht, um zu erwachen. Scharf und glatt, jüngstes Berlin, zieht das umgebaute Haus, das die altberühmte Konditorei Telschow birgt, seine gläsernen Linien. Das Josty-Eck bleibt noch eine Weile alte Zeit. Aber an der andern Seite der Bellevuestraße wächst – einstweilen noch hinter hoher plakatbedeckter Wand – etwas ganz Neues herauf, ein Warenhaus mit einem Pariser Namen. Ob es so schön werden wird wie da drüben hinterm Laub des Leipziger Platzes Messels Meisterwerk, das Haus Wertheim?

Die Bellevuestraße, in die wir schnell einen Blick werfen dürfen, wird immer mehr eine *»Rue de la Boëtie«* von Berlin. Kunstladen gesellt sich zu Kunstladen. Und davon werden auch die Schaufenster der Modegeschäfte immer erlesener, immer mehr Stilleben. Und das kommt sogar den großen und kleinen Privatautos zugute, die in der Bucht der Auffahrt vor dem Hotel Esplanade warten. Ihre Karosserien, immer besser werdende Kombinationen von Hülle und Hütte, haben wunderbare Mantelfarben.

Grünes Licht am Verkehrsturm. Wir umkreisen den Potsdamer Platz und fahren an den weißen Säulen der beiden Tortempelchen vorbei den Leipziger Platz entlang.

110

Im August 1924 prallten – ähnlich wie angesichts aktueller Bebauungspläne unserer Tage – die Meinungen über den Potsdamer Platz hart aufeinander. Es ging um amtliche Absichten für eine neue Verkehrsregelung, erforderlich geworden durch etwas, das nur noch als »Gewühl« bezeichnet werden konnte. Genaue Zahlen lagen den Überlegungen nicht zugrunde; erst am 28. Juli 1928 kam es in der Zeit von 8 bis 20 Uhr zu einer förmlichen Verkehrszählung. Ihr zufolge überquerten den Potsdamer Platz binnen jener zwölf Stunden 33 037 Fahrzeuge, also 2753 je Stunde, 46 je Minute. Davon waren 57 Prozent Kfz, 26 Prozent Fahrräder, 10 Prozent Straßenbahnen, je 3 Prozent Motorräder und Pferdefuhrwerke und 1 Prozent Handwagen.

Schon 1910 sei das Überqueren des Platzes »für Fremde, Kinder, Frauen und Greise mit Gefahr für Gesundheit und Leben verbunden« gewesen, hatte ein Reiseführer gewarnt – man beachte die Reihenfolge.

Am 31. August 1924 setzte die Deutsche Allgemeine Zeitung *dem offenbar wenig kreativen kommunalen Projekt andere Überlegungen entgegen. Das Blatt hatte einen Experten gebeten, den Potsdamer Platz nicht nur hinsichtlich der Verkehrsführung, sondern auch mit Blick auf städtebauliche Konsequenzen zu betrachten. Die Gedanken von Professor Bruno Möhring (1863–1929), Architekt des Jugendstils und Fachschriftsteller, standen zur Leserdiskussion.*

Sie verhinderten freilich nicht, daß es auf dem Platz bald zur amerikanisch inspirierten Lösung mit dem ampelbestückten Verkehrsturm kam, begleitet von der Installation weiterer Ampeln an den exponiertesten Straßenkreuzungen der Stadt. Die die Berliner stürmisch begrüßten? Nicht die Bohne. Der Lokal-Anzeiger *ortete einen* »Schildbürgerstreich«, *das* Tageblatt *verlangte schleunige Abschaffung.*

Ampeln, so die allgemeine Kritik, würden den Verkehr zusätzlich erschweren. Besonders erbost gaben sich die Fahrgäste der Autotaxis und Pferdedroschken: Der Zwangsaufenthalt bei Rot koste sie ei-

nen unzumutbaren Fahrgeldmehrbetrag. Es zeterten auch die ersten Teilnehmer an einer sich anbahnenden Massenmotorisierung. Lange vor »Volkswagen«-Plänen brachte die Firma Hanomag einen Kleinwagen für 2500 Reichsmark heraus, wegen seiner äußeren Form in Berlin unter dem Spitznamen »Kommißbrot« populär.

BRUNO MÖHRING

Kreuzung statt Karussell

Meines Erachtens hat man sich bis jetzt bei allen Planungen zu sehr auf den Potsdamer Platz beschränkt. Es stehen aber hier *drei* Plätze in engster Beziehung zueinander: der Leipziger Platz, der Potsdamer Platz und der Vorplatz zum Potsdamer Bahnhof. Diese drei Plätze müßten gleichzeitig bearbeitet werden. Ehe ich an diese Arbeit herantrat, habe ich mir folgende Richtlinien aufgestellt:

1. Der Fußgängerverkehr. Zuerst kommt unter allen Umständen die *Rücksicht auf den Fußgänger,* seine Sicherheit und Schonung ist der Grundgedanke, dem sich alles unterordnen muß.

2. Der Fahrverkehr. Dieser ist so zu regeln, daß die Fahrzeuge aller Art sich möglichst nach einer Richtung bewegen und den Platz schnell passieren können. Es ist zu versuchen, ob man den *Kreuzungsverkehr* durchführen kann und sich der Karussellbetrieb vermeiden läßt.

3. Die Lösung muß durch Klarheit und ruhige Linienführung ohne Aufwand großer Mittel auch schönheitlichen Ansprüchen genügen.

Bei der Anlage von Straßen und Plätzen ist in erster Linie auf den Fußgänger Rücksicht zu nehmen. Schmuckplätze, die köstliche Oasen bilden, braucht die Großstadt gewißlich auch, sie müssen aber so angelegt werden, daß sie dem Menschen freie Bahn für seinen Weg lassen, daß sie überhaupt außerhalb des Verkehrs liegen. Ein wohlgelungenes Beispiel hierfür ist der Wilhelmplatz, der trotz seiner breiten Straßen und der diagonalen Zerschneidung durch breite Fußgängerwege Raum genug hat für die Entfaltung eines wohlgepflegten gärtnerischen Schmuckes.

In jeder Großstadt bilden sich platzartige Knotenpunkte des Verkehrs, wo Ströme der fahrenden und wandelnden Menschheit zusammenstoßen und sich durchdringen. Das Rad ist flinker als das Bein, der längere Weg spielt für Räder keine Rolle. Je einfacher und sicherer die Fahrdammkreuzung für den Fußgänger gemacht wird, desto leichter wird auch die Überquerung eines Platzes für den Fahrzeuglenker. Eine ungeschickte Verkehrsleitung macht Wagenführer, Radfahrer usw. nervös und unsicher und ist daher die Hauptursache von Unfällen.

Die Leipziger Straße ist der große Kanal, der die Massen durch den Kern der Geschäftsstadt führt. Die Hauptzuflüsse kommen aus der Potsdamer Straße und vom Potsdamer Bahnhof her bzw. von der Wannseebahn und den Ring- und Vorortbahnen, zu denen sie des Abends wieder zurückfluten. Diese beiden Ströme gilt es *in kürzester Linie* über den Platz zu bringen.

Von der Königgrätzer Straße zur Budapester Straße und umgekehrt findet auch ein starker Verkehr statt. Dieser hat vor dem Leipziger Platz drei Dämme zu kreuzen. Die mittelste Kreuzung zwischen den Torhäuschen ist sehr breit und gefährlich. Wenn man diese für den Wagenverkehr sperrt, so entsteht ein gesicherter, schöner Platz, auf dem die beiden Torhäuschen stehen, der Fußgängerverkehr kann auf dem kürzesten Wege zur Jostyseite über den Potsdamer Platz geleitet werden und führt auf die Laufseiten der Bellevuestraße und der Potsdamer Straße.

Um das Publikum auf dieser Mittelachse zu halten, sind parallel zu den Torhäuschen steinerne Balustraden mit Kan-

114

delabern und Blumenschalen angeordnet. In der Mitte dieses breiten Übergangs, zugleich in der Mitte des ganzen Platzes, ist eine einzige größere, breite Insel angelegt, die den Fahrzeugverkehr auseinanderhält.

Die *Straßenbahn* und der *Wagenverkehr* von der Potsdamer Straße nach der Leipziger Straße werden an den Südrand des Potsdamer Platzes verlegt und zwischen dem südlichen Torgebäude und dem Fürstenhof durchgeführt. Wir erhalten so einen vereinfachten Kreuzungsverkehr an der Südostecke des Platzes, denn der Wagenverkehr, der von der Budapester Straße nach der Leipziger Straße kommt (und umgekehrt), wird schon am Palasthotel abgelenkt. Er ist übrigens gering, da hier die Voßstraße entlastend wirkt.

Für den Fußgängerverkehr von der Fürstenhofecke nach den Bahnhöfen und der Potsdamer Straße ist ein zweiter Übergang mit einer Insel geschaffen, ebenso ist der Übergang über die Potsdamer Straße von der Königgrätzer Straße nach der Jostyecke gestaltet. Diese Übergänge sollen in dem vorhandenen Pflaster durch breite Granittafeln kenntlich gemacht werden.

Wir haben also auf dem Potsdamer Platz nur eine Insel in der Mitte und zwei am Rande des Platzes. Bei den Übergängen über die Bellevuestraße und die Budapester Straße sind, da hier der Personen- und der Fahrzeugverkehr geringer sind, Inseln nicht unbedingt notwendig. Die Straßenbahnen fahren in beiden Richtungen auf parallelen Gleisen, damit sie in kürzester Zeit über den Platz kommen.

Aus diesem Grund ist auch der Wagenverkehr von der Potsdamer nach der Leipziger Straße und umgekehrt in beiden Richtungen wie die Straßenbahn geführt worden. Der Wagenverkehr von der Leipziger Straße nach der Königgrätzer Straße und zu den Bahnhöfen ist auf den kürzesten Weg gebracht und berührt den Potsdamer Platz nur an einer Ecke, um gleich zu verschwinden, während er bei der jetzigen Anordnung des Tiefbauamtes in einer großen Schleife fast über den ganzen Platz geführt wird und diesen in unangenehmer Weise belastet.

Wir haben nun vier Kreuzungspunkte, je zwei mit schwachem Verkehr an der Bellevuestraße und am Palasthotel, zwei mit starkem Verkehr an der Potsdamer Straße und am Fürstenhof. Man würde bei den ersten beiden Stellen mit je einem, an den anderen mit je zwei Verkehrsschutzleuten den ganzen Verkehr regeln können. Der Verkehrsturm könnte vorläufig wohl entbehrt werden. Jedenfalls würde man ein so großes Aufgebot von Polizisten wie jetzt nicht nötig haben.

An anderen Kreuzungsstellen geht es ganz ohne Polizei, z.B. an der Kreuzung der Potsdamer Straße mit der Lützowstraße. Hier verkehren 25 Straßenbahnlinien, von denen 20 die Stelle kreuzen und 5 auf zwei Kurven um die Ecken fahren, also mehr als auf dem Potsdamer Platz, den von 24 Linien 21 überqueren, während 3 auf einer Kurve nach dem Brandenburger Tor abgelenkt werden.

Bei der vorgeschlagenen Anordnung könnte auch die Bellevuestraße wieder den Verkehr nach beiden Richtungen erhalten.

Für die vorgeschlagene Lösung ist eine Änderung des Leipziger Platzes notwendig, die auch längst nottut und nicht nur eine Erleichterung für den Verkehr, sondern auch eine volkstümliche Verbesserung der Anlage bedeuten würde. An den Treppen der Untergrundbahn ist das Gitter der Grünanlage zurückgesetzt und der Bürgersteig verbreitert. Das sieht sehr gut aus.

Gleich an den Treppen hört aber die Verbreiterung auf, und der Verkehr ist wieder eingeschnürt. Das wirkt nicht nur komisch, sondern bei der Regelmäßigkeit der Anlage unlogisch, ja unordentlich, als wenn ein Kind die Linienführung vorgeschrieben hätte. Das Gitter wäre zurückzurücken und die Bürgersteige in voller Breite durchzuführen. Es brauchte dabei sonst nichts geändert zu werden, kein einziger Baum ist zu versetzen, auch die Denkmäler würden nicht stören, wenn sie auch etwas in den breiten Fußweg hineinragen. Die Gitter wären aber zu öffnen, je ein Fußweg durch die Rasenflächen zu legen, mit Bänken ausgestattet, die so dringend notwendig sind.

Die Durchführung der abgerundeten Straßenführungen aber hinter den Torbauten würde eine starke Verkehrserleichterung und eine willkommene Abkürzung des Weges sein. Die Zickzackführung dieser Straßen und die Einengung des Verkehrs, wie sie heute bestehen, der historischen Linie wegen ist doch ein Unding. Hier wäre nur je ein Baum zu entfernen oder umzupflanzen. Die sperrenden Höfe der Torgebäude müßten fallen, vielleicht auch noch die Gebäude selbst etwas verkürzt oder zueinander vorgerückt werden. Für den verlorenen Raum könnte man ihnen Seitenflügel geben, in denen auch Bedürfnisanstalten und andere Dinge untergebracht werden. Der jetzige Zustand ist für einen der ersten Plätze der Reichshauptstadt jedenfalls ganz unwürdig.

Auch der Vorplatz vor dem Potsdamer Bahnhof ist recht verbesserungsbedürftig. Eine einzige Zufahrt in der Achse des Bahnhofsgebäudes genügt. Die heute viel zu kleine Vorfahrt, die in einem lächerlichen Gegensatz zur Freitreppe steht, muß verbreitert werden. Die Rasenfläche vor der einen Hälfte des Gebäudes muß verschwinden. Ein großes Schmuckbeet mit einem niedrigen Brunnen könnte auf einem Oval, das zur Regelung des Fahrverkehrs notwendig ist, angelegt werden. Ein Teil der Bäume, auch die schöne große Akazie, bleibt erhalten.

Der ganze Entwurf, der grundsätzlich von anderen Überlegungen ausgeht als die vielen bisher vorgeschlagenen Lösungen, wird im einzelnen noch verbesserungsfähig sein; er zeigt aber, daß eine Teilung des Fahrverkehrs und seine Verlegung an die Ränder des Platzes große Erleichterung bringen. Es geht ohne Karussellbetrieb.

ERICH KÄSTNER

Besuch vom Lande

Sie stehen verstört am Potsdamer Platz
und finden Berlin zu laut.
Die Nacht glüht auf in Kilowatts,
ein Fräulein sagt heiser: »Komm mit, mein Schatz!«
Und zeigt entsetzlich viel Haut.

Sie wissen vor Staunen nicht aus und nicht ein.
Sie stehen und wundern sich bloß.
Die Bahnen rasseln. Die Autos schrein.
Sie möchten am liebsten zu Hause sein.
Und finden Berlin zu groß.

Es klingt, als ob die Großstadt stöhnt,
weil irgendwer sie schilt.
Die Häuser funkeln. Die U-Bahn dröhnt.
Sie sind das alles so gar nicht gewöhnt.
Und finden Berlin zu wild.

Sie machen vor Angst die Beine krumm
und machen alles verkehrt.
Sie lächeln bestürzt. Und sie warten dumm.
Und stehn auf dem Potsdamer Platz herum,
bis man sie überfährt.

Stets war der Potsdamer Platz gut als Spaltenfüller für die Zeitungen. Es mangelt an einem großstädtischen Stimmungsbild? Na, dann schicken wir doch mal einen Reporter dorthin, wo der Nabel zumindest der Berliner Welt zu vermuten ist. Unfehlbar würde der Berichterstatter Druckbares einfangen über verschiedenartigste Menschen, über Eile, Verkehrsgetriebe, Lichteffekte, erotisches Flair.

Die besseren Journalisten ließen es sich angelegen sein, aus ihren Impressionen kleine Kunstwerke der Tagesschriftstellerei zu formen. Unter Konkurrenzdruck! Im Berliner Tageblatt *etwa, wo ein Theaterkritiker vom Rang Alfred Kerrs seine Rezensionen zu Gegenständen des Stadtgesprächs hochzustilisieren verstand, konnte sich die Lokalredaktion keine Dutzendware erlauben.*

Am 4. September 1928 veröffentlichte sie – drei Tage zuvor war Kerrs süffisant und also äußerst unterhaltsam abgefaßte Besprechung der gerade in Berlin uraufgeführten »Dreigroschenoper« von Bertolt Brecht und Kurt Weill erschienen – ein beachtliches Potsdamer-Platz-Feuilleton.

Einhundertfünfzig pro Minute

Ein Viertel der Bevölkerung passiert um einviertelsieben Uhr den Potsdamer Platz. Herden von Automobilen, ja Herden, es handelt sich um Tiere, die die Fabel vom Zentauren wahrmachen; ihr Kopf ist menschlich und ihr Körper eine rasende Maschine; erleidet der Körper einen Schaden, so weiß der Kopf allein gar nichts anzufangen.

Anders sind die Autobusse, die Massen von Menschen kollektiv zusammenhalten, das Verdeck gleicht einem vollen Tafelaufsatz, der herumgereicht wird, bitte, bedienen Sie sich mit Menschen! Sollte oben der Vorrat ausgehen, oh, das macht gar nichts, unter dem Aufsatz ist noch eine gläserne Kassette mit stattlichen Reserven angefüllt. Ob die Menschen nicht schlecht werden, wenn man sie so aneinanderpreßt? Gegeneinander werden sie es jedenfalls – wie sie im überfüllten Autobus ihre Ellenbogen dem Nächsten in die Seite bohren und wie sie ihm oben, auf dem Verdeck, den Rauch ins harmlose Antlitz blasen. Sie lieben ihn in solcher Situation keinesfalls wie sich selbst.

Was macht man überhaupt mit so vielen Menschen, wer braucht denn so viele? Jedem einzelnen genügen doch, na, wie viele – zwanzig oder zehn oder zwei; meistens doch einer! Aber über diesen Platz allein bewegen sich pro Minute einhundertfünfzig stürmisch vorwärts.

Still stehen eigentlich nur die Zeitungsmänner, die vom

Zentrum rechts, die von der Rechten links und die von der Linken in der Mitte (kompliziert, aber warum soll denn alles einfach sein?), die fast jedem Fußgänger schön zusammengefaltet etwas geistigen Inhalt auf den Weg mitgeben, und zwar eine politische Meinung, eine gewisse Kenntnis der neuesten Vorfälle und ein bißchen (wenn auch etwas feuilletonistisch verdorbene) Melancholie des Sommerabends – kurz, gegen Erlag von fünf bis zwanzig Pfennig alles, was ein kompletter Mensch an Empfindung und Wissen für einen Wochentagsabend braucht.

Was braucht er denn noch? Eine kleine körperliche Erfrischung (in Form von Zitroneneis), ein bißchen Nervenreiz (in Form von Kaffee), beides auch am Platz, und zwar im Vorgarten des Cafés erhältlich; ebenso etwas Erotik – Herr Ober, bitte Erotik, eine halbe Portion –, da schlägt schon die Dame am Nebentisch die Beine übereinander, und dort klimmt ein Mädchen über steile Stufen einen Autobus hinan.

So viele Menschen und keine Gesichter – in welchen Massenartikel ist man da hineingeraten, da steht man hereingeschneit, das ist das rechte Wort. Wie ein Stück gefrorener Erde strahlt man inmitten der vielen fremden Menschen Kälte aus. Da wartet man, bis es einen warm anweht von einer oder von einem, die da vorübergehen, den Atem muß man spüren; die Alten nannten den Atem Seele; in den leeren Gesichtern muß man die Stelle suchen, die anders ist als alles, was man kennt: die Augen, die Abgründe öffnen, in die man hinuntersteigen kann; das Schicksal muß man hervorziehen, die Tragödie oder die Tragikomödie.

Ob dort zum Beispiel, in dem so schrecklich dicken Menschen, nicht eigentlich zwei Menschen stecken? Ob es sehr verwunderlich wäre, wenn er plötzlich anfinge, mit zwei Stimmen zu reden?

Jene, die im Vorgarten des Cafés für eine Zeitlang seßhaft

geworden sind, haben, soweit sie mit Zeitungslektüre und erotischen Anfechtungen glücklich fertig wurden, noch eine erhebende Beschäftigung. Sie blicken ins Weite, sie genießen sinnend die Aussicht. Da prangen alle Farben einer entzückenden Landschaft, bei der allerdings auch etwas menschliche Kunst die Hand im Spiel zu haben scheint.

Welche Naturwunder begeben sich abends auf dem Platz? Da ist einmal das Abendrot. Es gibt auch ein Abendgrün und ein Abendgelb. Das glühende Rot ist naturwissenschaftlich aus dem Umstand zu erklären, daß ein großes Weinhaus bei einem Unternehmen für Lichtreklamen ein Jahresabonnement abgeschlossen hat. Das Grün und das Gelb sind in ähnlicher Weise durch ein Varieté und eine Schuhfabrik bedingt. In diesem Rot können Dichter bereits alle positiven Eigenschaften des Weins erleben; auch die anderen Farben schlagen so stark an die Phantasie mancher Menschen, daß ihnen alles, was nach diesem Erlebnis folgen könnte, etwa ein wirklicher Schuhkauf oder ein Varietébesuch, nur mehr als überflüssige Abschwächung erscheint. So schädigt oft die Reklame sich selber.

»Vorgarten« heißt der Vorgarten des Cafés nicht ganz ohne Grund, es stehen sieben wirkliche Bäume da. Wie deren Wurzeln wohl zumute sein mag? Liegen sie in richtiger, schwarzfeuchter Erde, zwischen kleinen Steinen, Schnecken und Regenwürmern? Glauben sie, daß damit alles in Ordnung sei, oder fühlen sie die Nähe der Kanäle, der Telephon- und Telegraphenleitungen, der Untergrundbahn, die unter ihnen dahinfährt?

Ein Kabel geht jedenfalls zwischen zwei Wurzeln mittendurch – eben, einviertelsieben Uhr, werden die nachbörslichen Kurse durchtelephoniert. Was meinen die Wurzeln dazu? Sie wollen sich gern tiefer in die dunkle Erde verkriechen, da stoßen sie schon an ein Lichtkabel. Daß das nur keinen Kurzschluß gibt!

Um den langen Hals der Bäume ist unten ein schwerer Asphaltring gelegt, der Kopf strebt nach oben, heraus aus der Asphaltschlucht, zum Himmel. Aber es ist bekanntlich dafür gesorgt, daß die Bäume nicht bis dahin wachsen. Unerreichbar hoch ist der Himmel, eigentlich nur ein Stück, das zwischen zwei Häuserreihen sichtbar ist, eine Großstadtration, aber immerhin abendlich und rein.

Kommen vor Einbruch der Dunkelheit noch rasch die Flieger mit ihrer Rauchschrift? Vorderhand steht dort oben, blau in blau geschrieben, das Wort »Sommer«; ist das der Name des neuen Brausepulvers? Kaum – denn diese Schrift oben ist so, daß sie da unten nur wenige lesen können, eine schlechte Reklame. Oben ist ferner der Wind (bekanntlich das Kind des Himmels), kurz vorher hat er den Harz besucht oder die Ostsee, nun bringt er von dorther etwas Ozon oder salzige Meerluft, ein paar kleine Besuchsgeschenke, die er in der Nacht, wenn er durch die Fenster der Schlafenden steigt, in deren Träume mischen wird.

Vorderhand besucht er flüchtig die Bäume. So, von ihm bewegt und vor dem Hintergrund des Himmels, sehen sie einen Augenblick aus wie wirkliche Bäume, da singt auf einem Ast sogar ein garantierter Vogel, und da kommt auch ein großer roter Schmetterling, wie direkt aus der Landschaft oder aus dem Märchen – aber nein, das ist doch nur ein Fahrschein von einem Autobus.

In ihrer 1974 erschienenen Anekdoten- und Geschichtensammlung
»Die tickende Bratpfanne« hat die Schriftstellerin Inge von Wangenheim
(1912–1993) mitgeteilt, wie sie zum Schreiben kam. Die Berlinerin aus
einfachen Verhältnissen – ihre Mutter war zuerst Konfektionsarbeiterin,
dann kleine Schneiderin am Rande des Existenzminimums – setzte sich
als junges Mädchen Inge Franke ebenfalls an die Nähmaschine, bevor sie
sich der Bühne zuwandte. Und zwar dem Agitprop-Theater der Jahre
um 1930, genauer: der kommunistischen *»Truppe 31«.*

Die wurde geleitet von Gustav von Wangenheim, Sohn des prominen-
ten Schauspielers Eduard von Winterstein. Inge Franke und Wangenheim heirateten, emigrierten in die Sowjetunion und halfen nach der
Rückkehr 1945, das Deutsche Theater Berlin als eine der ersten Bühnen
in zerstörter Stadt wieder spielfähig zu machen. Inge von Wangenheim
gab dann eine Weile die Zeitschrift Volksbühne heraus.

Ende 1949, so berichtet sie in der *»Tickenden Bratpfanne«,* sei sie einem DDR-Kulturfunktionär über den Weg gelaufen, den man plötzlich
und unerwartet zum Leiter eines neuen Verlages bestimmt hatte. Ein-
schlägige Erfahrung? Keine. Aber Fertigkeiten beim *»Überzeugen«: »Sag
mal, Inge, warum schreibst du eigentlich nicht? Noch ist es nicht zu spät.
Wie alt bist du?«* – *»Siebenunddreißig.«* – *»Sehr gut! Nicht zu jung,
nicht zu alt. Erzähl den Menschen das, was du weißt – das mußt du doch
können, zum Teufel!«*

Inge von Wangenheim sei nach diesem Kurzdialog heimgekehrt, habe
sieben schlaflose Nächte verbracht und sich schließlich *»in unserem
Wohnzimmer mit meiner Schreibmaschine auf den Knien aufs Sofa gesetzt und mein erstes Buch zu schreiben begonnen«. »Dem, der anfängt,
ist das Herz voll, geht die Taste über. Ich gab dem Buch den Namen
›Mein Haus Vaterland‹. Meine drei Kinder spielten in dieser Zeit um
mich herum auf dem Teppich, und in fünf Monaten war das Buch
fertig.«*

Es erzählt – siehe Titel – auch vom Potsdamer Platz, Szene nicht nur
der Vergnügungsindustrie, sondern ebenso des *»Berliner Blutmai«* von
1929, als diese Stadt 223 000 Arbeitslose zählte und Polizeipräsident

Karl Zörgiebel das von ihm verhängte Demonstrationsverbot unter Todesopfern durchsetzen ließ. Inge Franke war zufällig dabei.

Das »Haus Vaterland«, um dies der Vollständigkeit halber noch anzuführen, ist im übrigen ein Unternehmen hauptsächlich für Zugereiste gewesen. »Die Berliner«, schrieb Curt Moreck 1931 in seinem »Führer durch das › lasterhafte ‹ Berlin«, »gehen nicht hin. Aber es ist eine Sehenswürdigkeit und darum den Fremden empfohlen. Denn für die ist es ja aufgebaut worden.«

INGE VON WANGENHEIM

Das Hinterteil der Muse

Unter moralischem Zwang tat ich das, was ich in meinem ganzen Leben noch nicht ein einziges Mal getan hatte, ich nahm die verhaßte Nadel zur Hand, die Schere, das Maß und half meiner Mutter beim Nähen. Noch heute bin ich nicht in der Lage, einen einfachen Rock zusammenzustoppeln. So verhaßt war mir das Nähen, daß ich es niemals lernte, obwohl ich mich ein halbes Jahr beruflich damit beschäftigen mußte. Bei einer haarsträubenden Schinderei, die ich der Aktivität meiner Mutter und dem »Haus Vaterland« am Potsdamer Platz zu verdanken hatte.

Dieses Etablissement, ein Vergnügungs- und Freßlokal im Konzern des großen Kempinski, diente dem schönen Zweck, jenen aus der Provinz zureisenden Herren, die voller Lüsternheit nach Amüsement aus dem Potsdamer und Anhalter Bahnhof herausquollen, eine möglichst bunte und möglichst rationalisierte Stimmungskollektion aus den heimischen Ekken unseres Vaterlandes, der Pappmaché-Exotik von Übersee, aus Heurigenrührseligkeit und verjazztem Trapperschweiß zusammenzumixen, die billig war, bequem und dem Geschmack eines Provinzlers angemessen.

Er brauchte gar nicht erst weit zu laufen und viel darüber nachzudenken, wo »man was sehen« konnte. Er fiel aus dem Bahnhof direkt ins »Haus Vaterland« hinein und konnte dort »alles« sehen, wonach es ihn gelüstete.

Wer für das Handfeste war, trank seine Pilsener im »Bayernsaal«, wo leibhaftige Tegernseer Krachlederstimmung herrschte, gedudelt, geschnadahüpferlt und gewatscht und Schweinernes mit Knödeln und Sauerkraut verabreicht wurde. Wem's zum Grölen war, der konnte hier grölen, mit der Faust auf den hölzernen Bauerntisch fahren und die Serviermadln in den Hintern kneifen.

Wessen Sinn nach einem guten Riesling stand, nach still beschaulichem Naturgenuß auf einem Rheindampfer, der ging in die »Rheinterrassen«, wo schwarz jackettierte Ober mit langen weißen Schürzen ausgezeichneten Rheinsalm servierten, dazu gratis und franko in Abständen von dreißig Minuten ein pompöses »Rheingewitter« geliefert wurde, das naiv verblüffte Neulinge veranlaßte, an einem einzigen Abend sechs bis acht Gewitter über sich ergehen zu lassen, so schaurig schön und technisch vollendet grollten sie über die an die Wand gemalten Rebenhügel des »deutschesten aller Ströme«, zumal die große Unterhaltungskapelle einer rheinischen Schiffahrtsgesellschaft diese rheinischen Gewitter in allen ihren Phasen durch rheinische Melodeien von dem sattsam bekannten rheinischen Mädchen und der bewußten Krone, die auf dem Boden des tiefen Rheins ruhet, ebenso wirksam zu untermalen wußte, daß schließlich den erschütterten Gästen in ihrem national aufgerührten Sinn der fleischliche Sinn nicht nur nach einer, sondern nach mehreren Flaschen Riesling stand, was, wie ich vermutete, der geniale Weitblick des großen Kempinski augenzwinkernd einkalkuliert hatte, als er sich zum Einbau dieses technischen Gewitterwunders entschloß.

Wer es mit dem Deutschtum weniger genau nahm oder vielmehr die Meinung hegte, Wien sei eine deutsche Stadt, der ging in den »Grinzing«. Dort wurde originaler Heuriger aus originalen Heurigenretorten von originalen rotbewesteten

128

Vertretern donaumonarchischen »Charmes« kredenzt, und das Ganze geschah unter Schrammelmusik. In diesem Saal war der von der Geschäftsleitung konzedierte Grad an Bewußtlosigkeit durch Alkoholkonsum am großzügigsten festgesetzt.

Wer als Opfer solcher Großzügigkeit auf der Strecke zu bleiben drohte, wurde von der Geschäftsleitung in karitativer Fürsorge in die Türkische Mokkastube geschleust – gleich nebenan! Und konnte dortselbst, ohne Musik, unter dem verständnisvollen schwarzen Blick lautlos einherschleichender Araberknaben durch die segensreiche Wirkung des Koffeins wieder geheilt werden.

Solchermaßen gestärkt und beflügelt zu neuen Taten, fand man ganz mühelos die Treppe zur Wild-West-Bar, in der rabiate Cocktailmixer unter den Hotklängen einer total übergeschnappten, präriemäßig zugeschnittenen Negerjazzband den Gästen spirituöse Gifte zusammenschüttelten, von deren Wirkung sie sich in dieser Nacht ganz bestimmt nicht wieder erholten.

Kluge Leute also, vor allem Einheimische mit größerem Portemonnaie, gingen daher, um sich den Versuchungen dieser vaterländischen Vergnügungsindustrie gar nicht erst auszusetzen, gleich zu Beginn des Abends in die dritte Etage, wo ein sogenannter »Palmensaal« mit dick-molligen Plüschteppichen, einem spiegelblanken Tanzparkett, einer erstklassigen Tanzkapelle und diskret effektvoller Illumination seinen Gästen zwischen Tango, Kaviartoast, Sekt und Pistazieneis eine kleine Revue bot.

Dies alles – nebst einer selbstverständlich vorhandenen und noch zu erwähnenden »Taverne«, voll von Spaghetti, Chianti und Tarantella – war der Hintergrund, sozusagen der Fond, vor dem sich nun jeden Abend zwischen acht und ein Uhr nachts, auf Minute und Sekunde genauestens eingeteilt, un-

aufhörlich rotierend wie ein Leuchtturmuhrwerk, eine Dar-
bietungsfolge abhaspelte, die, was Rationalisierung anbetrifft,
ganz zweifellos einen Gipfelpunkt erreicht hatte.

Der »materielle Kern« dieses Programms waren sechzehn
Tanzgirls – mehr oder weniger fest verankert »im Hause«
durch die Fürsorge einiger Herren aus der Geschäftsleitung –,
die über fünf volle Stunden hin als Buam und Madln, als
Weinreben, als Boleros, als Neapolitanerinnen, als Barkeeper
und als wer weiß was sonst noch durch ihr »Vaterland« tänzel-
ten, mit quäkender Kinderstimme das jeweils zuständige
Liedchen herunterleierten, zwischen den Tischen der vaterländischen Gäste ins rosa überschminkte Fleisch gezwickt
wurden, sich ununterbrochen in einer viel zu engen Garde-
robe zu bemalen und umzuziehen hatten und ein vormittags
auch noch von langwierigen Tanzproben erfülltes, tatsächlich
grauenvolles Leben führten.

Was sie aber nicht bemerkten. Sie meckerten nur. Unterstützt wurde dieser »Kern« durch vier Herren, die, als Bieder-
meierstudenten verkleidet, in ununterbrochenem Ablauf
durch sämtliche Landschaften des Hauses in heiter-markiger
Burschenlaune zu ziehen und national getönte Studentenlie-
der abzusingen hatten. Diese Herren meckerten ebenfalls. Es
wurde nicht gut gezahlt in diesem Etablissement.

Im übrigen tobte im Palmensaal die kleine Revue, für die
man drei Mark Eintritt zu entrichten hatte, was sie aber nicht
wert war, weshalb man dazu als Entgelt noch ein »süßes Ge-
deck« erhielt.

Es war dies also – man kann es wohl so nennen – das Hinterteil jener Muse, der ich nachlief, und ich erwähne es auch
nur, weil mir die hochfrequentierte Aktivität dieser Afterseite
der Kunst nach fünf Monaten eine Art Nervenzusammen-
bruch einbrachte. Denn meine Mutter kam eines Tages auf die
kühne Idee, zum großen Kempinski persönlich hinzugehen

und ihm vorzustellen, er käme doch viel billiger weg, wenn er seine Animierrevuen von einer kleinen ehrlichen Schneiderin ausstatten lassen würde, anstatt diese Aufträge einer größeren Firma zu geben, die ihn doch bloß übers Ohr hauen würde. Und es gelang ihr in der Tat, den Geschäftsmann zu überzeugen. Sie bekam die Aufträge.

In unserem Zimmerchen begann damit ein neues Leben. Ich spannte von der Tür zum Fenster eine dicke Schnur, damit wir die Kostüme aufhängen konnten, half meiner Mutter beim Einkauf der Stoffe und Materialien, zeichnete, entwarf, führte aus, überlegte, schwitzte, nähte und fluchte. Wir zwei Frauen hatten alle vier Wochen, so oft wechselte das Programm, an die sechzig Girlkostüme und etliche Solokostüme fertigzustellen.

Das bedeutete für uns angespannteste Tag- und Nachtarbeit, keinen Sonntag, kein regelmäßiges Essen, vollständigen Verzicht auf jeglichen Kinobesuch und selbst das Zeitunglesen. Am Ende lag zwar eine etwas längere Stange Geld, doch ging die Rechnung zugunsten des Herrn Kempinski auf und nicht zugunsten meiner Mutter, denn das Ganze stellte an unsere Arbeitskraft übermenschliche Anforderungen und war im Grunde nichts anderes als die gleiche schamlose, auf die Spitze getriebene Ausbeutung, der die armen Berliner Proletariermädel unterlagen, die jeden Abend in diesen Kostümen ihre Gesundheit, ihre Ehre, ihre Jugend und ihr Leben vertanzten. Doch blieb meiner Mutter kein anderer Weg. Die Privatkundschaft kam immer seltener, drückte den Preis immer mehr herunter und zwang uns so, unsere Produktionskapazität bewußt zu überspannen und Dinge zu leisten, die eben nur auf Kosten unserer Substanz zu leisten waren.

War ein Bündel dieses komplizierten Flitterkrams mit seinen je achtzehn Paar Haken und Ösen und Blättern und Rüschen und Schleifchen und Bändern fertig, dann packten wir die Haufen in große weiße Laken und stelzten damit die Potsdamer Straße hoch zur Anprobe. Während meine Mutter zwischen den Staubsaugern der Reinemachefrauen, den übereinandergestapelten Tischen und Instrumenten Girl für Girl bearbeitete, setzte ich mich in den Palmensaal und sah bei der Probe zu. Und in diesen wenigen Stunden der Unterbrechung meiner übermäßigen körperlichen Arbeit lernte ich durch genaues Beobachten ungeheuer viel, ja Entscheidendes für mein Leben.

Ich sah der Technik eines solchen Amüsierbetriebes, seinen Gesetzen, seinem Zusammenhang mit der Politik und mit dem Geld der reichen Leute bis auf den Grund. Denn hier wurde ja nichts verheimlicht, hier war man ja nicht im »Theater der Höheren Schulen«. Hinter den Kulissen dieser Afterkunst war alles so nackend, so schamlos, so zynisch, so direkt und so phrasenfrei, wie es die unmittelbare Verbindung mit dem Schnaps, der Prellerei und der Spekulation verlangte. Die Liedertexte, die Zoten, die politischen Anspielungen in den Dialogen, die Musik, die Kostüme – alles das wurde von den Menschen, die sich dafür bezahlen ließen, bewußt und gegen die eigene bessere Überzeugung, soweit davon überhaupt gesprochen werden konnte, auf den verdorbenen Geschmack, auf die Dummheit, auf die Barbarei des reaktionären Spießerpacks am »Tegernsee«, auf den »Rheinterrassen« und im »Grinzing« zugeschnitten, ohne daß man sich dessen schämte.

Niemand von diesen Kabarettisten, Brettlkünstlern, Texteschreibern und Initiatoren hatte einen Zweifel daran, daß er sich und sein Talent verkaufte. Alle hielten es für selbstverständlich, so wie es die Girls für selbstverständlich hielten, in ein paar jungen Jahren den Rahm abzuschöpfen, sich zu ruinieren und schließlich als Garderoben- oder Klosettfrau irgendwo in einem ähnlichen Betrieb unterzukommen. Es gab im »Vaterland« kein anderes Leben als dieses, und man fand sich damit ab.

Ich sah das alles. Sehr deutlich, sehr scharf. Es entging mir keine Kleinigkeit von der allgemeinen Wahrheit dieser blamablen und lächerlichen Stätte der Attraktionen, die zufällig und zwangsläufig zugleich in einem grotesken Symbol die ganze nichtsnutzige, traurige Wirklichkeit meines Vaterlandes zusammenfaßte. Spielten denn die Kapellen in diesem Hause etwa nicht »Auf Ansbach, Dragoner ...«, wenn ein Offizier der Reichswehr das Etablissement betrat? Aber sicher spielten sie es! Ich selbst war Zeuge. Und wieder einmal – im Anblick halbnackter Mädchen, greller Scheinwerferkegel, tobender Ballettmeister und wimmernder Saxophone – entschloß ich mich, nicht zu fressen, mich nicht zu beugen, der hingehaltenen Speise einen Fußtritt zu geben und eher zu sterben, als zu Kreuze zu kriechen.

Trotzdem nähte ich weiter. Mit verbissener Anspannung. Tag und Nacht. Vierundzwanzig Stunden hindurch – sechsunddreißig Stunden hindurch – achtundvierzig Stunden hindurch – mit Bohnenkaffee und Zigaretten, in völlig verbrauchter Luft. Für meine Mutter. Ich kam gar nicht auf die Idee, sie in dieser Sache zu verlassen, zumal mein gedankenverlorener innerer Blick inmitten all dieser physischen Überanstrengung noch immer nicht durch die Fensterscheibe der überfüllten Straßenbahn hindurchsah, noch immer nicht die vorbeifliegende Straße dahinter wahrnahm, noch immer an dem auf die Scheibe klischierten Verbot haftete, das ja ein etwaiges »Hinauslehnen« ausdrücklich untersagte. Widerstandslos gab ich dem Druck der Enge nach, ließ mich zusammenpressen, machte mich klein und fuhr weiter mit – wie alle anderen auch.

Doch eines schönen Frühlingstages – am 1. Mai 1929 – machte die Straße plötzlich eine scharfe Kurve. Sie zwang meine Bahn, ihr mit lautem Klingeln und heftigem Ruck, der alle Passagiere in der Enge durcheinanderschüttelte, zu folgen, und veranlaßte mich im allgemeinen Gezeter meiner Mitfahrenden zu einem ersten wachen, bewußten Blick auf die Wirklichkeit da draußen.

Am 1. Mai 1929, vormittags elf Uhr, trug ich nämlich wieder einmal, wie schon so oft, mit meiner Mutter einige der weiß verkleideten Kostümballen die Potsdamer Straße hoch zur Anprobe im Palmensaal. Der Ballen, den ich trug, war besonders hoch, weil er lauter steife Gazeballettröckchen enthielt, die nicht gedrückt werden durften, so daß mir die Sicht auf unseren gewohnten Weg völlig genommen war. Ich ging aber ziemlich sicher neben meiner Mutter, die besser sehen konnte als ich und mich durch Zuruf mahnte, wenn eine Stufe kam. So waren wir schon eine ganze Weile gegangen, als meine Mutter plötzlich sagte: »Ich weiß gar nicht, die Straße sieht heute so komisch aus ... Irgendwas ist heute los. So viele Sipos – was kann denn bloß sein? Wahl ist doch nicht ...«

Nun, ich wußte auch nicht, was hätte »los« sein können, und so gingen wir weiter. Ich schwitzte, nahm auch mit meinen Ohren auf, daß größere Autos mit lautem Gehupe und in rasendem Tempo die Straße hochfuhren, und fragte meine Mutter, was das für Autos seien.

»Da sitzen lauter Grüne drin!« sagte sie atemlos, und ich fühlte, daß sie nervös wurde.

»Wir sind ja gleich da«, sagte ich beruhigend, denn ich sah ja nichts hinter meinem Ballen, »jetzt muß doch die letzte Querstraße vorbei sein, und dann sind wir schon auf dem Platz.«

So schritt ich blind noch etwa fünfzig Meter vor mich hin, als meine Mutter rief: »Ach, du großer himmlischer Vater ...!«

»Was ist denn?« keuchte ich hinter meinem Ballen hervor.

»Hier kommen wir ja im Leben nicht durch!«

»Wieso?«

»Na, sieh dir doch das an!«

Da blieb ich stehen, setzte meinen Ballen behutsam auf das

Pflaster und sah mir »das« an. Der ganze Potsdamer Platz schwarz von Menschen!

Unübersehbar, Kopf an Kopf, von Hauswand über Trottoir, Damm und Rasen wieder zum Damm, zum Trottoir, zur Hauswand – den Verkehrsturm in der Mitte des Platzes wie ein Meer den Fels umspülend –, so stand eine stumme, unheimliche, mir unverständliche Menge und tat nichts. Sie sang nicht, sie rief nicht, sie tobte nicht – sie schwieg, leise, sich bewegend von Mensch zu Mensch, als Ganzes aber unbeweglich und von seltsamer Entschlossenheit. Dicke Luft lag über allem. Das spürte ich – seltsam berührt und erregt von diesem mir so unerwarteten Schauspiel der Wirklichkeit.

»Ach nein, Inge, lieber nicht ... Komm nach Haus!« flüsterte meine Mutter voller Angst.

»Unsinn!« sagte ich ruhig. »Wir gehen hier durch.«

Um sehen zu können, preßte ich den Ballen fest an meinen Gürtel über der Windjacke und setzte mich in Bewegung. Seufzend und stöhnend folgte mir meine Mutter nur widerwillig.

»Wenn die nun aber schießen?« jammerte sie leise vor sich hin.

»Unsinn!« sagte ich wieder, denn ich kannte meine Weimarer Republik noch immer nicht genug und schob mich gegen die Menschenmenge vor. Bereitwilligst machte man uns Platz. Man interessierte sich für uns überhaupt nicht.

Schwere ältere Männer mit blauen Schirmmützen und geröteten Gesichtern standen dicht beieinander und sprachen leise. Jugendliche, die Hände in Hosentaschen vergraben, lehnten am Gitter der U-Bahn-Station und schwiegen mit lauerndem Blick. Das waren andere Menschen, als sonst am Tage hier verkehrten. Es waren Arbeiter aus anderen Bezirken. Sie waren in großen Massen gekommen. An einen Ort, wo sie nicht zu Hause waren. Man sah es.

Aber warum waren sie gekommen? Was wollten sie? War etwas geschehen, wogegen sie streikten oder demonstrierten? Alle Menschen auf diesem großen Platz hier wußten das. Nur ich wußte es nicht. Und ich schämte mich dessen. Verlegen schleppte ich meinen Ballen durch die schweigsamen, Platz machenden Männer – fremd ihrer Absicht, fremd ihrem Wollen, fremd ihrem Plan. Eine Schande! Ich mußte fragen! Ich durfte nicht so durchgehen, durfte nicht eine sein, die nichts wußte – an einem Tag, der Zehntausende auf dem Potsdamer Platz versammelte, vor dem »Haus Vaterland«, in dem zu dieser Stunde nach höchstem Ratschluß sechzehn Ballettmädchen herumhüpften und auf unseren lächerlichen Flitterkram warteten.

In meinem Rücken hörte ich aus der Nähe und Ferne Autohupen und Trillerpfeifen, sah, wie viele der Männer gespannt ihre Gesichter in die Luft hoben, und steuerte nun entschlossen auf eine Gruppe Jugendlicher zu, die dicht vor mir auf dem Damm zusammenstand, ein wenig isoliert in dem allgemeinen Menschenmeer. Die würden sicher Bescheid wissen, worum es ging.

»Was ist denn heute los?« fragte ich leise und hielt meinen beschämenden Ballen hinter dem Rücken, damit man nicht sah, daß ich nicht dazugehörte.

»Wat los is?« fragte einer der jungen Arbeiter zurück und musterte mich verächtlich erstaunt. »Wat los is? – Na, du bist aber 'ne komische Kruke, Meedchen. Kommst woll aus'm Mustopp? Scheen jute Nacht ooch – wünsch ick!«

Damit war ich erledigt.

Ohne ein Wort, über und über von Schamröte bedeckt, wandte ich mich ab und wollte eben auf den Eingang zum »Haus Vaterland« zusteuern, als ich plötzlich hinter mir die schweren Geräusche eines dicht heranbrausenden Lastwagens vernahm. Rasch wandte ich mich um, sah, wie meine Mutter aufkreischend unter ihren duftigen Bündeln zur Seite sprang, riß mich selbst vom Damm zurück, hielt meinen Ballen hoch über meinen Kopf und warf mich gegen die Menschenmauer hinter mir. Der Wagen, ein riesiges Polizeitransportauto, hielt. Etwa vierzig Sipos saßen in ihm. Tschakoriemen heruntergeschnallt, Gummiknüppel griffbereit. Einige wenige Sekunden geschah überhaupt nichts. Die Menschenmenge stand vollkommen ruhig und starrte auf das Auto. Die Polizisten saßen ebenfalls vollkommen ruhig, schwiegen und starrten wesenlos vor sich hin. Dann hörte man das Geräusch rasselnder Ketten, die Hinterwand des Lastwagens fiel donnernd herab, und sämtliche Polizisten sprangen dicht hintereinander, sehr schnell und ebenso ausdruckslos, wie sie in dem Wagen gesessen hatten, hinunter auf den Damm. Die Nägel unter ihren Schuhen knallten auf das Pflaster. Noch immer herrschte absolute Stille. Der dritte und der vierte Polizist rutschten auf dem durch Benzin und Öl glitschig gewordenen Asphalt aus und fielen hin.

Die Gruppe Jugendlicher, an die ich mich eben um Auskunft gewandt hatte, begann zu johlen, gell und höhnisch. Alle Umstehenden griffen es auf, und plötzlich fuhr dieses Hohngeschrei wie ein Sturmwind über das Kornfeld. Der gesamte Potsdamer Platz geriet in rasende akustische Bewegung. Fassungslos starrte ich auf die herunterspringenden Polizisten, die sich nun, ohne jeden Übergang, auf die nächsten vor ihnen stehenden friedlichen Menschen stürzten und mit den Knüppeln in blödsinniger, verblendeter Panik losdroschen, was das Zeug hielt. Männer fielen zusammen, Blut floß auf die Straße, Gruppen krallten sich zu verkrampften Haufen, die nach irgendeiner Richtung hin einen Ausweg suchten, in wilder chaotischer Bewegung in den Eingang zur U-Bahn hinunterstürzten, in Hausflure drängten, Schaufensterscheiben eindrückten, schrien, pfiffen, aufeinander herumtrampelten und in ihrer ungeheuerlichen Überzahl ein grauenvolles Zeugnis gaben von der Ohmmacht eines Volkes, das mit seiner Arbeit, seinem Schweiß, seinen Steuern solche Polizei bezahlte.

Entsetzt floh ich vor dem Blut auf dem Asphalt hinter die Drehtür vom »Haus Vaterland«. Noch immer hingen die sechzehn Ballettröckchen in meinem Arm – beschmutzt und zerknüllt. Ich flog am ganzen Leib.

»Ich hab's gewußt«, hörte ich meine Mutter aus dem kühlen Dunkel des Vestibüls hinter mir jammern. Ich sah mich um. Sie trocknete sich mit einem Taschentuch den Schweiß vom verzerrten Gesicht. »Ich hab's gewußt! Wär'n wir man zu Hause geblieben!«

Wortlos ließ ich mich in einen der tiefen weichen Klubsessel dieser am Tage geschlossenen Vergnügungsstätte fallen, legte apathisch den mir so fremden, dummen Ballen vor meine Füße auf den dicken Sammetteppich, fuhr mit meinem Blick ohne Wahrnehmung über den mich umgebenden Luxus durch die übermäßig große, prachtvolle Fensterscheibe hinaus auf die Straße.

Noch immer brodelte es da draußen auf dem Platz. Man hörte es nur schwach, denn die schimmernde, gläserne Wunderwand, die mich von der Wirklichkeit trennte, war sehr dick. Sie verbarg mir, daß an diesem unseligen Tage dreiunddreißig deutsche Arbeiter ihr Leben verloren. Ich saß hinter Glas und atmete die betäubende Luft von Alkoholdunst, Tabakrauch und Parfüm, die ständig in diesem nachgemachten »Vaterland«, in dieser Karikatur von der Welt, stand.

Da draußen hatte man mir keine Auskunft gegeben. Vor meiner Frage hatte man mißtrauisch die Hände in den Taschen vergraben. Ebenso tief, wie ich es selbst immer tat, wenn auf der Straße wer was von mir wollte. Gehörte ich nicht dazu? Nein, ich gehörte nicht dazu. Ich wußte ja nicht, was »los« war. Ich nähte Ballettröckchen …

... sechzehn Stück – zweiunddreißig Stück – vierundsechzig Stück. 268 Haken – 536 Ösen – 728 Paar Druckknöpfe ...
Nur weiter, schneller, immer schneller – Tag und Nacht.
Dann brach ich zusammen. Weinte zwei Tage lang.
»Die Jugend wird stets belogen werden!« schrieb ich am 14.
Juni in mein Tagebuch. »Denn das zeigen die vielen Selbstmorde junger Menschen, die ins Leben hinausstürmen sollten.
Wir werden erdrückt und ausgepreßt von der Zeit mit ihren
Schlagworten wie ›Zeitgeist‹, ›moderne Jugend‹, und uns
bleibt für das Leben nichts als Skepsis, Mutlosigkeit, Angst,
grausame Ironie und, um sich überhaupt zu schützen, maßlose, alles übersteigende Frechheit!!«
Meine von mir selbst damals beobachtete und fixierte Depression ist keine »Tendenzmeldung«, keine Propaganda! Ich
habe die »Verzweiflung der Ausweglosigkeit« so ehrlich ausgesprochen, wie ich sie empfand.

Bis hierher ging es hauptsächlich um den Potsdamer Platz, nur selten um die einmündenden und wegführenden Straßen. Doch der Platz gehört zu einem Verbindungssystem; er ist mit der Stadt vielfältig verflochten und also Teil eines Ganzen. Woher kamen, wohin fuhren Menschen, Bahnen, Autos?

Der Frage ist bereits einleitend nachgegangen worden unter dem Gesichtspunkt, daß der Residenzstadt Berlin die Residenzstadt Potsdam südwestlich benachbart lag und daß es preußische Könige gab (Friedrich II.), die das Land zeitweise von dort aus regierten. Mit allen Folgen wie eigene Hin- und Rückfahrt, Troßbewegungen, Kuriertouren, Besucherreisen. So waren Verbindungen Berlin–Potsdam geradezu staatsnotwendig. Eine führte über den Potsdamer Platz.

Es kann recht bildsam sein, sich ihren kompletten Verlauf samt bewegter Historie zu vergegenwärtigen – selbstverständlich ohne Anspruch auf Vollständigkeit, nur überschauweise und ohne tiefer einzudringen in andere Straßen am Potsdamer Platz. Eine Autorin hat das unternommen, freilich zu Mauerzeiten, weshalb der Fortgang der Betrachtung mehrfach auf Hindernisse stößt und manche pessimistische, viel über damalige Denkungsart aussagende Prognose einfließt. Gleichwohl wird erkennbar, in welche »Communication« (um das alte Wort zu gebrauchen) der Potsdamer Platz eingebunden ist.

Und selbst die seltener werdenden sprichwörtlichen »alten Berliner« mögen sich mancher vergessenen Einzelheit wieder erinnern. Vom Zugewinn an stadtgeschichtlichen Kenntnissen bei jungen Berlinern gar nicht zu reden.

ILSE NICOLAS

Name und Gesicht gewechselt

Genaugenommen liegt sein Anfang am Molkenmarkt, im Herzen von Alt-Berlin: der Anfang eines Straßenzuges, dessen erste Teile Mühlendamm, Gertraudenstraße und Leipziger Straße heißen und der in seiner Fortsetzung über die alten Stadtmauern hinaus die wichtigste Ausfallstraße der Metropole war, seit er im Jahr 1792 von Langhans, dem genialen Schöpfer des Brandenburger Tores, zur ersten preußischen Chaussee umgestaltet wurde. Bis zum Ende des zweiten Weltkrieges war der große Straßenzug ein Glied der Reichsstraße 1, die Deutschland in seiner größten Ausdehnung, von Ostpreußen bis zum Rheinland, durchmaß, woran die kleinen gelben Schilder mit der Nummer »1« erinnern.

Der Westberliner Teil des Straßenzuges beginnt am Potsdamer Platz. Dieser Teil ist fast 24 Kilometer lang, gehört zu nicht weniger als fünf der zwölf Westberliner Stadtbezirke und wechselt wie eine kapriziöse Frau achtmal den Namen und noch öfter das Gesicht.

Zuerst zieht er sich als Potsdamer Straße in einer Länge von zweieinhalb Kilometern durch den Bezirk Tiergarten, den Landwehrkanal in sanft geschwungenem Bogen überquerend, später durch Schöneberg bis zur Kreuzung mit der Grunewald- und Großgörschenstraße hin. Als stolze 2750 Meter lange Hauptstraße – sie war es wirklich für das alte Dorf Schöneberg – quält er sich dann den »schönen Berg« hinauf, um

141

nach einem abermaligen Richtungswechsel am Kaiser-Wilhelm-Platz und einer eleganten Schleife um den Innsbrucker Platz kurz vor dem Friedenauer Rathaus plötzlich und unvermutet Rheinstraße zu heißen.

Aber auch dem Vater der deutschen Ströme hält er nur für einen knappen Kilometer die Treue, schmückt sich an der Einmündung der Bundesallee auf Steglitzer Flur für 1,7 Kilometer mit der vornehmen Bezeichnung Schloßstraße, verwandelt sich am Fichtenberg in die Straße Unter den Eichen – es stehen tatsächlich noch Eichen dort – und wechselt, nunmehr in Zehlendorf am Thieleck, zur unverbindlichen Berliner Straße über. An der Clayallee besinnt sich der Straßenzug auf seinen alten Namen und heißt noch einmal bis zur Eisenbahnüberführung Potsdamer Straße, darauf bis zum Bahnhof Wannsee Potsdamer Chaussee und endet – wahrhaft fürstlich – als Königstraße an der Glienicker Brücke.

An den vielen »Knicken« erkennt man, daß es sich um einen natürlich gewachsenen und nicht um einen künstlich angelegten Straßenzug handelt. Die Längen der letzten Teilstücke sind: Unter den Eichen 2,4 Kilometer, Berliner Straße 1,7 Kilometer, Potsdamer Straße 1,5 Kilometer, Potsdamer Chaussee 4,6 Kilometer und Königstraße, das letzte Teilstück, an dem das dritte der für den Straßenzug charakteristischen Rathäuser liegt, das Rathaus Wannsee, 5,8 Kilometer.

Es ist ein wahrhaft historischer Straßenzug, der alle Höhen und Tiefen der wechselvollen Geschichte Preußen-Deutschlands während der vergangenen 180 Jahre miterlebt hat. Den tragischen Gipfelpunkt bildete das Ende des Zweiten Weltkrieges, als versprengte Reste der geschlagenen deutschen Armeen darauf zurückfluteten: zu Fuß, müde, ein graues Heer enttäuschter Männer. Die Frauen standen am Straßenrand und suchten, suchten … Tage später rollten die russischen Panzer über denselben Weg, die ersten Feinde, die

Berlin seit den napoleonischen Kriegen in seinen Mauern gesehen hatte.

Im August 1961 hatte das Schicksal dem Straßenzug eine andere tragische Rolle zugewiesen. Die Mauer an einem Ende durchschnitt jäh die Lebensader an einer wesentlichen Stelle. Seitdem ist die Potsdamer Straße vom Potsdamer Platz bis zur Potsdamer Brücke tot. Tot ist aber auch – am anderen Ende – die Glienicker Brücke, die einst Tausende von Berlinern überschritten, zu Ostern, Pfingsten und an warmen Sommertagen, die einen geradeaus zur Potsdamer Innenstadt, die anderen hinter der Brücke nach rechts abbiegend, zum Marmorpalais und zur Meierei.

Unvergessener Gegensatz zu dunklen Stunden bleibt der Jubel, der den Präsidenten John F. Kennedy im Sommer 1963 auf seiner Fahrt von Schöneberg bis nach Zehlendorf umbrandete. Niemand ahnte, daß ihn wenige Wochen später die Kugel von Mörderhand treffen würde …

Von dem Teil des Straßenzuges zwischen Steglitz und Zehlendorf schrieb Ende des 18. Jahrhunderts ein Chronist: »Man sieht von der Landstraße aus nur ein paar kleine Sümpfe. Die Aussicht in das leere Brachfeld auf beiden Seiten ist nicht angenehm, und man erblickt weiter nichts als eine Herde Kühe und Schafe.« Nun, viel anders werden die anderen Teilstücke damals und noch viele Jahre später auch kaum ausgesehen haben, mit Ausnahme jener Stellen, an denen ein Dorf das Einerlei der Landstraße unterbrach.

Noch heute ist der Straßenzug nicht in seiner vollen Länge bebaut. Parks wie der Botanische Garten und die Anlage an der Fischerhüttenstraße in Zehlendorf begleiten ihn, und die Potsdamer Chaussee und die Königstraße in Wannsee führen streckenweise durch dichten Forst. Überhaupt ist der Charakter der einzelnen Teile des Straßenzuges abhängig von dem Stadtbezirk, in dem sie liegen und der ihnen sein jeweiliges Gepräge gibt. Am gegensätzlichsten sind die erste Potsdamer Straße, trotz der starken Zerstörung noch immer altberlinisch und vom Hauch des nahen ehemaligen Diplomatenviertels umweht, die Potsdamer Chaussee ländlich, fast unverändert, mit niedrigen Landhäusern, ohne Hochhaus und ohne Supermarkt.

Trotz aller Unterschiede besitzt jedoch der Straßenzug etwas seltsam Einheitliches. Vielleicht ist das die schicksalhafte Verbundenheit, die dazu führte, daß markante Stätten zwar häufig von einem Teil zum anderen wanderten, den Zug als Ganzes jedoch nicht verließen.

So zogen die Königskolonnaden schon vor Beginn des ersten Weltkrieges vom Alexanderplatz unweit dem Molkenmarkt südwestwärts zum Kleistpark am Ende der Potsdamer Straße, und der Botanische Garten, der lange die Stelle des Kleistparks eingenommen hatte, wurde um die Jahrhundertwende nach Dahlem zur Straße Unter den Eichen verlegt. Das Bekleidungszentrum an der Gertraudenstraße fand nach dem Zweiten Weltkrieg in der Steglitzer Schloßstraße seine Auferstehung, und Alt-Berlins berühmtestes Kaufhaus Wertheim ging von der Leipziger Straße her den gleichen Weg, wie überhaupt die Schloßstraße in vieler Hinsicht die Nachfolge der Leipziger Straße angetreten hat.

*

Die innere Verbundenheit des Straßenzuges, die auch heute noch trotz Mauer und Stacheldrahts weiterbesteht, rechtfertigt ein kurzes Eingehen auf seinen in Ostberlin verbliebenen Teil. Der starken Veränderungen wegen, die Krieg und Nachkriegszeit über diese Gegend gebracht haben, wird dabei im allgemeinen der Zustand zugrunde gelegt, in dem sie sich dem Betrachter vor dem Zweiten Weltkrieg darbot.

Die Keimzelle des Straßenzuges ist der Molkenmarkt, der älteste Marktplatz von Berlin. Sein Name, der im 16. Jahrhundert auftritt – vorher hieß er einfach Alter Markt –, soll auf die Gepflogenheit der Gemahlin des Kurfürsten Joachim Friedrich (1546–1608) zurückzuführen sein, die auf ihrem Gut erzeugte Milch hierherbringen und verkaufen zu lassen. Am Molkenmarkt befindet man sich im Herzen Alt-Berlins. Nur 150 Meter entfernt grüßt der backsteinrote Turm des Rathauses herüber, und auch zum Alexanderplatz ist es nicht weit.

Die burgartigen Gebäude an der Mühlendammbrücke über den östlichen Arm der hier zweigeteilten Spree entstanden durch Umbau der ehemaligen königlichen Mühlen, deren Ursprung bis in die Anfänge Berlins zurückreicht. Jenseits des Köllnischen Fischmarkts beginnt die Gertraudenstraße. Sie führt an der heute zerstörten Petrikirche vorbei und endet am Spittelmarkt, dessen Name sich von einem einstmals hier gelegenen Spital ableitet. Den westlichen Spreearm überquert die Gertraudenstraße auf einer Brücke, die mit einer von Simmering geschaffenen Bronzegruppe »Die heilige Gertraudis, einen fahrenden Gesellen tränkend« geschmückt ist.

Die am Spittelmarkt im stumpfen Winkel ansetzende und schnurgerade nach Westen verlaufende Leipziger Straße bildete, zusammen mit der sie kreuzenden Friedrichstraße, das Geschäftszentrum der Reichshauptstadt. Im Zweiten Weltkrieg fast völlig zerstört, war sie bis vor kurzem nur noch ein Schatten ihrer selbst. Die Mauer begleitet sie, nur wenige Meter entfernt, in ihrer ganzen Länge. Die unweit des Spittelmarktes gelegenen, 1776 von Gontard zur Verdeckung des alten Festungsgrabens entworfenen schönen Barockkolonnaden hatten Unverstand und Pietätlosigkeit bereits in den zwanziger Jahren völlig verunstaltet. Durch ein mitten in die Anlage hineingebautes modernes Geschäftshaus wurde der schön geschwungene Halbkreis auf der linken Straßenseite zu einem Viertelkreis reduziert.

Neben mächtigen Bürohäusern, eleganten Läden, Cafés und Restaurants wies die Leipziger Straße eine Anzahl imposanter staatlicher Gebäude auf, so das Reichspostministerium mit dem Reichspostmuseum, das eine der wertvollsten Briefmarkensammlungen der Welt besaß, das Kriegsministerium und das preußische Herrenhaus, 1898 bis 1903 von Baurat Schulze im Stil der italienischen Hochrenaissance errichtet und baulich mit dem Landtagsgebäude in der benachbarten Prinz-Albrecht-Straße verbunden.

In der Hitlerzeit wurde die Reihe der öffentlichen Gebäude um das riesige, im Monumentalstil des Dritten Reichs gestaltete Reichsluftfahrtministerium vermehrt. In das nur wenig beschädigte Gebäude an der Ecke Wilhelmstraße zog nach dem Krieg die Deutsche Wirtschaftskommission ein, der erste »Regierungsersatz« des noch ungeteilten Deutschland.

So prächtig sich aber die Regierungspaläste auch ausnahmen, nach Meinung der Berliner bestimmten nicht sie, sondern die beiden ausgedehnten Warenhauspaläste das Gesicht der Leipziger Straße: an ihrem Ende, am Leipziger Platz, Adolf Wertheim, von den Nationalsozialisten später in AWAG »arisiert«, und nicht weit von ihrem Anfang entfernt, am Dönhoffplatz, Hermann Tietz (später Hertie genannt).

Im Wertheim-Bau hatte der geniale Messel um die Jahrhundertwende den Typus des neuzeitlichen Warenhauses geschaffen, richtungweisend für zahlreiche moderne Zweckbauten. Durch spätere Erweiterungen wurde es zum größten Kaufhaus Deutschlands. Es war eine Stadt für sich. Seine Abteilungen hatten den Umfang von Spezialgeschäften. Die prunkvolle Innenausstattung mit dem 24 Meter hohen glasgedeckten Marmor-Lichthof, dem »alten« Lichthof, vor dessen breiter Treppe sich die kolossale Bronzefigur »Die Arbeit« von Professor Menzel aufreckte, der Sommergarten mit dem kuppelförmigen Zierbrunnen, der Onyxsaal mit Onyxplatten und Bronzeplaketten,

der durch drei Stockwerke reichende, mit italienischem Nuß-
baum ausgekleidete Teppichsaal für den Verkauf orientalischer
Teppiche, der ausgedehnte Erfrischungsraum und die Vorhalle
am Leipziger Platz mit dem reizenden Bärenbrunnen von Professor Gaul sind unvergeßlich für alle, die sie sahen.
Und was blieb hiervon nach Kriegsende? Ein Haufen ver-
rosteter Eisenträger und ein winziger Laden im Keller, in
dem man Papierservietten und buntbemalte Kacheln kaufen
konnte.
Ähnlich pompös war der 1912 am Dönhoffplatz errichtete
Hertie-Bau. Über dem Portal hielten zwei riesige Steinfiguren
eine mächtige Erdkugel. An dieser Stelle stand vordem das
Konzerthaus, in dem Kapellmeister Bilse die beliebten volkstümlichen Symphoniekonzerte leitete, nach dem Vorbild der
philharmonischen Konzerte, wenn auch auf wesentlich nied-
rigerem Niveau. Die Berliner strömten in Scharen herbei, zumal sich herumgesprochen hatte, daß man bei Bilse ausge-
zeichnet seine Tochter »an den Mann« bringen konnte.
Am Dönhoffplatz lagen auch die »Reichshallen«, in denen
die beliebten »Stettiner Sänger« auftraten. Ihre Reklamepla-
kate, einen langen dürren und einen kleinen dicken Soldaten
in der Uniform der Spitzweg-Zeit darstellend, klebten an allen
Litfaßsäulen. Im Dritten Reich wurde der Dönhoffplatz durch
eine Attraktion besonderer Art bereichert: Eine Standuhr
zeigte durch Glockenschlag den durchschnittlichen Abstand
der Geburten im Deutschen Reiche an. Die von Zeit zu Zeit
erforderliche Verkürzung dieses Abstands war ohrenfälliger
Ausdruck des Erfolgs der »aktiven« Bevölkerungspolitik.
Den achteckigen Leipziger Platz am westlichen Ende der
Leipziger Straße mit seinen gepflegten Grünanlagen umsäum-
ten mehrere Ministerien, das Direktionsgebäude der Berliner
Straßenbahn und das Palais Rudolf Mosse mit seinem schönen
Sandsteinfries. In der Mitte erhoben sich die Bronzestandbil-

der des Feldmarschalls Graf Wrangel und des Grafen von Brandenburg. Die ausgestreckte Rechte des letzteren deutete der Volksmund als »So hoch liegt der Dreck in Berlin«. Im Gegensatz zum »fortschrittlichen« Dönhoffplatz, wo die Denkmäler des Freiherrn vom Stein und des Fürsten Hardenberg die Erinnerung an Bauernbefreiung und Gewerbefreiheit wachhielten, gab man sich also am Leipziger Platz betont »reaktionär«; hatten doch Wrangel und Brandenburg die Volkserhebung von 1848 mit Waffengewalt erstickt.

Zwei kleine, griechischen Tempeln gleichende Torhäuser, 1823 nach Entwürfen von Schinkel errichtet – in dem einen befand sich ein Postamt –, deuteten den Übergang vom Leipziger zum Potsdamer Platz an. Im Gegensatz zu dem durch lückenlose Bebauung auf der Nord- und Südseite geschlossen wirkenden Leipziger Platz ist der Potsdamer Platz nie im eigentlichen Sinne ein Platz gewesen. Er war eine riesige Straßenkreuzung, an der sich in unregelmäßiger Folge einige Hotels und Restaurationsbetriebe verteilten. Den Abschluß bildete der 1872 eröffnete, etwas zurückversetzte Potsdamer Fernbahnhof, ein in reicher Renaissance-Architektur gehaltener Backsteinbau, mit den anschließenden, noch weiter zurückliegenden Vorortbahnhöfen, dem Ringbahnhof zur Linken und dem Wannsee-Bahnhof zur Rechten.

Hier, wo Tag und Nacht der stärkste Verkehr der Reichshauptstadt brandete – in den dreißiger Jahren wurde am Potsdamer Platz sogar die größte Verkehrsdichte Europas gemessen –, trafen sich fünf Straßen: die Leipziger Straße und ihre Fortsetzung, die Potsdamer Straße, im rechten Winkel dazu die Budapester und die Königgrätzer Straße und, schräg zwischen Budapester und Potsdamer Straße einmündend, die Bellevuestraße.

Die wechselnden Namen dieser Straßen spiegeln die unruhige Geschichte Deutschlands zwischen den Weltkriegen wider: Die Königgrätzer Straße wurde Ende der zwanziger Jahre nach dem viel zu früh verstorbenen Reichskanzler und Außenminister der Weimarer Republik in Stresemannstraße umbenannt, die Budapester Straße nach dem ersten Reichspräsidenten in Friedrich-Ebert-Straße. Letzteres hätte beinahe einen diplomatischen Konflikt mit Ungarn heraufbeschworen, der nur durch das Angebot abgewendet werden konnte, den Namen Budapester Straße dadurch zu erhalten, daß er auf den Anfang des Kurfürstendamms nordöstlich der Gedächtniskirche übertragen wurde. Im Dritten Reich wurden beide Straßen zum zweiten Mal umgetauft. Sie hießen nunmehr Saarland- bzw. Hermann-Göring-Straße. Nach dem Zweiten Weltkrieg wurden die vorherigen Namen wiederhergestellt.

In der Mitte des Potsdamer Platzes stand mehrere Jahre lang der vielbewunderte Verkehrsturm, dessen buntes Lichterspiel stets eine große Zuschauerzahl anlockte. Wie wenig bekannt damals noch Verkehrsregeln waren, die heute selbstverständlich erscheinen, zeigt ein Hinweis in Griebens Berlinführer von 1927: »Auch Fußgänger haben gemäß der Verkehrsordnung die Signale zu beachten.« Von den umliegenden Gebäuden seien das Hotel und Café »Fürstenhof«, das Palast-Hotel, das Café Josty, das Pschorrbräuhaus und das »Haus Vaterland«, früher »Piccadilly«, erwähnt.

An der anderen Seite des Potsdamer Platzes erlangte das Haus Bellevuestraße Nr. 5, das ehemalige König-Wilhelm-Gymnasium, in der Hitlerzeit traurige Berühmtheit, als hier der sogenannte Volksgerichtshof unter Roland Freisler seine Schreckensurteile fällte. Freisler selbst wurde »vom Teufel geholt«, als ein schwerer Bombenangriff die Stätte seines Wirkens in Schutt und Asche verwandelte. Nach der einen Version wurde er von einem herabstürzenden Balken erschlagen, nach der anderen taumelte er in seiner roten Robe, in Flammen gehüllt, einer lebenden Fackel gleich, die Treppe hinunter.

Glanz und Pracht und das Großstadtleben auf dem Potsdamer Platz waren nach Kriegsende ausgelöscht. Was man erblickte, war eine leere, zertrümmerte Fläche und darauf – die Steinklopferinnen. Nie zuvor hatte man in Deutschland dergleichen gesehen: Frauen bei schwerer körperlicher Arbeit. Für 72 Pfennige die Stunde und für das Vorrecht der Lebensmittelkarte II kratzten sie von sieben Uhr früh bis halb fünf Uhr abends den Mörtel von den Steinen, die sie wahllos aus den unübersehbaren Schuttbergen griffen.

Viele, die hier standen, waren Beamtenfrauen, Büroangestellte, Verkäuferinnen gewesen. Monatelang der prallen Sonne ausgesetzt, halbgebückt über einem Meer von Schutt, in schlechtsitzendem Schuhwerk, den Körper in Tücher und geflickte Schürzen verpackt, hat sie niemand gefragt, wer ihnen ihre Kleider ersetzt, wenn sie nach wenigen Wochen unter der Einwirkung von Kalk und Staub unbrauchbar geworden waren, niemand hat ihre Hände betrachtet, die wund und zerschunden Tag für Tag unverdrossen einen Stein nach dem anderen abklopften. Aber für immer wird die Trümmerfrau eine denkwürdige Erscheinung bleiben, der Berlin sein schon bald nach der Katastrophe wieder sauberes Antlitz verdankte.

Im Mai 1948 klingt ein Bericht vom Potsdamer Platz schon optimistischer: »Es ist der dritte Frühling nach dem Krieg, und man fängt wieder an, Anteil zu nehmen an dem, was uns umgibt. Man bemerkt den Frühling, an dem man zweimal mit toten Augen vorüberging. Gedankenvoll steht man vor den wiedererstandenen Blumenständen, zögernd, was man der Blumenfrau abkaufen soll, die uns lächelnd rosa Mandelblüten und kleine Sträußchen mit Veilchen und Tausendschön entgegenstreckt.«

Wären die Ruinen nicht gewesen, man hätte sich in die Vorkriegszeit zurückversetzt geglaubt, als Franz Lederer schrieb: »Um den Potsdamer Platz blüht es eigentlich immer, in keiner

Jahreszeit aber so schön wie im beginnenden Frühling, wenn der erste matte grüne Schimmer aus den Baumkronen zu leuchten beginnt. Dann quillt es in den Kästen und Körben der Händler in allen Farben, und die leuchtenden und glühenden Blumen bringen einen warmen Ton in das Grau der Straße.«

Die Blumenfrau vom Potsdamer Platz war der Prototyp der Berlinerin aus dem Volke. Unvergeßlich, wie sie von der früh verstorbenen Rotraut Richter, der kessen Berliner »Jöre«, in dem bis heute immer wieder aufgeführten Film »Die Veilchen vom Potsdamer Platz« verkörpert wurde. Nach dem Krieg war die Zahl der Blumenfrauen von sechzehn auf vier zusammengeschrumpft. Einige Händlerinnen hatten sich lukrativeren Geschäften zugewandt: Sie verkauften allerlei kleine nützliche Gegenstände, Lichtschalter, Plättschnüre, Haarbürsten, Sockenhalter und Hosenträger. Eine der ältesten feierte damals ihr vierzigjähriges Jubiläum an dieser Stelle. Ihr Gesicht war von der Luft verwittert, aber die alten Augen waren freundlich geblieben, und wenn sie zur Zeit auch nur mit Seifenpulver handelte, pflegte sie doch zu sagen: »Macht nüscht, ein alter Droschkenkutscher verläßt seinen Gaul nich mehr.«

Wer hätte, als im April 1939 der unterirdische S-Bahnhof Potsdamer Platz mit seiner eleganten Ladenstraße eröffnet wurde, geahnt, daß sich darüber einmal einer der größten Schwarzmärkte Deutschlands entwickeln würde? Und daß es nach der Währungsreform aus allen Toren der Ruinen flüstern würde: »Ost gegen West«? Ein skurriles Gesindel hatte sich zwischen den Trümmern breitgemacht und lockte die Passanten mit allen möglichen Angeboten. Erschien die Polizei, verschwanden sie wie vom Erdboden verschluckt, um nach wenigen Minuten wieder aufzutauchen und ihren Singsang zu wiederholen.

Von den Schlägen der Kriegs- und Nachkriegszeit hat sich der Potsdamer Platz nicht mehr erholt. Stufenweise ging es bergab. Eine Zeitlang verkehrte hier noch die 74 als eine der letzten Straßenbahnlinien, die die Verbindung zwischen West- und Ostberlin, von Lichterfelde nach Weißensee, aufrechterhielten. Dann wurde auch sie unterbrochen. Die westliche Strecke endete an der Linkstraße, die östliche begann am Leipziger Platz, dazwischen mußte der Fahrgast zu Fuß gehen.

Am 13. August 1961 kam dann das Ende. Was man heute, vom erhöhten Stand an der Mauer nach Osten blickend, sieht, ist eine öde, mit Palisaden und spanischen Reitern gespickte Sandfläche, und man versteht die mittelalterliche Bezeichnung »des Römischen Reiches deutscher Nation Streusandbüchse« für die Mark Brandenburg.

Die letzten Reste der verrosteten U- und S-Bahn-Eingänge sind heute beseitigt, ebenso wie das verblaßte Schild einer ehemaligen Straßenbahnhaltestelle. Schmerzlicher ist, daß auch die beiden schönen Schinkelschen Torhäuser von der Sandwüste verschlungen worden sind.

Erst in weiter Ferne erkennt man Leben auf der Ostberliner Seite. Die Leipziger Straße, deren Anfang durch einen Wachturm angedeutet ist, erwacht aus ihrem Dornröschenschlaf. Zwar ist das erste Stück nach wie vor unbebaut bis auf den restaurierten Komplex des »Hauses der Ministerien« an der Ecke Otto-Grotewohl-Straße (der früheren Wilhelmstraße). Aber am Abend wird es auch hier gespenstisch leer.

Doch beginnend an der Kreuzung mit der Friedrichstraße, wachsen auf beiden Seiten in gleichmäßigen Abständen 11- bis 15stöckige einförmige Hochhäuser aus dem Boden, verbunden durch zweistöckige, Läden beherbergende Flachbauten. Sie weisen den Einheitsstil aller modernen Hochhäuser in der ganzen Welt auf.

152

Vor dem Spittelmarkt erstehen die Gontardschen Kolonnaden in alter Schönheit. Ihre Bedeutung als Hauptverkehrsstraße aber wird die Leipziger Straße wohl nie wiedergewinnen. Das verhindert schon ihre Lage als Grenzstraße an der Peripherie von Ostberlin.

*

Seit einigen Jahren besteht das erste Stück der Potsdamer Straße aus zwei äußerst gegensätzlichen Teilen. Auf dem ersten, der nach knapp dreihundert Metern als Sackgasse endet, hermetisch durch einen Drahtzaun abgeriegelt, erhebt sich als einziges übriggebliebenes Gebäude das ehemalige Weinhaus Huth. Aber die wundervollen alten Linden stehen noch, sie und die geschichtsträchtige Atmosphäre machen einen Spaziergang auch jetzt noch lohnend, obgleich man, um zur neuen Linienführung der Potsdamer Straße zu gelangen, umkehren und den Zugang über die Link- oder die Bellevuestraße versuchen muß.

Von der Mauer kommend, die trostlose Öde des einst so belebten Potsdamer Platzes noch vor Augen, schickt man sich an, die »Alte« – wie sie jetzt auf den Straßenschildern genannt wird – Potsdamer Straße hinunterzuschlendern. Mit den widerstreitendsten Gefühlen genießt man das zweifelhafte Glück, der einzige Fußgänger auf diesem entseelten, zu einer Art Feldweg degradierten Stück Straße zu sein. Vorbei die Zeiten des Cafés Josty, vorbei die Zeit des Pschorrbräus an der Ecke gegenüber, vorbei auch die stillen Abende im Weinhaus Huth, wo Theodor Fontane, die »kleine Exzellenz« Adolph von Menzel, Heinrich Seidel und Gustav Freytag ihren Stammtisch hatten.

Im Jahr der Reichsgründung 1871 eröffnet, brachte Huth es später auf 210 Angestellte und ein Dutzend Restaurationsräume, von denen jedoch nur fünf und eine kleine Probier-

153

stube den Zweiten Weltkrieg überdauerten. Vor längerer Zeit schloß die historische Stätte endgültig ihre Pforten. Der letzte Inhaber, Herr Willy Huth, ist am 10. November 1967 im Alter von neunzig Jahren gestorben. Das Haus aber, das jetzt dem Bezirksamt Tiergarten gehört, steht immer noch. Der weithin sichtbare Turm des durch die Bombenangriffe zum Eckhaus gewordenen Gebäudes ist das einzig Bemerkenswerte, das von der Vergangenheit geblieben ist.

Es wird jetzt von privaten Mietern bewohnt, auch einige Firmennamen liest man an der Haustür. In das großzügig restaurierte Treppenhaus hat man einen Fahrstuhl eingebaut – Huth selbst mußte sich bis an sein Lebensende die fünf Stockwerke zu seinem Turmzimmer hinaufquälen, wo er in seinen Erinnerungen lebte: Erinnerungen an das Spezialitätenrestaurant, an das Wappen-, Feldherrn- und Clubzimmer und an den Roten Saal, an die großen Kellereien, die sich unter den Häusern der Potsdamer und Linkstraße über eine Fläche von viertausend Quadratmetern erstreckten, und an das Flaschenlager, das drei Etagen einnahm.

Noch sind vor dem Haus die Schienen zu erkennen, auf denen einst mehr als vierzig verschiedene Straßenbahnlinien verkehrten, ein Berliner Rekord. Noch stehen die alten Linden, aber ein Maschenzaun teilt sie, hinter dem sinnigerweise ein Hundetrainingsgelände entstanden ist.

Die Grenzziehung ist in dieser Gegend sehr verwickelt. Statt daß die Ost- und Westberlin trennende Mauer von der Friedrich-Ebert-Straße über den Potsdamer Platz hinweg geradeaus in die Stresemannstraße führte, wandte sie sich vor wenigen Jahren zunächst nach Süden an der Linkstraße entlang und umschloß in einem langen schmalen Schlauch das gesamte Gelände des ehemaligen Potsdamer Bahnhofs. Zurücklaufend, stieß sie erst an der Ecke der Köthener Straße wieder auf die Stresemannstraße.

Durch Ankauf eines achteinhalb Hektar großen Areals von Ostberlin haben die Westberliner Behörden Anfang der siebziger Jahre versucht, den Schaden zum Teil wiedergutzumachen. Dadurch wurde zwar der störende Schlauch beseitigt, aber mit dem neuerworbenen Gelände hat man bisher nichts Rechtes anzufangen gewußt. Es gibt Pläne über Pläne, doch selbst einer der wichtigsten, die nunmehr mögliche geradlinige Verbindung der Kochstraße mit der Potsdamer Brücke, ist in den Anfängen steckengeblieben.

Wenn es nicht so makaber wäre, könnte man es als »Treppenwitz der Weltgeschichte« bezeichnen, daß bis in die zweite Hälfte des vorigen Jahrhunderts schon einmal eine Mauer die Stresemannstraße der Länge nach in zwei Hälften teilte. Es waren die Reste der längst zwecklos gewordenen alten Stadtmauer. Die Kinder sangen damals: »Die Mauer steht ewig an diesem Ort / und wird auch ewig so stehen fort.« Eine Prophezeiung, die hoffentlich nicht in Erfüllung gehen wird.

Doch zurück zur Linkstraße, die kurz vor Huth in schrägem Winkel an die Potsdamer Straße ansetzt und bis zum Reichpietschufer am Landwehrkanal führt. Benannt ist sie nach dem Direktor des alten Botanischen Gartens, Professor Heinrich Friedrich Link (1767–1850). Durch sie strömten einst die Berliner zum Wannsee-Bahnhof, zur Fahrt in die südwestlichen Vororte der Reichshauptstadt und in ihr bevorzugtes Erholungsgebiet. Mit der Eröffnung der unterirdischen Nord-Süd-S-Bahn sank sie zu einer unbedeutenden Nebenstraße der Potsdamer Straße herab und wurde überdies fast restlos zerstört.

Doch verknüpft sich mit ihr die Erinnerung an zwei liebenswerte, echt deutsche Gelehrte, die Brüder Jacob und Wilhelm Grimm, deren berühmte Kinder- und Hausmärchen in alle Weltsprachen übersetzt worden sind. Das Haus Nr. 7, in dem die beiden jahrelang wohnten, sucht man allerdings vergeblich. Mit seinen sparsamen Ornamenten verriet es beste Schinkel-Schule. An der Hofseite lag ein schattiger Garten, der mit seinen steinernen Putten klassische Ruhe ausstrahlte.

Die umfangreichen Tiefbauarbeiten zur Umgestaltung der gesamten Gegend haben der Linkstraße neuerdings, wenigstens was den Verkehr betrifft, etwas von der ehemaligen Bedeutung zurückgegeben. Man hat sie im Bogen, an der Mauer entlang, an die Bellevuestraße angeschlossen und so einen direkten Zugang zur neuen Linienführung der Potsdamer Straße und zum Tiergarten und nach Moabit geschaffen. Davon und von den zahlreichen Fremden, die in Bussen oder Pkw angereist kommen, um sich den einzigartigen Anblick einer in zwei Teile zerrissenen Weltstadt nicht entgehen zu lassen, profitieren die Verkaufsstände für Souvenirs, Zeitungen und Erfrischungen.

Von den fünfzig Häusern, die den ersten Teil der Potsdamer Straße säumten, standen in den sechziger Jahren noch rund ein Dutzend, wenn auch zum Teil als Ruinen. Heute ist bis auf das Huth-Haus hier alles dem Erdboden gleichgemacht worden, darunter so bedeutsame Gebäude wie das dem Potsdamer Platz auf der rechten Seite am nächsten gelegene Vox-Haus, das Geburtshaus des deutschen Rundfunks. Am 29. Oktober 1923 um 20 Uhr strahlte ein 1-kW-Sender auf Welle 400 die erste offizielle Unterhaltungssendung einer in Deutschland zugelassenen Funkgesellschaft von hier aus in den Äther. Träger dieser Sendung war die Radio-Stunde AG.

Von den beengten räumlichen und technischen Verhältnissen des ersten Sendebetriebs gibt Fritz Lothar Büttner eine anschauliche Schilderung: »Das erste Sendezimmer lag im 3. Stock des Vox-Hauses, war 7 mal 3,70 Meter groß und mußte zur Hälfte – abgeteilt durch Pferdedecken – mit dem Telegrafentechnischen Reichsamt geteilt werden. Die Wände waren zuerst mit Papier, später mit Scheuertüchern akustisch

156

hergerichtet, die Decke war durch hängende Kreppapiere schallschluckend abgedichtet.«

Um den steigenden Ansprüchen gerecht werden zu können, kaufte die Funk-Stunde AG, wie die Radio-Stunde vom März 1924 an hieß, im Juni 1925 das Vox-Haus. Aber trotz Hinzunahme weiterer Räume und obgleich in der Folgezeit Flure, Treppenhäuser, Höfe für die Sendungen mitbenutzt und Säle im benachbarten »Rheingold« und in der »Gesellschaft der Freunde« hinzugemietet wurden, wurde die Raumnot immer drückender. Sie wurde erst behoben, als der Rundfunk am 19. Januar 1931 das ausgedehnte, von Hans Poelzig entworfene Gebäude am Messedamm in Witzleben beziehen konnte.

*

Von der Linkstraße war es nicht weit bis zur Wohnung von Theodor Fontane. Es berührt eigentümlich, in einem Adreßbuch der achtziger Jahre des vorigen Jahrhunderts die lakonische Eintragung zu finden: »Potsdamer Straße 134 c, Fontane, Theodor, Schriftsteller.« Das Haus, nach der Umnummerierung Nr. 15, wurde 1905 abgerissen.

Jedem Kind in der Straße war der alte Herr mit den gütigen blauen Augen eine vertraute Gestalt, das Haus nie ohne das schottisch-karierte Plaid über dem Arm verlassend, um dann gemächlich der Potsdamer Brücke zuzuschlendern, wo ihn eine andere bekannte Persönlichkeit erwartete: Adolph von Menzel, der aus der Richtung der Matthäuskirche zu kommen pflegte.

Menzel war übrigens häufig in der berühmten Weinstube von Frederich, Potsdamer Straße 12, zu finden, wo er – trotz seiner winzigen Gestalt mit einem ungeheuren Appetit gesegnet – große Mengen von Gänsebraten und Marillen-Eierkuchen, seinem Leibgericht, vertilgte, um dann befriedigt einzunicken. Seine Figur respektierend, hatte Frederich für den illustren Gast einen extra niedrigen Kleiderhaken anbringen lassen, denn Menzel war äußerst empfindlich und liebte es nicht, wenn man ihm half. Diese Schwäche des großen kleinen Mannes ist Gegenstand vieler Anekdoten.

Als beispielsweise ein Arbeiter eines Abends bemerkte, wie Menzel bei strömendem Regen in der Potsdamer Straße sinnend an der Bordkante stand, nahm er ihn kurzerhand auf den Arm und trug ihn durch das Gewirr der Wagen und Straßenbahnen auf die andere Seite. »Heut' is det viel zu viel Jefahr for Ihnen bei so'n Hundewetter«, sagte er gutmütig. Aber Menzel entgegnete wütend: »Wollte ja gar nicht rüber, wollte die Spiegelung der Laterne auf dem nassen Straßenpflaster festhalten. Warum stören Sie mich dabei?«

Worauf ihn der Mann spornstreichs wieder zurücktrug. Menzel, besänftigt, wollte ihm ein Trinkgeld spendieren. Doch der Arbeiter winkte ab: »Lassen Se man! Dafor hab' ick det nich jemacht.«

Der Journalist und Schriftsteller Günther Weisenborn (1902–1969) hatte frühen Erfolg als Dramatiker, ehe er mit 28 Jahren in Argentinien Farmer und Postreiter wurde. Er kehrte nach Deutschland zurück, wo auch seine Bücher 1933 auf dem Berliner Opernplatz von den Nazis verbrannt wurden.

Weisenborn blieb im Land, schrieb unter Pseudonym das Zugstück »Die Neuberin« über den Kampf dieser Schauspielerin für volkstümliches Theater im 18. Jahrhundert und ging 1937 als Reporter nach New York – wiederum nicht für lange. Wegen Teilnahme am Widerstandskampf 1942 verhaftet, mußte er drei Jahre im Zuchthaus der brandenburgischen Stadt Luckau zubringen. Von dort schlug er sich im Sommer 1945 nach Berlin durch.

Sein Erinnerungsbericht »Der gespaltene Horizont« nennt den zerstörten Potsdamer Platz nicht namentlich. Da ihn Günther Weisenborn beim fassungslosen Wiedersehen mit dem Zentrum der entstellten Stadt jedoch aus allernächster Nähe umkreiste, über ihn hinschaute und ihn wahrscheinlich auch betrat, soll auf seine Schilderung nicht verzichtet werden. Kaum ein Chronist des Berliner Untergangs am Kriegsende hat, etwa über die Kinder in den Ruinen, ähnlich bedrückend Zeugnis gegeben. Gerade weil der Verfasser weit herumgekommen war und viel gesehen hatte, zeichnet er beinahe lakonisch ein zutreffendes, genaues Bild. Das ertrug er selbst nur, weil es ihm die Hoffnung nicht zu nehmen vermochte.

Der Potsdamer Platz um 1930. Im folgenden Jahrzehnt wurde er zur verkehrsreichsten Straßenkreuzung Europas.

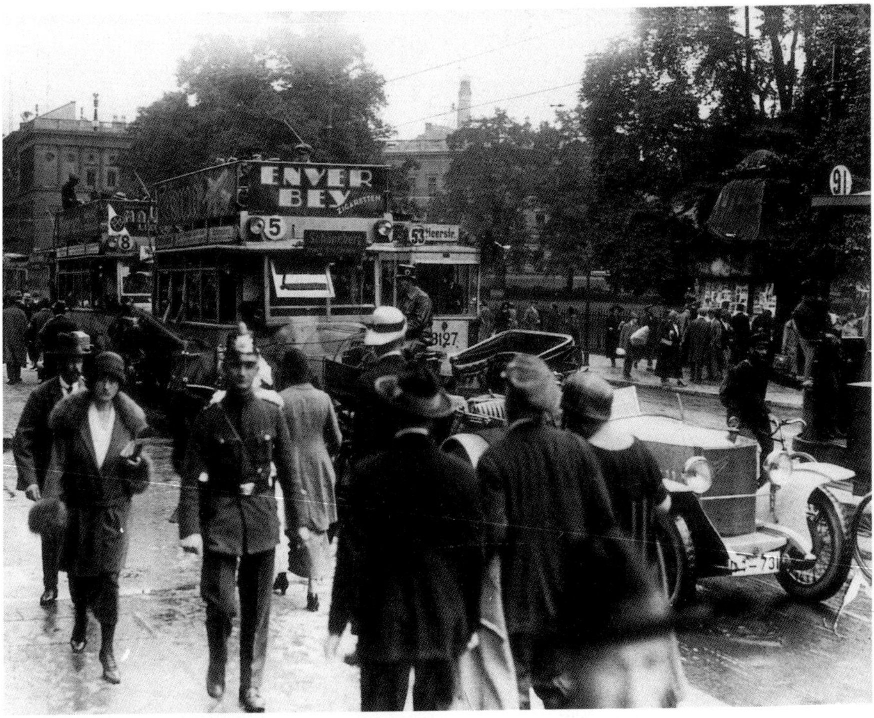
ENVER
BEY
5
53 Heerstr
3127
91

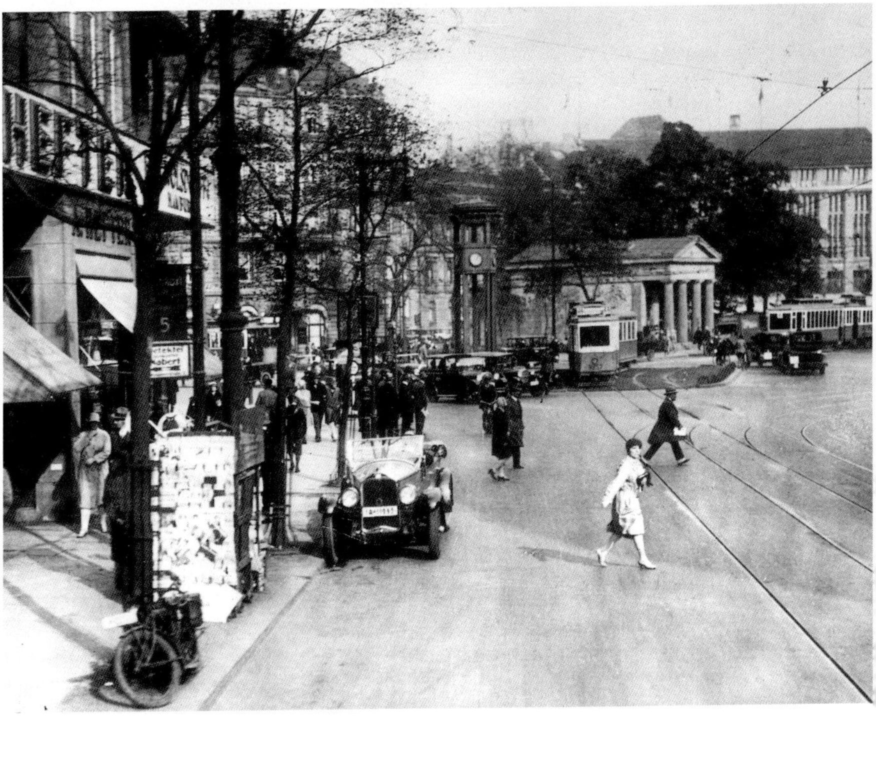

»Stoßverkehr« auf dem Potsdamer Platz wie jeden Tag zu Beginn und Ende der Arbeitszeit. Hier erschwert durch einen Generalstreik, der die öffentlichen Verkehrsmittel lahmlegte und dem Pferdewagen kurzfristig zu einer letzten Blüte verhalf.

Links: Straßenszenen rund um den Potsdamer Platz. Ein Gewirr von Menschen und Verkehrsmitteln aller Art. Gut zu erkennen auf dem unteren Foto: das Säulenportal des linken Torhauses.

Typisches Bild zu Beginn der dreißiger Jahre. Ein reges Nebeneinander der verschiedensten Verkehrsmittel: Pferdewagen, Droschken, elektrische Straßenbahnen und Busse.

Der 1924 aufgestellte fünfeckige Verkehrsturm mit der ersten Ampelanlage Deutschlands. Hier, 1930, dringend benötigt zur Regelung des immer dichter werdenden Verkehrs.

Gut einzusehen, auch von der Terrasse des Cafés Josty, war der Uhrenturm mitten auf dem Potsdamer Platz ein beliebter Treffpunkt von Einheimischen und Gästen der Stadt. (Foto: 1932)

Im nächtlichen Gewirr der Großstadtlichter bot der Verkehrsturm eine willkommene Orientierungshilfe. (Foto: 1930)

Die dreißiger Jahre waren das Jahrzehnt der Leuchtreklamen. Hier das hell erleuchtete Kempinski um 1930.

Diese Aufnahme von 1932 zeigt das Pschorr-Haus, ein Restaurant am Potsdamer Platz.

Tonfilmaufnahmen in den dreißiger Jahren. Der Potsdamer Platz diente als Kulisse, hier mit Blick auf den Potsdamer Bahnhof.

Auf dem Weg zum Weinhaus Huth. Straßenszene von 1933.

Winter 1935. Baustellen am Rande des Potsdamer Platzes waren in den dreißiger Jahren keine Seltenheit. In dieser Zeit entstand auch die Nord-Süd-Bahn.

Das Columbus-Haus auf einem Foto von 1935. Dem von Erich Mendelsohn entworfenen neunstöckigen, sehr umstrittenen Bürohaus mußte das Hotel Bellevue weichen.

Schaulustige versammeln sich um eine Unglücksstelle, an der ein Gerüst zusammengestürzt ist. Öffentliches Leben auf dem Potsdamer Platz 1932.

Leben in Ruinen. Der Potsdamer Platz wurde von den Bomben des Zweiten
Weltkriegs fast vollständig zerstört. Hier eine Aufnahme von 1946.

Die Trümmer eines der Schinkelschen Torhäuschen 1946 vor dem Gerippe
des Columbus-Hauses (rechts im Bild).

Der Potsdamer Platz 1952. Blick in die ehemalige Königgrätzer Straße. Links die Ruine des »Hauses Vaterland«, rechts das weitestgehend zerstörte Potsdamer Bahnhofsgebäude.

17. Juni 1953. Sowjetische Panzer rollen über die Leipziger Straße in Richtung Potsdamer Platz.

Sperranlagen am Potsdamer Platz 1964. Im Hintergrund ist das Brandenburger Tor zu sehen.

Niemandsland und Wachtürme. Eine Ansicht vom Potsdamer Platz 1964.

Der S-Bahnhof Potsdamer Platz mit seinem alten Schild. (Foto: 1990)

November 1989. »Mauerspechte« machen sich an der Steinwand zu schaffen.

Der Potsdamer Platz 1995 mit dem ehemaligen Hotel Esplanade (unten links), dem Weinhaus Huth und der Staatsbibliothek. Die Tiefbauarbeiten für die geplante Neubebauung sind schon im Gange.

Die größte Baustelle Europas im Sommer 1996.

GÜNTHER WEISENBORN

Als die Stadt schwieg

Als ich in die Stadt kam, die ich seit Jahren nicht gesehen hatte, blieb ich stehen. Die riesige Stadt war wie ein grauer Gigant in die Knie gegangen, die Dächer lagen im Parterre. Ein Wald von Ruinen umgab den Wandernden. Ausgebrannte Panzer lagen an den Straßenecken. Berge von Schutt und Scherben dehnten sich auf den Straßen. Trampelpfade führten darüber. Die Stadt schwieg. In Vorgärten standen rohe Holzkreuze aus Brettern über Verscharrten. Darauf stand mit Blaustift gekritzelt: »Drei deutsche Soldaten …«, »Ein russischer Soldat …«, »Fräulein Schmidt, Erna …« Es war so still, daß man hörte, wie eine Badewanne, die oben in einer Ruine hing, vom Sommerwind langsam wie ein Perpendikel hin und her bewegt wurde. Eine MP hatte sie durchlöchert und ein Muster hineingestickt.

Aus Fensterhöhlen in verödeten Hausmauern wehten gespensterweiß und mit kleinen trägen Bäuchen Gardinenreste. Oder man blickte in drei übereinanderliegende Wohnungen, vor denen die Mauer gefallen war. Ein Spruch »Eigner Herd ist Goldes wert«, in Holz gebrannt, hing an einer Birke ohne Blätter.

In den Nächten begannen lautlose Schatten in die Ruinen hinaufzuklettern, um mit Zangen und Schraubenziehern ein bißchen Beute zu organisieren. Am Tag waren nur wenige Menschen auf den Straßen zu sehen. Sie hausten in den Ruinenkellern. Sie alle trugen Taschen, Rucksäcke, Koffer, und sie alle bewegten sich schwerfällig, als gingen sie unter Wasser. Das Erstaunlichste aber war die Stille. Die Millionen Menschen dieser Stadt schliefen oder bewegten sich leise wie Mäuse, farblos und mißtrauisch.

Man konnte weit sehen. Der Tiergarten in seiner ganzen Weite war kahl und ausgebrannt. Zertrümmerte Könige aus Stein lagen in der »Gipsallee«. Und eine antike Dame aus Bronze ritt rauchgeschwärzt und stolz auf einem Pferd, dessen Hinterteil weggeschossen war, ebenso wie das der Reiterin. Andere Denkmäler standen possenhaft verstümmelt im Mittagslicht. Ab und zu fiel in den Straßen eine Ruinenmauer um.

Vom Brandenburger Tor bis zum Lützowplatz ging der Blick über eine hügelige Wüstenlandschaft, und der Wind schleppte Schleier aus braunem, in der Sonne violett aufleuchtendem Ziegelstaub von zusammengesunkenen Mietskasernen und zerfallenen Bankpalästen in den Tiergarten. Die dürftigen Blüten dieses Elendssommers wurden für Tabakspfeifen gerupft. Grauer Staub lag auf den Teerosen, auf den klein gewordenen Gesichtern, auf den alliierten Fragebogen. Man kaute den Staub, der einst eine festgefügte Stadt war, man kaute ein bißchen Friedrichstraße oder Anhalter Bahnhof, denn der Wind war der einzige, der in Berlin freie Bahn hatte.

Ich kannte mich kaum in den Straßen aus, so verändert waren die heimatlichen Stadtviertel. Man ist ein wenig verwirrt, wenn einem bei der Rückkehr die Heimat als Wüste angeboten wird.

Ich wandere hinüber in die Reichskanzlei. Das, was einst eine hochgebaute Prahlerei war, liegt jetzt wie ein verendetes Untier in der Kadaverlandschaft, umgeben von verrosteten Autowracks, die fassungslos mit leeren Scheinwerferhöhlen in die Gegend glotzen.

Hier, wo der Häuptling der wahnsinnigen Barbaren hauste,

ehe er sich in einer Benzinwolke davonmachte, hier befand sich einst der Kommandostand der europäischen Zerstörung. Hier wurde der Krieg geplant, begonnen und beendet. Ungehindert geht heute der Blick über die Ebene des zerstörten Tiergartens bis zu den Trümmerfronten von Bellevue.

In den Ruinen schleichen Elendsgestalten herum, schmaläugig und unauffällig blicken sie nach Beute aus. Lachende Soldaten aller Siegermächte besichtigen die Ruinen, auf allen Fluren bieten pfiffige Jungen ihre Kenntnisse »für 'n Jroschen« an. Ihre dünnen Gesichter sind bleich.

Ein GI kauft Eiserne Kreuze, die ein Halbwüchsiger aus der Hosentasche zieht: ein Ritterkreuz = 50 Ami-Zigaretten, EK I = 20, ein Mutterkreuz = 15 und ein Parteiabzeichen = 5. Eine Traube amerikanischer Soldaten drängt sich neugierig hinzu, und der Handel beginnt.

Ich betrete den langen Flur und das sogenannte Arbeitszimmer. Kahle Wände, Schutt und Glasscherben auf dem Boden. Das Parkett ist sorgfältig ausgebaut und heizt jetzt Kanonenöfen. Der Raum ist dreihundert Quadratmeter groß, mit scheunentorgroßen Fensteröffnungen. Am Kamin hängt ein ungelenk beschriebenes Pappschild: »500 Mark zahlen wir demjenigen, der uns den Dieb namhaft macht, der unseren Flaschenzug aus der Reichskanzlei gestohlen hat …« Und die Unterschrift einer Firma.

Im sogenannten »Goldenen Saal«, in dem damals der Dreimächtepakt zwischen Deutschland, Italien und Japan von Ribbentrop, Ciano und Kurusu verkündet wurde, liegt ein kolossaler Kronleuchter wie das Gerippe eines glitzernden Tieres auf dem zerschossenen Boden. Er ist herabgestürzt und geplündert. Die Wände sind besät mit Inschriften in allen Sprachen. Darunter ist oft ein Wort zu lesen: »Frieden – Peace – Mir – Paix –«.

Der rothaarige Junge zeigt mir die Inschriften und erklärt:

»Sehn Se, det heeßt allet detselbe: Frieden. Aba wenn se alle Frieden wolln, warum machen se denn keenen?«

Er ist mager, zerlumpt und frech, unbesiegbare Jugend mit ihren genauen Fragen. Wir lachen ein wenig zusammen. Laß nur, Junge, das wird ja alles kommen. Aber er ist nicht so zukunftssicher wie ich. Schließlich trollt er sich vergnügt.

Ich sehe aus dem Fenster über das, was einst die Ministergärten waren und der große Tiergarten. Das alles ist verbrannt, zersplittert, geplündert, umgehauen und verkrautet, ein Bild des Elends, hoffnungsloser noch als die Ruinenfelder.

164

Ähnlich Inge von Wangenheim hat der durch Rundfunk (Rias-Sendereihe »Kutte kennt sich aus«), Presse (Artikelserie »Häuser und ihre Geschichten« der Berliner Morgenpost*) und eigene Bücher bekannt gewordene Berlin-Wanderer und Stadtchronist Kurt Pomplun dem »Haus Vaterland« am Potsdamer Platz nach dem Zweiten Weltkrieg Betrachtungen gewidmet, zuletzt so etwas wie einen Nachruf. Darin mischen sich Erinnerungen an die Großruine und Darstellung ihres Endes. Weil der intime Kenner Pomplun, von Beruf ein naturgemäß vielfältig umgetriebener Vermessungsingenieur, mehrfach über die Wangenheimsche Schilderung hinausgeht, bereichert sein Kapitel aus einem 1975 erschienenen Buch das Mosaik vom Potsdamer Platz.*

Und in der Berliner Morgenpost *vom 3. September 1972 half Kurt Pomplun (1910–1977) der Stadt sozusagen Abschied zu nehmen von den Resten dessen, was einmal der Potsdamer Bahnhof gewesen war. Per Gebietsregelung, von der weiter vorn die Rede gewesen ist, fiel das Bahnhofsareal an West-Berlin – ein paar Hektar voller Geschichte.*

Kurz nach dem Krieg hatte August Scholtis geschrieben: »Am Potsdamer Platz beginnen sich die Dinge hart im Raum zu stoßen, die Dinge einer üblen Nachgeburt von Adolf Hitlers preußischer Wiedergeburt. Nicht nur der Schutt seiner Reichskanzlei häufte sich hinein, auch eine Weltpolitik schien hier die Stelle gefunden zu haben, den Schutt ihrer Probleme abzuladen. Die umgelegten Eckhäuser haben den Leipziger Platz und die zerwalzten Flächen des ehemaligen Regierungsviertels zur uferlosen Einheit verschmolzen, deren Düsternis durch Ruinen des Bahnhofs, des Cafés Vaterland, Hotel Fürstenhof, Görings Stadtpalais, Wertheims Warenhaus von Regierungskünsten seit Bismarcks Einheitskriegen trauriges Zeugnis ablegt.«

KURT POMPLUN

»Ach Willy, ach Willy, um sechs im Piccadilly«

Berlin-Besucher, die auf Stadtrundfahrten mit alten und neuen Sehenswürdigkeiten der Spreemetropole konfrontiert werden, staunen nicht schlecht, wenn sie auf dem Askanischen Platz der bizarren Ruine des einstigen Anhalter Bahnhofs begegnen. Besser gesagt, dem traurigen Rest eines Fernbahnhofs, der einmal das »Tor zur Welt« war, auf dem täglich über hundert Züge ein- und ausliefen und mehr als 40000 Reisende Tag für Tag die Bahnsteige bevölkerten.

Das erste Bahnhofsgebäude von 1841 war keineswegs ein »primitiver Schuppen« (wie man immer wieder liest), sondern ein ansehnlicher dreigeschossiger Putzbau in spätklassizistischen Formen. Die Berlin-Anhalter-Eisenbahn-Gesellschaft hatte ihn bewußt stattlich angelegt und hoffte, durch das von ihr gegebene Beispiel die Baulust außerhalb des Anhalter Tores anzuregen.

Ihr Gedanke fiel in der ständig wachsenden preußischen Hauptstadt auf fruchtbaren Boden, und in der 1844 angelegten Bernburger Straße, in der gleichzeitig entstandenen Dessauer und in der Köthener Straße schossen die Wohnhäuser nur so aus der Erde. In wenigen Jahren war das »Geheimratsviertel« entstanden – eine bei unserer Urgroßvätergeneration sehr beliebte Wohngegend, die später allerdings ihren guten Ruf einbüßte. Der alte und neue Westen hatten ihr den Rang abgelaufen.

Wer heute durch die 480 Meter lange Köthener Straße spaziert, erschrickt über die Öde der vor dem Kriege so belebten, von Straßenbahnen und Autobussen befahrenen Straße, der von der Erstbebauung auch nicht ein Haus blieb. Nur zwei von einstmals fast fünfzig Häusern sind einigermaßen glimpflich über den Krieg gekommen, doch sind sie erst um 1910 erbaut worden: das mit einer großen Säulenordnung prunkende Verbandshaus der Baugeschäfte von Groß-Berlin (Nr. 38), dem man nicht ansieht, daß hinter der opulenten Sandsteinfront der ob seiner guten Akustik noch heute für Schallplattenaufnahmen benutzte »Meistersaal« liegt. Das einstige Verwaltungsgebäude der Buderus-Eisenwerke (Nr. 44) besticht durch die noble Fassade aus dem schönen roten Mainsandstein. In den großzügig gestalteten Räumen wohnen jetzt türkische Gastarbeiter.

Doch was sind diese beiden Häuser wilhelminischer Prachtentfaltung gegen die vis-à-vis liegende gigantische Ruine des früheren »Hauses Vaterland«, von der noch immer nicht feststeht, wann sie dem Erdboden gleichgemacht wird. Sicher ist nur eins: Das an der Südwestecke durch das Kempinski-Symbol und die Schriftzeile »F. W. Borchardt/Haus Vaterland« bis heute unübersehbar gekennzeichnete größte Vergnügungszentrum des Vorkriegs-Berlins, dieser »babylonische Kneipenturm« – wie Walther Kiaulehn treffend sagte –, wird hier nie wiedererstehen.

Als »Haus Potsdam« hatte die Bank für Grundbesitz und Handel in den Jahren 1911/12 das noch in seinem ruinösen Zustand imponierende Gebäude an die Stelle gesetzt, die so lange fünf Wohnhäuser der Zeit 1845–65 einnahmen. Franz Schwechten, dem Berlin neben dem neuen Anhalter Bahnhof die alte Kaiser-Wilhelm-Gedächtniskirche und den Wilhelmturm im Grunewald verdankt, hatte die Entwürfe gezeichnet, der Bildhauer August Vogel die bis auf ein paar Reliefs verschwundene skulpturelle Zier geschaffen.

»Ach Willy, ach Willy, um sechs im Piccadilly«, begann das 1912 von Ernst Rudolf als »Berliner Coupletneuheit« herausgebrachte Piccadilly-Lied. Es war ähnlich stumpfsinnig wie die »Hits« von heute und feierte das bombastische Großcafé im Haus Potsdam. Mit Ausbruch des Ersten Weltkrieges wurde es zum »Café Vaterland«, in dem man von ein Uhr mittags bis zwei Uhr nachts ständig musikalisch berieselt wurde. Aber nicht vom Tonband, vielmehr von veritablen Kapellen, die sich alle sechs Stunden ablösten.

Doch das, was noch heute den legendären Ruhm des »Hauses Vaterland« ausmacht, die Ansammlung eines Dutzends Restaurants unter einem Dach, kam erst im September 1928. Den Gästen wurde hier nicht nur mit Speisen und Getränken, sondern vor allem mit täuschend echt gestalteten Dekorationen und bis zu sechs Meter tiefen Rundhorizonten die Illusion fremder Städte und Länder vorgezaubert.

Was gab es da nicht alles. Der gastronomisch-folkloristisch-topographische Bogen schwang von der »Weißbierstube zum Teltower Rübchen« über die »Bremer Kombüse«, die »Pußta-Csarda«, das »Münchner Löwenbräu«, die »Türkische Mokkastube« und das »Bistro français« zur »Wild-West-Bar«, und wie die Einkehrstätten sonst noch hießen, in denen zu den landesüblichen Getränken auch die heimische Musik von stilechten Virtuosen (aus Neukölln) im Nationalkostüm geliefert wurde. Höhepunkte waren das »Wiener Grinzing«, in dem man den Klängen eines Orchesters von Wäschermaderln lauschen und gleichzeitig den bezaubernden Blick vom Kahlenberg über das nächtliche Wien genießen konnte, und die oft, aber nur unzureichend kopierte »Rheinterrasse«.

»Haus Vaterland macht alles gründlich, im Vaterland gewittert's stündlich«, hieß es von diesem meteorologischen Restaurant-Wunder, das vor einer riesigen Kulisse mit dem Rheinpanorama zwischen St. Goar und Loreleyfelsen die liebliche Landschaft im schönsten Sonnenschein zeigte. Doch alle Stunde zog ein heftiges Gewitter über das lachende Rheintal, entlud sich mit Blitz, Donner und rauschendem Regen, um schließlich wieder der Sonne zu weichen. Natürlich sind weder der buntgleißende Regenbogen noch das Tirilieren der Vogelwelt (von der Schallplatte) nach dem Wolkenbruch ausgelassen worden. Daß dieses Schaustück bis heute unvergessen ist, wird jeder bezeugen, der es einmal erlebt hat.

Zwei Jahre nach Kriegsschluß ist das einstige »Haus Vaterland« – notdürftig hergerichtet und ohne »Rheinterrasse« – noch einmal als Volksgroßgaststätte eröffnet worden, um fünf Jahre später für immer zu schließen. Was noch einigermaßen Wert hatte, wanderte zum Schrotthändler. Die letzten Souvenirs an das in aller Welt gekannte populärste Etablissement unserer Stadt mit seinen illusionistischen Reisen durch die Kontinente holten sich nostalgisch gestimmte Westberliner aus der Ruine, nachdem das zu Ost-Berlin gehörige Gelände des früheren Potsdamer Bahnhofs durch die im Berlin-Abkommen verankerte Gebietsregelung für 31 Millionen DM an das Land Berlin gefallen war.

170

Erst Kaiser-Festakt, dann Maurerstreik

Nach einigen Tagen, an denen Neugierige und Wissensdurstige das seit der Gebietsregelung mit der »DDR« vom Land Berlin erworbene Gelände des früheren Potsdamer Bahnhofs bevölkerten, ist es dort ruhig geworden. Schließlich gab es auch so gut wie nichts zu sehen außer der Ruine des einstigen »Hauses Vaterland« und einem dschungelartig wuchernden Gehölz, dessen junge Birken dem Gartenbauamt des Bezirks Tiergarten für Neupflanzungen sehr willkommen waren.

Momentan sind die Kollegen von der Vermessung auf dem jetzt polizeilich gegen Unbefugte gesicherten Gelände, um alte Grundstücksgrenzen wiederherzustellen und nach Fundamenten zu spüren, die noch der Enttrümmerung harren. Unter diesen befinden sich die Grundmauern des Potsdamer Bahnhofs, dessen ruinöse Fassaden bereits 1958 abgeräumt wurden. Möglicherweise kommt dann auch die Grundsteinkassette zutage – falls sie überhaupt noch vorhanden ist und nicht unbeachtet auf der Schuttkippe landete, wie es 1966 mit der des Reichstages geschah. Dank der Aufmerksamkeit eines Schrottsammlers konnte sie einschließlich ihrer von der Witterung schon recht mitgenommenen Dokumente den luftigen Platz auf dem Teufelsberg in Grunewald mit einem Tresorfach im Geheimen Staatsarchiv in Dahlem vertauschen.

Wann die Grundsteinlegung zum Potsdamer Bahnhof erfolgte, ist nicht überliefert. Doch der Tag seiner Einweihung steht fest; es war vor 100 Jahren, am 30. August 1872, als Kaiser Wilhelm I. anläßlich seiner Rückkehr von Badgastein das neue Gebäude eröffnete. Für die Öffentlichkeit war es aber erst vom 1. November an zugänglich; ein Maurerstreik hatte die seit 1868 betriebenen Bauarbeiten verzögert.

Das neue Empfangsgebäude der bis 1880 in Privathand befindlichen Berlin-Potsdam-Magdeburger Eisenbahngesellschaft hatte der Baurat (und spätere Eisenbahn-Direktionspräsident) Julius Ludwig Quassowski entworfen und durch die Baumeister Weise, Doebner und Sillich ausführen lassen. Sie brauchten für die 172 Meter lange, 37 Meter breite und 24 Meter hohe Halle fast vier Millionen Mark. Die 1931 durch eine neue ersetzte Eisenkonstruktion des Hallendaches hatte seinerzeit großes Aufsehen erregt; ebenso die Bausumme, die man als ungeheuerlich bezeichnete.

Einig war man sich aber im Urteil über die nach dem Vorbild florentinischer Paläste durch offene Bogenstellungen gegliederte Schauseite. Die Fachwelt sprach davon, daß die Vornehmheit des Bahnhofs – »eines in seiner künstlerischen Gestaltung mustergültigen Gebäudes« – der Umgebung zur Zierde gereiche.

Das hat dann auch die Regierung 1925 bewogen, den Sarg des so früh verstorbenen ersten Reichspräsidenten Friedrich Ebert auf der Freitreppe zur Vorhalle des Potsdamer Bahnhofs aufzubahren, wo die arbeitende Bevölkerung der Hauptstadt zu Hunderttausenden von einem Mann Abschied nahm, der aus ihren Reihen gekommen war.

Natürlich war dieser Potsdamer Bahnhof nicht der erste gewesen. Die Bahnlinie selbst war bekanntlich als erste Preußens – und dritte deutsche nach den Strecken Nürnberg–Fürth und Dresden–Leipzig – in der kurzen Bauzeit von 14 Monaten im September 1838 zwischen Potsdam und Zehlendorf, vier Wochen später auf der ganzen Strecke Berlin–Potsdam eröffnet worden. Das damalige Empfangsgebäude hatte nur 88 000 Taler gekostet. Es stand östlich des uns noch bekannten Bahnhofs, auf der Straße zur »Ankunftseite«; dort, wo man bis in den Zweiten Weltkrieg hinein den 1891 angefügten Ring- und Vorortbahnhof erreichte. Ihm korrespondierte auf der Linkstraßenseite der gleichfalls 1891 eröffnete Wannsee-Bahnhof, einer der populärsten Berlins.

Wegen der starken Steigerung des Verkehrs nach den als Wohngebiete immer beliebter werdenden Orten an der Wannseebahn wurden hier 1900 bis 1902 erstmals in Deutschland Probefahrten mit einem elektrisch betriebenen Zug unternommen, die sich in technischer Beziehung zwar bewährten, aber in wirtschaftlicher Hinsicht enttäuschten. Man hatte nämlich nur einen aus elf Wagen bestehenden Elektrozug verkehren lassen, der sich fahrplanmäßig in den äußerst regen Dampfbetrieb einzupassen hatte.

Der Potsdamer Bahnhof sollte vor dem Kriege verschwinden, weil er nicht in die größenwahnsinnigen Pläne für die »Neugestaltung Berlins« paßte und ebenso wie der Anhalter, Lehrter und Stettiner Bahnhof als entbehrlich angesehen wurde. Seinen Fernverkehr sollte ein neuer Südbahnhof übernehmen, der Nahverkehr aber mit der 1939 fertiggestellten Nord-Süd-S-Bahn verbunden werden.

Bei den Bauarbeiten für diese Bahnlinie fielen die schönen alten Bäume vor dem Potsdamer Bahnhof, die noch von einem Kuriosum kündeten, das selbst heute alte Berliner nicht in Ruhe läßt, wie ich immer wiederkehrenden mündlichen und schriftlichen Anfragen entnehme.

Als sich die Berlin-Potsdamer Eisenbahn mit ihrem Bahnhof vor dem Potsdamer Tor niederließ, hatte sie Rücksicht auf den dort 1740 angelegten Kirchhof der Dreifaltigkeitsgemeinde zu nehmen, diesen mit einer drei Meter hohen Mauer zu umschließen und für angebliche »Wertminderung« jährlich 40 Taler in die Kirchenkasse zu zahlen. Unter den hier Beigesetzten befanden sich namhafte Persönlichkeiten wie die Staatsminister Graf Bernstorff und Eichhorn, der Leiter des preußischen Hütten- und Salinenwesens, Oberbergrat Karsten, der Oberfinanzrat und Direktor der Porzellan-Manufaktur Rosenstiel sowie der Schriftsteller Spener, Besitzer und Herausgeber der *Spenerschen Zeitung*. Als letzte Beisetzung geschah 1869 die eines 84jährigen Fräuleins von Pape.

Sowohl die Eisenbahn als auch der Berliner Magistrat wollten den Kirchhof auflösen und das Gelände für die Verbreiterung der Straße verwenden, mußten aber die damalige Liegefrist von 40 Jahren abwarten und schließlich erleben, daß die Kirche für ihr mittlerweile immer wertvoller gewordenes Grundstück von 540 Quadratmetern nicht weniger als eine Million Mark forderte. Man einigte sich dann auf 600 000 Mark, die 1910 eine ganz schöne Stange Geld bedeuteten.

Infolge des Ersten Weltkriegs wurde der Kirchhof erst 1922 beseitigt. Die Blumenhalle der stadtbekannten Mutter Michaelis folgte einige Jahre später. Die Gebeine des Ministers Eichhorn hatte man als einzige umgebettet, das schöne Denkmal des Bergrats Karsten kam in die Bergakademie und ist heute als letzte Erinnerung an den alten Dreifaltigkeitsfriedhof vom Potsdamer Bahnhof im Gebäude des Fachbereichs Bergbau und Hüttenwesen der Technischen Universität zu finden.

In jeder staats- oder parteioffiziellen und also tendenziösen bis wahrheitswidrigen DDR-Darstellung der eigenen Geschichte sind die landesweiten Protestdemonstrationen des 17. Juni 1953 zu unbegründeten Aktionen, ja zum »faschistischen Putsch« umgelogen worden. Daß sich da nicht nur Unzufriedenheit mit schlechter materieller Lage, mit Lohnabbau und willkürlicher Erhöhung der Arbeitsnormen äußerte, sondern hauptsächlich Protest gegen Indoktrinierung und politische Bevormundung, durfte nicht gesagt, geschrieben und möglichst auch nicht gedacht werden.

In Berlin sind die Leipziger Straße mit dem sogenannten Haus der Ministerien – das ehemalige nationalsozialistische Reichsluftfahrtministerium war im Krieg weitgehend unzerstört geblieben und bot DDR-Behörden Unterkunft – und der Potsdamer Platz Brennpunkte des Volksaufstandes gewesen. Er traf auf eine weitgehend gelähmte, sich feige im Hintergrund haltende Administration. Wie später in Ungarn und dann in der Tschechoslowakei schlugen hauptsächlich sowjetische Truppen die Erhebung nieder.

Der folgende Text vermittelt manches von der ungeheuren Emotionsgeladenheit jener Stunden im Berliner Stadtzentrum, die sich objektiver Darstellung teilweise entziehen. Denn wie sich später erwies, ist die explosive Atmosphäre von westlicher Seite der Sektorengrenze her zusätzlich angeheizt worden. Und bis heute bemühte sich offenbar niemand in Deutschland hinreichend um die Aufklärung eines ebenso tragischen wie rühmlichen Kapitels von damals: Hartnäckig hält sich die niemals bestätigte Kunde, etwa 40 Angehörige der sowjetischen Armee hätten den Befehl zum Einsatz gegen demonstrierende Arbeiter verweigert und seien daraufhin zum Tode verurteilt worden.

ARNO SCHOLZ   WERNER NIEKE
GOTTFRIED VETTER

Bettlaken am Besenstiel

Die Vopo-Wache in den oberen Räumen des Columbushauses
war einsamer denn je. Was sollte sie denn eigentlich noch bewachen? Die leeren HO-Räume (Ladengeschäft der Handels-
organisation, *d. Hrsg.*) oder die Ostberliner, die jeden Tag auf
der Westseite des Potsdamer Platzes ihre Bücklinge, ihre Mar-
garine und ihren Käse holten? Die waren ohnehin nicht auf-
zuhalten.

Eine verdammte Situation am Morgen dieses 17. Juni! Gestern hatten sie, die Vopos, den ganzen Nachmittag hindurch
an den Fenstern gestanden und mit den Ferngläsern die Demonstration der Bauarbeiter vor dem Regierungsgebäude in
der Leipziger Straße beobachtet. Was würde heute werden?
Wenn man sich doch mit jemand aussprechen könnte.

»Sie sind wieder da!« Der Wachtmeister Erler aus Cottbus
hat sie entdeckt. Wie ein Bienenschwarm wälzen sich die Demonstranten die Leipziger Straße herunter zum Haus der Ministerien. Auch auf dem Potsdamer Platz ist es lebendig geworden. Diskutierende Menschengruppen tauchen wie Pilze
aus dem regennassen Pflaster empor.

»Heute wird's noch schlimmer«, orakelt ein Wachtmeister.
Das wissen sie längst. »Wenn ich doch hier abhauen könnte!«
denkt der Erler. Was er nicht weiß: Alle denken das gleiche.
Ratlos stehen sie in der Wachstube herum, vermeiden es, sich
in die Augen zu sehen, qualmen eine »Turf« nach der anderen.

Immer stärker wird der Lärm, der von unten heraufdringt. Sie wagen gar nicht mehr rauszuschauen.

Erler sieht auf die Uhr, es ist 10. Er macht hier nicht mehr mit. Wenn die anderen ihn aufhalten, wird er versuchen hinunterzustürmen. Dann ist alles gewonnen, die wenigen Meter in den Westsektor schafft er dann schon. Ob einer schießen wird? Erler sagt: »Egal, wie ihr denkt, ich haue ab.« Da erlebt er die größte Überraschung seines Lebens. Statt Bestürzung und Ablehnung sieht er in den Gesichtern seiner Kameraden eine grenzenlose Erleichterung. Ihre Stimmen überschlagen sich: »Ich auch, ich auch!«

In der Wachstube stehen Spinde. Erler sieht den Wachhabenden, einen Hauptwachtmeister, an seinen Spind gehen, umständlich das Vorhängeschloß öffnen. Dann langt er eine graue Hose und eine braune Jacke heraus: »Ich habe vorgesorgt.« Vorgesorgt haben auch die anderen Kameraden. Jeder hat ein paar Zivilklamotten da, aber keiner hat's von den anderen gewußt. Erler lamentiert: »Ich habe keine Zivilhose.« Aber die anderen kümmern sich nicht darum. Die sind schon dabei, ein Bettlaken an einem Besenstiel zu befestigen und zum Fenster hinauszuschieben. Vom Potsdamer Platz herauf hört Erler Gelächter und den Ruf: »Die Vopo kapituliert!«

Um aber den Sinneswandel noch deutlicher zu machen, schmeißen die Kameraden Uniformstücke zum Fenster hinaus. Eine Mütze fliegt zuerst, ein Koppel hinterher, und dann, als würden ihnen die blauen Uniformteile in den Fingern brennen, flattern Waffenröcke und Hosen durch die Luft.

»Jetzt ist der Rückzug gesichert«, denkt der Wachtmeister Erler und schiebt sich zur Tür hinaus. Dort stehen schon Arbeiter zum Empfang bereit. Die anderen drängen hinterher. »Die Akten, die Akten!« ruft sie da der Hauptwachtmeister zurück. »Wir müssen doch was in den Händen haben«, erläutert er seinen Plan. Dann packt er jedem einen Stapel Papier auf die Arme und kommandiert ein letztes Mal: »Ohne Tritt marsch!«

*

Die ganze Straße Unter den Linden ist ein wogendes Meer. Nicht zu übersehen, wie viele Menschen hier und auf dem Lustgarten demonstrieren. Der Maurer Franz Weidmann steht vor der sowjetischen Botschaft. Die S-Bahn fährt nicht mehr, hat er gerade gehört. Straßenbahnen und Autobusse haben ebenfalls den Verkehr eingestellt. Das große kalte Gebäude der sowjetischen Botschaft wird von Rotarmisten abgesperrt.

Weidmann schaut nach links. Dort rollt die Friedrichstraße entlang Sowjetpanzer um Sowjetpanzer. Mehr als 30 hat er schon gezählt und noch immer kein Ende. Vom Lustgarten steigt Rauch auf. Dort haben die Holztribünen jetzt endlich Feuer gefangen. Rechts von Weidmann erhebt sich das Brandenburger Tor. Dort schaut er hin. Zwei tollkühne junge Arbeiter haben nur wenige Meter von den drohend auf sie gerichteten sowjetischen Panzerkanonen zwei mächtige Stämme an das Tor gelehnt und klettern hinauf. Tausende halten den Atem an.

Sie wollen die Fahne herunterholen, das wissen alle. Jetzt stehen die jungen Burschen oben auf dem Platz, wo bis nach Kriegsende die von Granaten zerfetzte Quadriga ihren Platz hatte. Mit ein paar Handgriffen fetzen sie das eindringlichste Symbol der kommunistischen Herrschaft in Ostberlin herunter. Unten reißt die Menge das Tuch entzwei. Die schwarzrotgoldene Fahne steigt am Flaggenmast empor.

Weidmann spürt ein nie gekanntes Hochgefühl in der Brust. Die Tränen wollen ihm in die Augen steigen. Wenn es auch nur für eine Minute wäre, daß da oben die Fahne aller Deutschen wehte, es hätte sich gelohnt! Weidmann weiß es sicher: Der Aufstand wird heute und auch morgen nicht das große Ziel erreichen. Zu ungleich sind die Waffen verteilt, und noch immer rollen neue Sowjetpanzer die Friedrichstraße entlang. Aber er weiß: Ungeschehen wird dieser Aufstand nicht gemacht werden können. Er wird fortwirken als eine große unterirdische Kraft, und einmal wird das begonnene Werk fortgesetzt und zum siegreichen Ende gebracht werden können.

Plötzlich steht der Kollege Wolfgang Behrend neben Weidmann. Woher der plötzlich kommt? Unten im Lustgarten, berichtet Behrend mit fiebernder Stimme, seien etwa 20 T 34 und an die 15 Panzerspähwagen rücksichtslos in die demonstrierenden Arbeiter hineingefahren und hätten versucht, sie einzukreisen. Wie die Berserker seien die Sowjets aus den Nebenstraßen herangepprescht gekommen. Ob es Verletzte oder gar Tote gegeben habe, will Weidmann wissen. Behrend kann es nicht sagen. Weidmann schiebt Behrend an der Schulter nach vorn: »Wir müssen in die Leipziger Straße. Dort muß es sich entscheiden.«

*

Zum zweiten Mal steht der Bauarbeiter Franz Weidmann vor der kahlen Fassade des Hauses der Ministerien. Mit der Flut von Zehntausenden ist er hierher gespült worden. Wenn er sich nicht mit Wolfgang Behrend eingehakt hätte, wären sie auseinandergerissen worden, so stark ist die Strömung gewesen. Zuerst denkt Weidmann, es seien Sowjets, die mit gefällten Karabinern, Maschinenpistolen und zum Teil mit Knüppeln in der Hand das Gebäude absperren. Wie er näher kommt, sieht er aber, daß es kasernierte Volkspolizei ist. Man kann sie wirklich nur aus der Nähe von den Sowjets unterscheiden. Immer dichter werden die vordersten Reihen der demonstrierenden Arbeiter und Arbeiterinnen gegen die graugrünen Uniformen gedrückt. Immer neue Massen drängen von hinten.

Weidmann kann über einige Köpfe hinweg den Vopos in die Augen sehen. Er liest darin nichts Gutes. Die freche Überheblichkeit, mit der sie sonst auftreten, ist freilich gewichen. Angst sieht er, aber er sieht bei einigen auch das tückische Verlangen, nun endlich von der Kette losgebunden zu werden, um sich mit der Übermacht der Waffen auf die immer näher herandrängenden Arbeiter zu stürzen.

Weidmann hat deutlich das Bewußtsein, in der Zone des Bürgerkrieges zu stehen. Jahrelang sind diese jungen Burschen, die ihm gegenüberstehen, zum blinden Gehorsam gedrillt worden. Werden sie nun die Waffen erheben, um über ihre Brüder und Väter herzufallen, über Arbeiter, mit deren Steuergroschen sie ausgehalten werden, die nichts tun, als für ihre in einer »Verfassung« verbrieften Grundrechte zu demonstrieren?

Weidmann wird des weiteren Nachdenkens enthoben. »Knüppel frei!« hat ein Offizier aus dem sicheren Hinterhalt kommandiert. Zögernd zuerst, dann im schnellen Lauf rasen die Uniformierten vor, heben ihre hölzernen Polizeiknüppel, schlagen damit blindlings auf die vordersten Reihen der demonstrierenden Arbeiter ein.

Unter dem Trommelfeuer der Schläge weicht die Menge Schritt um Schritt zurück. Menschen fallen zu Boden, Schreie gellen, Tränen fließen, Blut fließt. Weidmann wird mit zurückgedrängt. Alle seine Sinne sind hellwach. Keine Einzelheit der Tragödie entgeht ihm. Er sieht, wie sein Kollege Wolfgang Behrend einem Vopo den Knüppel entwendet, zurückdrischt in atemloser Wut, sieht, daß es auch anderen Arbeitern gelungen ist, einige Knüppel in die Hand zu bekommen und sich damit zu wehren.

Doch die Machtverhältnisse sind zu einseitig. Das aber hat Franz Weidmann, ehe er mit den anderen Demonstranten von dem Platz unmittelbar vor dem Haus der Ministerien auf die Straße abgedrängt wurde, noch erkannt: Ein Teil der Vopos hat gezögert, als der Befehl zum Dreinschlagen kam. Sie hoben zwar die Knüppel hoch, hielten sich aber zurück, ohne zuzuschlagen.

An der Rückseite des Regierungsgebäudes hört Weidmann Scherben klirren. Dort muß es den Demonstranten gelungen sein, die Scheiben einzuschlagen. Auf dem Potsdamer Platz steigen Rauchfahnen empor, wo bisher das »Aufklärungslokal der Nationalen Front« und HO-Kioske gestanden haben. Irgendeiner bringt im Triumph ein Schild angeschleppt. »Der Präsident der Deutschen Demokratischen Republik – Büro für öffentliche Sprechstunden« steht darauf. In der Mitte durchgebrochen ist das Schild.

Es ist 12 Uhr. Von drüben aus Westberlin hört Weidmann die Glocken läuten. Seit Stunden stehen die Arbeiter, viele Zehntausende, vor dem Haus der Ministerien. Niemand hat sich am Fenster gezeigt, keine Erklärung, nichts. Das also sind ihnen die Arbeiter wert. Die Knüppel der Vopo waren ihre einzige Äußerung. Die war deutlich.

*

Quer über den Potsdamer Platz kommt jetzt eine Gruppe Arbeiter in weißer Drillichkluft gelaufen, in ihrer Mitte ein Mann, den sie an den Armen gefaßt haben und dem die Haare wirr ins Gesicht hängen. Ein Arbeiter schlägt ihm ins Gesicht. »Verfluchter Lump!« schreit er. Immer größer wird die Gruppe, immer mehr versuchen, auf den Mann in der Mitte einzuschlagen.

Jetzt zerren sie ihn über die Sektorengrenze. Westberliner Polizei drängt die Arbeiter beiseite, nimmt den Mann in Schutzhaft, setzt ihn auf einen ihrer Wagen. Niemand begreift diesen Vorgang sogleich. Wer war es? Ein Beamter des Staatssicherheitsdienstes wurde vor dem Haus der Ministerien in der Menge entdeckt. Ein Arbeiter hat ihn wiedererkannt. Man vergißt das Gesicht eines Menschen nicht, der einen nächtelang in Kellern mißhandelt hat.

*

Im ostzonalen Radio Berlin löst ein ernstes Musikstück das andere ab. Es ist »Sondermeldungsstimmung«. Keine Nachricht ist bisher über die Ereignisse des 17. Juni gegeben worden. Wie die SED befindet sich auch der von ihr kontrollierte Rundfunk in lähmendem Entsetzen. Die Sowjets haben das Wort. Zwischen den Musikstücken wird bekanntgegeben, daß in Kürze eine wichtige Meldung zu erwarten ist. Wieder Musik.

Nun endlich der Sprecher mit der seltsam melodramatischen Stimme: »Befehl des Militärkommandanten des sowjetischen Sektors von Berlin. – Betrifft: Erklärung des Ausnahmezustandes im sowjetischen Sektor von Berlin. – Für die Herbeiführung einer festen öffentlichen Ordnung im sowjetischen Sektor von Berlin wird befohlen:

1. Ab 13.00 Uhr des 17. Juni 1953 wird im sowjetischen Sektor von Berlin der Ausnahmezustand verhängt.

2. Alle Demonstrationen, Versammlungen, Kundgebungen und sonstige Menschenansammlungen über drei Personen werden auf Straßen und Plätzen wie auch in öffentlichen Gebäuden verboten.

3. Jeglicher Verkehr von Fußgängern und der Verkehr von Kraftfahrzeugen und anderen Fahrzeugen wird von 21.00 Uhr bis 5.00 Uhr verboten.

4. Diejenigen, die gegen diesen Befehl verstoßen, werden nach den Kriegsgesetzen bestraft.«

Wie ein Lauffeuer verbreitet sich die Nachricht über Berlin und die Welt. Kriegsrecht gegen Menschenrecht.

Es hat Rolf Schneider verwundert, daß ihm 1968 etwas genehmigt wurde, was man in der DDR ehrfürchtig »Westreise« nannte. Wenige kamen dafür in Frage, hauptsächlich parteiverläßliche »Reisekader« (auch dies DDR-Vokabular), selten jemand aus dem a priori zu mißtrauenden Künstlervölkchen. Es sei denn, daß – wie Mitte der sechziger Jahre – die Administration das »Ausstrahlen« von DDR-Literatur oder -Theater nach der Bundesrepublik hin zeitweise als tunlich empfand. Solche Aufwallungen änderten sich von Fall zu Fall freilich rasch.

Die Gelegenheit nutzend, fuhr der 36jährige Rolf Schneider also los – um nach wenigen Kilometern erst einmal Station zu machen: hinter der Mauer, am Potsdamer Platz, Westseite. Die »Tournee durch mehrere Städte und Buchhandlungen« zwecks Präsentation der Geschichtensammlung »Brücken und Gitter« lief ja nun nicht weg.

Muß eigens mitgeteilt werden, daß die entstandene Skizze in der DDR nicht gedruckt worden ist? Und die Folgerichtigkeit setzte sich fort: Elf Jahre nach dem Kurzstopp am Potsdamer Platz sah sich Dissident Schneider aus dem DDR-Schriftstellerverband ausgeschlossen.

ROLF SCHNEIDER

Diese sonderbare Entfernung

Es ist um die fünfzehn Jahre her, da erhielt ich ein Ausreisevisum aus der DDR in die Bundesrepublik Deutschland. Dergleichen war damals noch eine Rarität selbst für Literaten; ich selber war erst zweimal seit den bekannten Vorgängen des August 1961 nach Westdeutschland gefahren und hatte es sehr aufregend gefunden. Diesmal sollte ich auf einer Tournee durch mehrere Städte und Buchhandlungen einen von mir verfaßten Band mit erfundenen Geschichten präsentieren.

Ich bestieg einen Wagen der Berliner Stadtbahn. Ich trug einen Koffer in der Hand und etwas Unruhe im Herzen. Ich würde eine reichliche halbe Stunde Fahrt zu bestehen haben.

Mir gegenüber saß ein älterer Mann. Er las in einer Morgenzeitung. Er trug einen grauen Filzhut. Er zeigte ein gleichfalls graues, überaus mürrisches Gesicht. Mit Interesse verfolgte ich, wie gewisse Falten der Verkniffenheit neben seinen Mundwinkeln sich ständig vertieften. Mißfiel diesem Manne die Lektüre? Hatte er es vielmehr an der Galle? Oder war er einfach ein grundsätzlicher Misanthrop, entschlossen, das Leben ärgerlich und jeden neu beginnenden Tag als eine harte Zumutung zu empfinden?

Ich wußte es nicht. Ich würde es niemals erfahren. Immerhin dachte ich darüber nach; in dieser Beschäftigung erreichte ich mein Ziel, und das war der Bahnhof Friedrichstraße. Ich stand von meiner Bank auf und vergaß den Mann.

Ich durchlief die erforderlichen Checks und Kontrollen an der Grenze, ich fuhr mit der Untergrundbahn ein in West-Berlin. Dort erwarb ich in einem Reisebüro einen Flugschein und nahm dabei zur Kenntnis, daß ich bis zum Start meiner Maschine noch eine überlange Zeit des Wartens zu bestehen hatte. Ich winkte mir ein Taxi und sprang hinein.

Ich ließ mich bis zum Potsdamer Platz fahren. Ich fand mich wieder in einer Gegend aus schmutzigen Hinterhäusern, rattenverdächtigen Ruinen und allerlei hoch wucherndem Unkraut. Eine rohe Aufschrift wies mir den Weg zur Grenze. Ich ging auf einem Trampelpfad und sah schließlich die Mauer. Ich sah einen aus Metall und Brettern gemachten Aussichtsstand. Ich sah neben dem Aussichtsstand einen Verkaufskiosk für Zigaretten, Schokolade und Souvenirs mit dem Wappen Berlins, mit Ansichten Berlins, darunter solchen der Mauer. Es saß eine ältere Frau im Kiosk. Sie strickte an einem Schal. Sie trug ein Kopftuch; ihr verdrossenes Gesicht erzählte mir etwas über die Umsätze, die sie an Tagen wie diesem erzielte.

Der Tag war trübe, später Oktober; Wind wehte stark und kalt, er zerrte an den Disteln. Von der Aussichtsplattform stieg eine Schülergruppe herab, lärmend und schwäbelnd; von den Souvenirs des Verkaufskiosks wurde keinerlei Kenntnis genommen. Oben war nun Platz, ich stieg die Stufen hinauf, trat auf abgelöste Bierflaschenetiketten, ich erreichte die Plattform, ging bis zu deren Brüstung und schaute.

Ach, es war ein melancholischer Anblick. Trostlos und menschenleer lag vor mir die Grenze, und der Himmel über mir, mit mir einverständig, wurde noch ein wenig trüber. Ich schaute hinüber zum Haus der Ministerien. Ich drehte den Kopf und schaute hinab auf den Thälmannplatz. Eine einsame Straßenbahn umrundete den Platz, ganz nahe an die Grenze fuhr sie heran, ich konnte schließlich sogar das Gesicht des Fahrers erkennen, ich konnte Gesichter der Passagiere erkennen, so sah ich ein Gesicht, das ich kannte und wiedererkannte, ein Gesicht unter einem grauen Filzhut, ein graues, mürrisches Gesicht, Falten der Verkniffenheit neben den Mundwinkeln.

Kein Irrtum war möglich: Dort unten fuhr der Mann, mit dem ich eben noch, keine halbe Stunde war darüber vergangen, im selben Stadtbahn-Abteil gesessen hatte, nun blickte ich ihm abermals ins Gesicht, ich hätte ihm zuwinken können, ich unterließ es, nur glaubte ich plötzlich zu wissen, welcher Mißmut diesen Mann befallen hatte, woran er litt, sein Leiden ergriff über diese sonderbare Entfernung auch mich, in einem Gefühl unbegreiflicher Schuld sah ich zu, wie die Straßenbahn weiter- und davonfuhr, ein wenig würgte es mich in der Kehle, daß ich mich umdrehte, mit blödem Blick auf die der Plattform beigebrachten Inschriften starrte, Namen und Daten und Krakeleien ohne Sinn, ich ging wieder hinab, trat wieder auf die Bierflaschenetiketten, sah wieder die Frau im Kiosk, die emsig an ihrem Schal strickte, der Wind wehte, ich ging den Trampelpfad zwischen den Unkräutern zurück.

Zum »*Bruchgold der Erinnerungen*« *konnte auf dem herunterge-kommenen Potsdamer Platz schon mal werden, was man über ihn aus früheren Zeiten wußte. Die einprägsame Wendung stammt von einem Journalisten der 1947 noch jungen* Berliner Zeitung, *die zum offiziellen Sprachrohr der örtlichen* SED*-Leitung mutierte, dies jedoch weder durch einen entsprechenden Untertitel noch sonst-wie deutlich zu erkennen gab.*

Das Zitat ist überliefert in einer Stimmungsskizze vom Platz, die zwei Autoren für ihr Buch über die Potsdamer Straße entwarfen. Untertitel: »*Sittenbilder und Geschichten*«*. Darin wird erinnert an den Ursprung des Tempodroms, an die sogenannte Besucherplatt-form nahe der Mauer, auf westlicher Seite errichtet zwecks Über-Blicks über das Hinterland der Abschnürungswand und mit ihr ver-schwunden, und an manche andere Denkwürdigkeit. Denkwürdig war übrigens ein frühes Spray-*»*Kunstwerk*« *von makabrem Witz, womit ein Anonymus just neben dem Aussichtspodest (im Volks-mund* »*Glotzodest*«*) die Westseite der Mauer dekoriert hatte. In Umrissen fand sich auf dem Beton eine Tür angedeutet; Text:* »*Wer hier durchkommt, kriegt von mir 'ne Mark.*«

BENNY HÄRLIN MICHAEL SONTHEIMER

Die Leere der Geschichte

… 1983 steht gegenüber dem letzten verbliebenen Straßen-
schild »Potsdamer Platz« eine Currywurstbude, aber die ist
geschlossen, weil Sonntag ist. Sie steht gleich neben den schä-
bigen Holzbaracken, vor denen in der Nachmittagssonne Rei-
sebusse Touristengruppen freilassen. Viele Amerikaner und
Japaner sind dabei, sie kaufen die ungeteilte Vergangenheit in
den Baracken – schlecht koloriert und für 60 Pfennig pro An-
sichtskarte –, dann absolvieren sie das Kontrastprogramm, die
geteilte Gegenwart aus der Perspektive Ost–West. Sie müssen
lediglich 17 Stufen bewältigen (»Betreten auf eigene Gefahr –
Keine Haftung für Fahrlässigkeit und höhere Gewalt«), um
von der etwa drei Meter hohen Plattform aus einen Blick über
den West-Berliner Tellerrand in die Hauptstadt der DDR und
auf den Todesstreifen zu werfen.

Die Mauer unmittelbar vor der Plattform ist mit mehreren
Schichten Graffiti überzogen. »Vorübergehend geschlossen«
zum Beispiel oder einfach »Cathy and Dave married in Berlin«, die meisten Sprüche sind im Gewirr nicht zu entziffern.

Hinter der Mauer liegt das, was von Potsdamer und Leipziger Platz übriggeblieben ist. Deutlich ist eine zweite Mauer zu
erkennen, die Republikflüchtige zu überwinden hätten, bevor
sie auf dem hier außergewöhnlich breiten Todesstreifen stün-
den, der mit mehreren Reihen Panzersperren gespickt ist.
Zwischen dem gepflegten kurzgeschnittenen Rasen haben die

189

Planer des antifaschistischen Schutzwalls noch ein paar in Pflaster eingelassene Straßenbahnschienen zurückgelassen. Auf dem eingemauerten Areal verkehren heute nur noch zwei Volkspolizisten mit grünen Fahrrädern zwischen den beiden Wachtürmen …

Ein unauffällig sanfter Grashügel im Todesstreifen ist alles, was von Hitlers Neuer Reichskanzlei, der Kommandozentrale, die Millionen in den Tod geschickt hat, geblieben ist. Die Russen ließen sie abtragen, die brauchbaren Reste wurden für das monumentale Siegesdenkmal der Roten Armee zwischen Reichstag und Brandenburger Tor recycelt. Kein Hinweis, keine Tafel, die es wagen würde, die düstere Geschichte des Ortes zu erhellen. Statt dessen ein Stück steriles Unland …

Zwei schwere eiserne Tore in der Mauer sind das Ende der Leipziger Straße. Sie stehen weit offen, aber niemand wagt es, weiter in Richtung Westen zu gehen. Vor dem ersten Tor steht ein Schild: »Nicht gemeldete Besucher zum VdK ohne Passierschein bitte telefonisch anfragen Tel.Nr. 2 23 80 oder beim Pförtner der Akademie der Wissenschaften melden.« Immerhin läßt sich ein Blick erhaschen über den Todesstreifen in Richtung Westen auf die Plattform, die lächerlich klein wie die überladene Kapitänsbrücke eines sinkenden Schiffes über die östlicherseits unbefleckte Mauer lugt.

Die Mauer – Sinnbild und Ursache des Niedergangs der Potsdamer Straße: Sie hat den Potsdamer Platz, den Ausgangspunkt der Straße und ihrer Bebauung, zum Todesstreifen gemacht, ihr den Kopf abgeschlagen. Nach 1945 war die »hoffnungsvolle Wüstenei, dieses Vakuum«, wie der Theaterkritiker Friedrich Luft das Gebiet zwischen dem Platz und dem Landwehrkanal charakterisierte, immerhin noch vom Verkehr belebt, bis die Potsdamer Straße am 13. August 1961 zur Sackgasse wurde – *Dead End Street.*

Zunächst waren es nur ein paar provisorische Stacheldrahtrollen, die der Auftraggeber Walter Ulbricht am Tag darauf persönlich am Potsdamer Platz besichtigte. Weitere drei Tage später wurde über die südliche Ecke des Platzes eine 1 Meter 70 hohe Betonmauer gezogen.

In den ersten Nachkriegsjahren hatte der Potsdamer Platz einen deprimierenden, jedoch nicht hoffnungslosen Anblick geboten: eine bizarre Trümmerlandschaft, aber Verkehrsknotenpunkt wie eh und je. Zwischen den ausgebrannten Ruinen der Vergnügungspaläste strömte der Verkehr – nicht mehr dirigiert vom Verkehrsturm, sondern im *Roundabout,* nach amerikanischen Spielregeln. Der russische, britische und amerikanische Sektor Berlins stießen hier zusammen.

Rund um das »Dreiländereck« blühte reges Geschäftsleben. Straßenhändler boten Lichtschalter, Lockenwickler, Füllfederhalter und ähnliche nützliche Kleinigkeiten feil. »Müßiges Verharren am Bordstein«, so notierte 1947 ein Journalist der *Berliner Zeitung,* »lockt unfehlbar harmlos aus den Seitenstraßen kommende Herren an, die höchste Preise für Brillanten und Edelmetalle versprechen. Leider haben wir weder Gold noch Altsilber. Nur das Bruchgold der Erinnerungen, das sich in keiner Währung realisieren läßt.« Schon zu diesen Schwarzmarktzeiten, in denen die *Amis* – amerikanische Zigaretten – als allgemeines Äquivalent dienten, war der Potsdamer Platz eine anregende Kulisse für deutsche Depression.

Nach der Währungsreform tobte sich der *Kalte Krieg* auf zwei in geringem Abstand gegenüberliegenden Stahlgerüsten aus, die große Leuchtschriften trugen. Auf dem westlichen wurden die aktuellen Nachrichten der Freien Berliner Presse in den russischen Sektor gestrahlt, und von dort leuchtete es »Der kluge West-Berliner kauft bei der HO« zurück. Die HO hatte ihre Verkaufsräume in den beiden ersten Stockwerken des im Krieg ausgebrannten und notdürftig instand gesetzten Columbus-Hochhauses.

Die Volkspolizisten, die darüber ein Revier bezogen hatten, konnten ihre Haut am 17. Juni 1953 nur dadurch retten, daß sie ihre Uniformen aus dem Fenster warfen und desertierten. Der Platz war vom frühen Morgen an voll von Aufständischen und Schaulustigen – viele von ihnen waren aus den Westsektoren gekommen. Sie belagerten das Haus der Ministerien in der Leipziger Straße, wo sich bis auf einen Mutigen die DDR-Minister und Ulbricht unter dem Dach versteckt hatten. Schließlich kam brüderliche Hilfe von den russischen Genossen in Gestalt von T-34-Panzern, denen es zusammen mit scharf schießenden Vopos gelang, den Platz zu räumen.

Nicht ohne daß die damaligen Chaoten das Columbus-Haus noch angezündet hätten. Es brannte zum zweiten Mal völlig aus und wurde daraufhin abgerissen. Auch das »Haus Vaterland« brannte in den Abendstunden des 17. Juni, aber seine Ruine wurde erst Anfang der siebziger Jahre abgetragen, nachdem West-Berlin sie zusammen mit dem Gebiet des ehemaligen Potsdamer Bahnhofs für 31 Millionen DM der DDR abgekauft hatte.

Heute haust auf dem sandigen Brachland die Belegschaft des alternativen Showunternehmens »Tempodrom«. Rund um das große grüne Zelt stehen malerische Wohnwagen, zwischen denen Kinder und allerlei Getier herumlaufen. Ein nomadenhaftes Dorf, dessen Stimmen, Musik und Hammerschläge der kühle Abendwind bis auf die Besucherplattform trägt.

Wenn die letzten Touristen sich an den Schrecken des Kommunismus sattgesehen haben, kehrt dörfliche Ruhe ein. Eine obskure friedvolle Idylle, die unmittelbar ins Gespenstische umkippt, wenn die Flutlichter den Todesstreifen in kaltes Licht tauchen. Jetzt existiert nur noch die zerstörerische, grausame Seite der Geschichte. Als ob die Luft wirklich dünner geworden wäre, befällt mich Beklemmung, Fremdheit. Nichts erinnert an die bekannten und namenlosen Toten, die gleich hinter dem hell erleuchteten Martin-Gropius-Bau in den Kellern des Gestapo-Hauptquartiers ermordet wurden. Die Wiederaufbauer wollten ihre Ruhe haben und haben das Gebäude umgehend beseitigt. »Vergessen macht frei.« Auf den mit Schutt aufgefüllten Folterkellern lädt ein Autodrom für 20 Mark pro Stunde zum »Fahren ohne Führerschein« ein.

Wie wäre es mit einem Schild auf der Plattform: »Achtung, Ende des rationalen Sektors – Vor zu langem Verweilen auf der Plattform wird gewarnt«? Nicht etwa, daß der Osten die Heimat der Irrationalität wäre, die läßt sich wohl nicht teilen; vielmehr weil mir mittlerweile die mystischen Worte eines esoterischen Verlegers plausibel erscheinen. Der hatte mir einmal erklärt, daß der Tod des Hausbesetzers Rattay ausgerechnet auf der Potsdamer Straße kein Zufall gewesen sei. Jeder Ort habe seine eigene Aura, und in der Potsdamer herrsche die Aura der Zerstörung, des Untergangs und des Todes.

Auf jeden Fall beneidenswert, wer frei von solchen Gedanken für ein paar Minuten auf die Plattform stürmt. So wie der 60jährige mit Pfälzer Akzent, der 1942 als Soldat zum letzten Mal in Berlin war. »Traurig, traurig«, meinte er, kaum zehn Sekunden auf der Plattform. »Bloß, wenn sie die Mauer nicht gebaut hätten, dann gäb's ja drüben nur noch Russen, und das wär' ja nun noch schlimmer.« Die bunte Beschriftung der Mauer hatte ihn aufgebracht. Die saubere Rückseite, auf die ich ihn hinweise, irritiert ihn nicht im geringsten: »Ist doch klar, die haben welche rübergeschickt, um das alles zu beschmieren.« Gleich hinter seinem Rücken auf der Innenseite der Balustrade ist auch etwas geschmiert: »Menschen sind Schweine.«

Daß die Spraydosen-Lyriker immer gleich in die vollen hauen müssen, wenn sie ihre Lehren aus der Geschichte ziehen. Mir ist nach vier Stunden Plattform-Meditation mehr nach der Art von Vergangenheitsbewältigung zumute, die die Bewohner der Potsdamer Straße allemal vorziehen: die in der Kneipe.

Der Weg dahin führt an den Baracken vorbei in die alte Potsdamer Straße, auf deren linker Seite ein einzelnes Haus steht, in dem kurz vor der Jahrhundertwende bereits Theodor Fontane und Adolph von Menzel die Widrigkeiten von Vergangenheit und Gegenwart in diesem Sinne zu meistern suchten.

»Weinhaus Huth« ist über dem Portal noch zu entziffern, aber ausgeschenkt wird schon seit über 30 Jahren nicht mehr. Es ist das letzte der einst 48 Häuser der Potsdamer zwischen Potsdamer Platz und Landwehrkanal. Rund 200 Meter kann man noch unter Linden gehen, die alle artig das mittlerweile grasüberwucherte Pflaster säumen, dann versperrt ein mit Stacheldraht gekrönter Zaun den Weg. Dahinter erhebt sich die monströse Silhouette eines buckligen Gebäudes: die Staatsbibliothek Preußischer Kulturbesitz, von Hans Scharoun entworfen und 1972 nach elfjähriger Bauzeit eingeweiht. Sie hockt auf der Trasse der alten Potsdamer Straße wie eine gewaltige Kröte; in ihrem Bauch lagern über drei Millionen Bücher.

Für diesen Bau mußte das »Vox-Haus« weichen, in dem 1923 die erste deutsche Rundfunksendung produziert wurde. Die alte Potsdamer Straße ist zur doppelten Sackgasse der deutschen Geschichte geworden. Auf der linken Seite die Mauer und, durchaus als Reaktion auf diese, auf der anderen das »Kulturforum«, ein Denkmal aus Beton für den demokratischen Monumentalismus.

In der Staatsbibliothek läßt sich viel Wissenswertes über die Straße in Erfahrung bringen. Zum Beispiel, daß in der Potsdamer Straße Nr. 97 von 1926 bis 1928 das Büro der NSDAP war: Gau Berlin und Brandenburg. »Opiumhöhle« nannten die SA-Männer die drei verrauchten dunklen Räume im Parterre des schmalen Hinterhofs. Als ich neulich dort klingelte, öffnete ein Schnurrbärtiger mit schwarzem zerzaustem Haar: der Hausmeister, ein Alternativer, eingewandert aus Schwaben. Im ersten Moment war er noch sprachlos, daß ausgerechnet in seinen vier Wänden Gauleiter Joseph Goebbels die Berliner Partei aufgebaut haben soll, dann lud er mich auf einen Kaffee ein. Der Frühstückstisch war noch gedeckt um zwei, ein selbstgebackenes Körnerbrot lag darauf, und ein Kumpel von ihm klimperte auf einer akustischen Gitarre. Nee, das habe er ja nun wirklich nicht gewußt. Er wohne erst seit drei Jahren hier, und alte Leute, die so was erzählen könnten, wären keine mehr da. Aber es sei schon irgendwie interessant, wo man so wohne ... Irgendwie interessant.

Von der Plattform am Potsdamer Platz kommend, mag die Geschichte noch so schwer und symbolträchtig sein, für die Bewohner der Straße beim täglichen Einkauf im Supermarkt oder der abendlichen Tour in die Kneipe ist sie einfach banal. Eine irreale, belanglose Sache.

Was nicht heißt, daß unsere Zeitgenossen auf der Potsdamer kein Verhältnis zur Geschichte hätten, sie haben sogar ein sehr inniges. Nicht in Form von historischem Bewußtsein oder intellektueller Verarbeitung, mehr als Lust an der eigenen Geschichte und der ihrer Szene. Geschichte als Geschichten, Anekdoten oder Storys, deren Leitmotiv und Refrain die allerdings unterschiedlich terminierten »guten alten Zeiten« sind.

Für die Alten sind das die zwanziger oder dreißiger Jahre, die Zuhälter hängen der Mark nach, die sie vor zehn Jahren gemacht haben, die Fixer träumen von der »Berliner Tinke«, die besser und billiger war als das Heroin. Sogar die Hausbesetzer – gerade mal zwei Jahre hier – gedenken schon ihrer großen Schlachten.

Das war so schön, das kommt nie wieder: Vergangenheit

verklärt und reduziert auf die bessere Vergangenheit. Wenn das gegenwärtige Leben schon vorwiegend grau ist, muß das gewesene um so bunter glänzen. Aber dann sieht man sie wieder, wie sie sich alle mit Pfiffigkeit, Galgenhumor und ihren Lebenslügen durch die Tristesse und Widrigkeiten des Alltags schlagen – völlig unberührt von Selbstmitleid und Wehmut. Wie geht's denn so? Es muß ja ...

Der Blick auf ältere Berlin-Pläne zeigt einen kompliziert kurven-reichen Verlauf der Grenze zwischen beiden Hälften der lange geteil-ten Stadt. Zumal sich der Ostberliner Bezirk Mitte wie ein Keil in jene Ausbuchtung schob, die von Wedding im Norden, Tiergarten im Westen und Kreuzberg im Süden – sämtlich zum Westteil gehö-rend – umschlossen wurde.

Das überkommene Netz der wichtigen Nahverkehrsmittel S- und U-Bahn nahm darauf keine Rücksicht. Zwei von Nord nach Süd, also aus Westberlin nach Westberlin verlaufende S-Bahnlinien zwi-schen Gesundbrunnen und Anhalter Bahnhof bzw. zwischen Leo-poldplatz und Mehringdamm, außerdem zwei ähnliche U-Bahn-Verbindungen querten seit Jahrzehnten unterirdisch den nunmehr östlichen Bezirk Mitte, es mochte den Regierenden Ostberlins gefal-len oder nicht.

Da sie es nicht ändern konnten, griff nach dem Mauerbau vom 13. August 1961 die rigide Abschottungspraxis bis in Kellertiefen. Es entstanden, auch unter dem Potsdamer Platz, »Geisterbahn-höfe«: Die Zugänge dieser Ostberliner Stationen wurden verram-melt oder gänzlich zubetoniert. Die Bahnsteige, dürftig erhellt durch Notbeleuchtung, lagen tot und verstaubten mit der Zeit. Zutritt hat-ten lediglich Grenzwächter und ein unbedingt notwendiges Mini-mum an Bahnpersonal, das die Gleise unterhielt und den Fahrbe-trieb sicherte.

Denn gefahren wurde ja – nämlich durch. Eben von Westberlin nach Westberlin, ohne Halt an Ostberliner Stationen. Die »Geister-bahnhöfe« hatten ihre angestammte Funktion verloren, sie waren keine Bahnhöfe im herkömmlichen Sinne mehr.

HEINZ KNOBLOCH

»Potsdamer Platz«, vielseitig

Links lag nicht nur die Linkstraße, sondern der Potsdamer Bahnhof. Der oberirdische für Fernzüge. Im April 1944 bin ich als 18jähriger Soldat, einmal auf Urlaub zu Hause gewesen, von diesem Bahnhof abgefahren. Endgültig, schien mir, von Berlin bis in die ferne Bretagne, wo bereits der Krieg auf uns wartete.

Von niemandem begleitet. Die Mutter war dienstverpflichtet in einer Fabrik, mein Vater irgendwo in diesem Krieg. Eine Freundin hatte ich nicht. Es ist wohl gut, bei solchen Abfahrten allein zu sein. Abschied verlängert die Trennung.

Vor dem Bahnhof gab es nach 1945 einen Sockel. Aber ohne Schild. Er war für ein Liebknecht-Denkmal vorgesehen, das es nie gegeben hat. Man konnte schließlich schon vor Mauerzeiten keine Menschenmengen (»Erscheint in Massen!«) dort vertragen, wenn sie einfach in die nächste Querstraße, in den Westen, eilen konnten.

Also steht der Sockel bis heute. Für jegliches Denkmal geeignet, das die Regierung befiehlt.

Als ich schon vier Jahre später wiedergekommen war aus dem Kriege, schob ich mit meinem Vater einen beladenen zweirädrigen Karren aus der Leipziger Straße rund um den Potsdamer Platz, der damals wegen seiner Ruinen ringsum noch Anhaltspunkte bot. Mit Mühe gelangten wir in die Stresemannstraße, denn keiner von uns hatte je zuvor eine solche

Karre voller Briketts regieren oder balancieren müssen. Damals der Ironie nicht bewußt, inzwischen nur zu deutlich, bin ich ganz froh, nicht an den verkehrsreichsten Platz Europas gedacht zu haben, der er an diesem Tage nicht mehr war. Dennoch fuhren ein paar Autos, und es gab einen Polizisten, der uns beäugte, aber fahren ließ.

Der Potsdamer Straße haben sie die Mündung weggehackt. Die fehlt neben dem neuen Bypass, der auch Potsdamer Straße heißt. Dazwischen das eine, das »letzte Haus am Potsdamer Platz«. Das Weinhaus »Huth«. Wie der letzte, einsame Zahn im Gebiß einer Alten.

Die Potsdamer Straße, jedenfalls dort, wo sie anfing und aufhörte: neue Einöde. Ein paar Gärten. Sackgasse. Trampelpfade, Müll und echter Sand, wie er den Leuten hier seit hundert Jahren nicht mehr in die Schuhe gelaufen ist.

»Und dann ein kleines Vorsprechen bei Huth zum Frühschoppen.« Kein weiter Weg von der Wohnung bis hierher. Theodor Fontane, der bis zu seinem Tode nahebei lebte in der alten Potsdamer Straße, hier alle Romane schrieb. Ein Berliner Schauspieler, da denken wir an den »Parkettplatz Nr. 23«, hat sich um das sieben Jahre nach Fontanes Tod abgerissene und als Geschäftshaus neu errichtete und nun längst eingeebnete Gebäude gekümmert. Er hat das Gelände vermessen, Andreas Grothusen. (Heute ist hier ein Abrichtungsplatz für Hunde, die müssen auch weg, wenn die Industrie den neuen Potsdamer Platz aufrichtet.)

Was Grothusen aber vorschlägt, ist denkbar: eine 9,10 Meter hohe Säule. Das wäre die zweite Etage des Fontane-Wohnhauses, genau an der Stelle, wo er in dem Zimmer stand, soll ein getreuer Abguß vom Schreibtisch Fontanes ragen. Erinnernd an Meisterwerke, an Zerstörung und: »Der Anblick eines in der Luft schwebenden Schreibtisches symbolisiert gleichsam die prekäre Existenz eines Schriftstellers.« Wie wahr.

200

Es wird nicht dazu kommen. Aber wenn statt der einzelnen Säule in entsprechender Höhe in einer Konzernetage eine Fontane-Ecke eingerichtet werden könnte ... Das wäre ein Gewinn. Da sich seit langem solche Institutionen durch Werke bildender Künstler dekorieren, wäre ein Schriftsteller etwas Neues. Fontanes Schreibtisch, nachgegossen, das könnte sich nur leisten, wer an Ort und Stelle – und man ist ja an Ort und Stelle ...

Da trotz erwiesenermaßen fehlender Parkplätze die Mitarbeiter weder mit der S- noch mit der U-Bahn auftauchen, wissen sie zuwenig vom ehemaligen Ringsherum. Wir nehmen uns das nicht mehr vorhandene Haus Potsdamer Platz Nummer 1. So war es um 1938: Ford-Vertretung, Banca d'Italia, Bergische Stahlindustrie, Werbeberater, Schreibbüro, Friseur, Makler, Deutscher Feintuch-Versand, Felleinfuhr, Lackfabrik, Gilette-Rasierklingen, elf Ärzte, Maschinenfabrik-Niederlassungen, Stahlbau, Zellwolle, Papier, Verlage, ja sogar ein Detektivbüro, Versicherung, Kohlebürsten, Zementdielen, Zahnfabrik. Und mittendrin: »Luckenwalder Feintuchfabrik G.m.b.H., vorm. Tannenbaum, Pariser u. Co.«. Die Arisierung. Da steht die Judenverfolgung im Berliner Adreßbuch. Man muß es nur lesen.

»Welche Ausdehnung der Verkehr dieses vornehmsten Stadtteiles erreicht hat, ersieht man schon aus dem Umstande, daß nicht weniger als 20 Pferdebahn- und Omnibus-Linien den Platz kreuzen ...« Das waren Zeiten.

1898: »Der wenig umfangreiche Potsdamer Platz ist besonders durch den kolossal entwickelten Verkehr nach dem Westen von Berlin belastet.« Belastet!

1924: Der erste Verkehrsturm, entstanden nach einem Besuch Berliner Experten in New York, wird zum Urbild der Verkehrsampel.

1938: 25 Straßenbahnlinien und fünf Autobusse kreuzen

den Potsdamer Platz. So fuhr man über diese Erlebniswürdigkeit, ohne das Brandenburger Tor zu beachten. Das ist immer so. Erst wenn etwas verschwunden ist, bekommt es seine Erinnerungspatina. Und Ureinwohner müssen gerührt aus ihrer Kindheit erzählen.

1946: Das Straßenverzeichnis meldet drei Straßenbahnlinien am Potsdamer Platz. Hätte man ihm angesichts der Zerstörungen so viele zugetraut?

Beim nächsten Mal kommen wir durch die Leipziger Straße und halten uns auf der rechten Straßenseite, denn das Überqueren ist gefährlich. So viele rasen gen West, gen Ost. Hier stand das Warenhaus Wertheim. Von Alfred Messel erweitert im Jahre 1912. Hier lernte Victor Auburtin damals seine zukünftige Frau kennen, die bildhübsche Verkäuferin Hedwig. Und weil Sie vermutlich weder ihn noch seine bezaubernden Feuilletons kennen, die er bis zu seinem Tode 1928 für das *Berliner Tageblatt* schrieb, möge uns dieser Umstand an die Vergänglichkeit erinnern, die nicht nur aus den unsichtbaren Trümmern eines großen Warenhauses besteht.

Wo beginnt, wo endet der Leipziger Platz, dem Potsdamer Platz benachbart? Heute nirgends. Die beiden Wachthäuser und die Blumenfrauen sind Kinogeschichte. Unter uns, wie alte Stadtpläne zeigen, fährt die U-Bahn – bald wieder. Von Pankow bis Zoo und nach Ruhleben.

Wir stehen auf dem Leipziger Platz, sehen von einem Kran Mutwillige für hundert Mark in die Tiefe springen, jedoch immer noch an einem Seil angebunden, an dem sie wieder emportanzen nach den Gesetzen der Physik.

Um 1801 hieß dieser Platz ganz einfach Achteck. Andere, gleichfalls so systematisch angelegte Plätze waren das Rondell und das Viereck, siehe Hallesches und Brandenburger Tor.

Im Achteck und seinen 22 Häusern wohnten 1801 als Eigentümer zwei Viehmäster und zwei Viehmästerswitwen, dazu zwei Schlächter. Es kam demnach allerlei Viehzeug von westwärts in die Stadt.

Aber es wohnten so nahe an der Stadtgrenze in diesen guten Häusern auch ein Seidenfabrikant, ein Major außer Diensten, ein Oberst, ein Finanzrat, ein Hofrat und ein Domkapitular. Bunte Mischung.

Nebenan beginnt die Straße Unter den Linden. Eine gute Adresse, eine vorzügliche gar. Sie wird immer besser werden mit der Zeit.

Nun müßten wir endlich unter die Erde steigen. Die Treppe hinunter zum S-Bahnhof »Potsdamer Platz«. Zur Untergrundbahn geht es nahebei.

Ich war in einer Gruppe Berliner Kinder, die im Sommer 1991 – und vielleicht ist es wichtig, daß das festgehalten wird in Buchdeckeln – rings um den Potsdamer Platz, den unbebauten, ihre Entdeckungen machen konnten. »Columbus in Berlin« nannte sich das. Stadterkundung. So stiegen wir hinab, als die eiserne Tür sich öffnete.

Unten rauschten Züge nach Nord und Süd, hielten aber nicht, noch nicht, denn es wurde gebaut.

Hier war – echt – einer der toten Bahnhöfe aus vergangener Mauerzeit und dem Kriege, der dieses Berlin zerstörte.

Unsereiner ging wie betäubt, immer dem Versuch unterlegen, Erinnerungen zu finden, anzuknüpfen, sich zu orientieren. Es ging aber nicht. Es ist auch unvorstellbar, die Wege und Irrwege der Soldaten zu begreifen, die dort den Bahnhof und einander zu bewachen hatten. Man hatte von der Bahnsteigkante ein Stück entfernt, damit keiner dort entlang entweichen konnte, immer an der Wand, an der Wand entlang …

So sieht unsereins nachträglich, daß man vor den eigenen Leuten auch unterirdisch dieselbe Angst hatte wie oben. Und man schämt und entschuldigt sich.

»Potsdamer Platz«: Zurückbleiben

Hier unten ist es beinahe so, wie Schinkel es 1822 über den Leipziger Platz sagte, den Potsdamer gab es noch nicht: der geräuschloseste der Stadt.

Die Verkehrszählung am 28. Juli 1928 registrierte zwischen 8 und 20 Uhr 33037 Fahrzeuge, darunter 18678 Autos. Es gab noch viele Pferdefuhrwerke, Kutschen mancher Art, die Karren nicht zu vergessen, die handgeschoben über den Platz rumpelten.

Wieder war es ein 28. Juli, als die neue, unterirdische S-Bahn ihren Betrieb aufnehmen konnte. 1936 führte sie vom »Stettiner Bahnhof« bis »Unter den Linden«, von dort weiter bis »Potsdamer Platz« am 15. April 1939.

Jetzt wird's technisch: ausgeführt als zweigleisige Untergrund-Normalspurbahn. Stahlbetontunnel mit Mittelstützen.

S-Bahn steht abgekürzt für Stadt-Schnellbahn, im Unterschied zur U-Bahn, die Hoch- und Untergrundbahnen umfaßt.

Architekt des Bahnhofs »Potsdamer Platz« war R. Brademann, unter Mitarbeit von Reichsbahnrat Lübbecke. Zwei Mittelbahnsteige. Acht Zugänge in Bahnsteigmitte und an beiden Enden. Drei Schalterhallen im Zwischengeschoß.

Verkleidung: weiße Opakit-Glasplatten, schwarz eingebrannt die Stationsbeschriftung; bündig eingelassene Reklametafeln. Das Abschlußgesims aus schwarzen und roten Keramiksteinen. Die Treppenwände aus poliertem Muschelkalk.

Diese modernen Bahnhöfe sind nicht nur an ihren Stationsschildern zu erkennen, die mancher Fremde gar nicht so schnell lesen kann – jemand wunderte sich, daß so viele Stationen mit Namen »Ausgang« heißen –, also »Anhalter Bahnhof« = weiß, »Potsdamer Platz« = weiß, »Unter den Linden« = grün, »Bahnhof Friedrichstraße« = derzeit vor der Restaurierung fraglich, »Oranienburger Straße« = orange, »Nordbahnhof« = cremefarben.

Der Hausschwamm hat sich in aller Ruhe über die Jahrzehnte hinweg auch im S-Bahnhof niedergelassen. Hoffentlich bald wird alles schön und sauber aussehen. Es werden Züge fahren nach Nord und Süd – aber es wird eine Weile dauern, bis der großräumig angelegte Bahnhof »Potsdamer Platz« in neuer Frische anzusehen und zu benutzen sein wird. Nicht nur neuer Schotter und neue Gleise in Richtung »Friedrichstraße« oder zum »Anhalter Bahnhof«. Doch da sind noch Blinddärme, die der unselige Krieg verursachte. Ansätze im Tunnel, der noch bessere Bahnverbindungen bringen sollte. So wirken Krieg und Teilung lange. Mittlerweile sind es die Sünden der Urgroßväter, die den Enkeln zu schaffen machen. Schaffen ist ein produktives Wort.

Es hat in diesem Bahnhof Luftschutzkeller mit Trockenklosetts gegeben.

Was die künftigen Fahrgäste und Bahnhofstouristen nicht mehr sehen werden: die zugemauerten Treppen. Die abgeschirmten Bahnsteige. Sehschlitze und Schießscharten, dazu eine Tür. Wer drin war, konnte nicht raus, wer draußen war, konnte nicht rein.

Damit keiner an der Kante des Bahnsteigs davonkriechen konnte, denn bis zur Staatsgrenze und darunter hinweg war der Weg nicht allzu weit, wurde diese Kante abgehackt. »Vorsicht an der Bahnsteigkante« in anderer Bedeutung.

Ob künftige S-Bahn-Fahrgäste am »Potsdamer Platz« diese restaurierte, wieder ergänzte Bahnsteigkante bemerken können, wird der Augenschein zeigen. Man sieht nur, was man weiß. Es ist ähnlich wie am Westausgang vom U-Bahnhof »Stadtmitte«, wo der zugemauerte Verbindungstunnel zum anderen Bahnsteig »Stadtmitte« sichtbar blieb. Für die, die davon wußten.

Irgendwo im »Potsdamer Platz« war an einer Wand das Symbol der Deutschen Reichsbahn angebracht. Unbekannte, die gibt es immer, hatten darüber jüngst einen Mercedes-Stern gesprayt. Der ist mittlerweile auch weg. So gibt ein Bahnhof ohne regelmäßigen Zugverkehr mancherlei Ansichten Einstieg.

Genug von allem. Ohne den Fernbahnhof, den es wohl nicht wieder geben wird, ist der S-Bahnhof viel zu groß. Wenn er aber mit vielen Ausgängen den Zutritt zu einem angenehmen Dienstleistungszentrum bietet, mit menschenfreundlichen Einrichtungen aller Art, sei er willkommen mit Kosten und Unkosten.

THOMAS WENZEL

Die Nacht zum 13. August 1961 im S-Bahn-Tunnel
Interview mit Stellwerksmeister Günter Kube vom Bahnhof Potsdamer Platz

Sie haben die Nacht zum 13. August 1961 unter Tage, im S-Bahn-Tunnel der Nord-Süd-Bahn, erlebt. Wann haben Sie genau vom Mauerbau erfahren?

Ich hatte wieder einmal Nachtdienst. Seit 1956 war ich im Stellwerk Potsdamer Platz eingesetzt, da gab es eine Kehranlage, die hab' ich bis 1969 betreut. Am 12. August, als ich zum Dienst gekommen bin, war noch alles ruhig. Aber gleich nach Mitternacht ging es dann los. Der erste Anruf kam um 0.10 Uhr, vom Dispatcher in Lichtenrade, das weiß ich noch ganz genau. Das war damals der letzte Bahnhof in Westberlin. Und der sagte, hier ist ein Bauzug angekommen, hier werden die Gleise abgebaut. Was? Das ist doch unmöglich, rief ich. Dann haben wir mit dem Oberdispatcher gesprochen, und der wußte von nichts. Aber da kam schon der nächste Anruf von einem Bahnhof, daß auch dort Bautrupps aufgetaucht waren.

War zu dieser Zeit eigentlich schon Betriebsschluß?

Nein, der war erst 1.10 Uhr, deshalb verwunderte uns das ja so. Sonst fanden Reparaturen immer nach Betriebsschluß statt. Gegen 0.30 wieder ein Anruf, diesmal aus Teltow: Hier ist auch ein Arbeitszug gekommen, hier werden die Gleise ausgebaut. Daraufhin haben wir noch mal den Oberdispatcher gefragt, und der hat gesagt: Geht in Ordnung. Alle Züge auf der Strecke fahren ab sofort nur noch zwischen Potsdamer Platz und Nordbahnhof. Das bedeutete, nur innerhalb Ostberlins. Alle Westberliner mußten Potsdamer Platz aussteigen und nach oben gehen. Warum, weshalb, wußten wir in diesem Moment nicht, es sagte uns auch niemand was.

Also entschloß ich mich, mal nach oben zu gehen und selbst nachzusehen, was eigentlich los ist. Die Bahnhofsaufsicht hatte nämlich erzählt, daß Kampfgruppen gekommen seien und die Straße aufreißen würden. Und tatsächlich arbeiteten auf dem Potsdamer Platz welche, drehten Pflastersteine raus und stellten Zaunpfähle auf. Das war so kurz nach halb eins. Als ich wieder runterkam, pendelten die S-Bahnen nur noch zwischen Potsdamer Platz und Nordbahnhof hin und her, aber planmäßig.

Und morgens, als wir Feierabend hatten, das war dann Sonntag morgen um 10 Uhr, mußten wir nach Hause laufen. Da fuhr gar nichts mehr, Anweisung vom Oberdispatcher. Das heißt, ich bin dann zu Fuß vom Potsdamer Platz zur Friedrichstraße rüber, denn nach Osten fuhren die Züge von dort aus noch.

Wie lange war der durchgehende Zugverkehr auf der Nord-Süd-Linie unterbrochen? Wie ging das mit Ihrer Arbeit weiter?

Abends um zehn bin ich ganz normal wieder zum Dienst gegangen, aber da war noch alles tot. Es hat nicht sehr lange gedauert, dann sind die Bahnen wieder gefahren, nur eben ohne anzuhalten. Wann das genau war, nach wieviel Wochen, weiß ich nicht mehr. Zumindest mußte ich dann nicht mehr laufen.

Wir haben das so gemacht, daß ich unten in der Friedrichstraße vorne im Zug beim Triebwagenführer eingestiegen bin und ihm gesagt habe, halte mal kurz Potsdamer Platz. Denn da war ja meine Arbeitsstelle weiterhin. Der hat vorne am Bahnsteig Potsdamer Platz kurz angehalten, und ich bin ausgestiegen. Und zum Feierabend hab' ich beim Anhalter Bahnhof Bescheid gesagt, daß mich der nächste Zug in Richtung Friedrichstraße wieder mitnehmen soll. Der hat dann Potsdamer abgebremst, und ich bin wieder eingestiegen.

Das ging aber leider nur vier bis sechs Wochen, dann wurde das verboten. Offiziell hieß es wegen Arbeitsschutz, aber vielleicht dachten sie doch, daß ich abhauen könnte, ich hätte ja einfach nur weiterfahren müssen.

Wie sah zu dieser Zeit die Überwachung auf dem Bahnhof aus? Waren die Zugänge schon geschlossen?

Zugemauert war noch nichts, aber es gab natürlich überall Kontrollen. Für den öffentlichen Verkehr war der Bahnhof längst geschlossen, doch es hatten ja sehr viele Bauarbeiter, Elektriker und Signalwerker da unten zu tun, schon durch die ganzen Umbauten. Auch die Kampfgruppen waren zeitweilig da untergebracht, haben dort geschlafen. An vielen Stellen war Stroh aufgeschüttet.

Die meisten Eingänge sahen aus wie nach Betriebsschluß: verriegelte Gittertore, nur eben mit einem zusätzlichen Schloß davor und an manchen Stellen mit Posten.

Konnten Sie sich, als zugelassener Arbeiter dort, auf dem Bahnhof Potsdamer Platz frei bewegen?

Keineswegs. Wir durften weder in die Haupthalle noch auf die anderen Bahnsteige. Ja, am Anfang haben uns die Soldaten nicht einmal zur Arbeit gelassen. Wenn wir kamen, mußte zunächst immer der Diensthabende von der Grenzpolizei gerufen werden, der dann mit dem Jeep kam, unsere Ausweise kontrollierte und mit den Listen verglich. Der besaß auch den Schlüssel zum Bahnsteig. Die Streifenposten da unten hatten selbst keinen, sie waren auch eingeschlossen, genau wie wir.

Zu Dienstschluß haben wir vorher auf dem Bahnsteig Bescheid gesagt, wann die nächste Schicht kommt. Dann mußten wir warten, bis oben die anderen da waren, und an der einen Tür erfolgte schließlich die Ablösung, streng kontrolliert.

Mit der Zeit wurde es da unten immer einsamer. Kartenverkäufer, Blumenhändler und Zeitungsjungs gab es schon längst nicht mehr. Auch der Fahrdienstleiter und die Elektriker verschwanden allmählich. Zum Schluß blieb neben den Grenzern auf diesem Riesenbahnhof nur noch eine einzige Person übrig: der Stellwerker. Hin und wieder gab es mal eine Abwechslung, wenn aus einem vorbeifahrenden Zug eine Zeitung geworfen wurde oder gar ein Päckchen Kaffee.

Aber die mauerten ja immer mehr zu: erst die oberen Eingänge, dann die Zugänge zu den Bahnsteigen, so daß auch das wegfiel. Schließlich durfte ich so gut wie keinen Schritt mehr alleine tun. Wenn ich zum Beispiel nachts die Weichen schmieren ging, kamen immer zwei Grenzsoldaten mit. Ich konnte mich auf meinem eigenen Bahnhof nicht mehr selbständig bewegen.

War es Ihnen auf so einem Bahnhof nicht manchmal auch ein bißchen unheimlich?

Ich hatte keine Angst. Ich wußte nur, daß ich bewacht wurde. Von der Ost-Seite aus ist in meiner Dienstzeit auch nie etwas passiert. Lediglich von Westberlin aus sind manchmal Leute durchgekrochen, die Gleise lang. Ich weiß nicht, ob das Neugierige waren, die am Anhalter Bahnhof in den Tunnelmund geklettert sind, oder ob die mehr im Schilde führten. Manch einen haben sie gekriegt, andere auch nicht. Wir waren ja selbst neugierig.

Einmal war ich auch mit einem Grenzsoldaten in Richtung Anhalter Bahnhof unterwegs, um dort die Weiche zu schmieren. Da sagt der doch zu mir, wo ist denn eigentlich hier die Grenze? Der wußte das nämlich auch nicht so genau. Striche waren damals noch keine. Da hab ich ihn bis zum nächsten Licht geführt und ihm den Anhalter Bahnhof gezeigt und gesagt: Siehste, da ist Westberlin. Dann sind wir zurückgetrabt.

Haben Sie sonst etwas von Fluchtversuchen mitbekommen?

Im Tunnel selbst nicht. Am Nordbahnhof, oben auf dem

Reichsbahngelände, soll es so etwas gegeben haben, von der Schwarzkopffstraße aus. Da ist so eine Mauer, über die mal welche rüber sind. Die hatten sich einen Nachschlüssel für die Tür besorgt, zu der sonst nur der Chef des Betriebswerkes Zugang hatte. Die sind davongekommen. Andere hat es schwer getroffen. Dort sind manche Nacht Schüsse gefallen.

*Treppenwitz der Berlin-Geschichte: Der DDR-Administration ent-
ging momentweise, daß sich Sektorengrenzen selbstverständlich auch
unter der Erdoberfläche erstrecken. Als im Rahmen von Gebietsaus-
tauschen und -verkäufen das sogenannte Lenné-Dreieck auf dem
Potsdamer Platz 1988 an West-Berlin fiel, wurde zunächst nur dem
U-Bahn-Personal eine gravierende Veränderung bewußt. Oberir-
disch ergab sich nichts Neues; das ganze Gelände war nach dem
Mauerbau sowieso schwer zugänglich und zu einem abgelegenen
Biotop geworden, das inmitten der Großstadt eine verwunderlich
reiche Flora und Fauna beherbergte.*

*Doch darunter lagen Gleise einer U-Bahn-Wendeschleife der sei-
nerzeitigen Linie A von Pankow über Alexanderplatz nach dem
Stadtzentrum zu einer Station, die bis 1945 Kaiserhof geheißen
hatte, bis 1986 Thälmannplatz, bis 1991 Otto-Grotewohl-Straße
und die seither Mohrenstraße benannt ist. Nun war plötzlich nichts
mehr mit Wenden. Also fuhren die Züge aus Pankow fortan alter-
nierend bald auf dem nördlichen, bald auf dem südlichen Bahnsteig-
gleis ein und nach mehr oder weniger kurzem Halt von dort wieder
zurück. Öffentliche Erklärungen für den veränderten Ablauf? Keine.*

*Auch Richard Schröder, zur fraglichen Zeit Professor an der Freien
Universität, dann Chef der Senatskanzlei, kommt in seinem Aufsatz »Die räumliche Entwicklung des Berliner Stadtgebietes in der
Vier-Mächte-Zeit 1945–1990« für das Jahrbuch des Landesarchivs
Berlin 1995 auf die Schnurre nicht zu sprechen. Gleichwohl erhellen seine Ausführungen, entstanden auf der Grundlage schwer zu-
gänglichen Archivmaterials, die komplizierten und langwierigen
Auseinandersetzungen um Exklaven wie Steinstücken und Eiskel-
ler, um den »Entenschnabel« im Norden Berlins an der Oranienburger Chaussee oder eben um das Gelände des ehemaligen Potsdamer
Bahnhofs und das benachbarte Lenné-Dreieck: zähes Ringen um
Quadratmeter und DM-Millionen in geteilter Stadt an einem ihrer
einstigen und zukünftigen zentralen Punkte.*

RICHARD SCHRÖDER

»… and of other small areas«

Unter den Gesichtspunkten der Stadtentwicklung gab es Bedarf, die Grenze zu ändern. Während der schon laufenden Vier-Mächte-Gespräche erstellte daher der Senator für Bau- und Wohnungswesen mit Unterstützung der Polizei Listen des »in östliche Sperranlagen nicht einbezogenen SBS- bzw. SBZ-Gebiets (Unterbau)« und des »Überbaus von Sperranlagen auf West-Berliner Gebiet«. Die Listen waren im Sommer 1971 fertiggestellt, sie ergaben 52 Unterbaugebiete mit einer Gesamtfläche von fast 4 qkm sowie sechs Überbaugebiete von insgesamt 4620 qm. Unter den Unterbaugebieten waren Flächen, die nie Anlaß zu internationalen Spannungen gegeben hatten, die aber von großer Bedeutung für die Stadtentwicklung, insbesondere die Verkehrsplanung, waren. Am 14. Juli 1971 übergab der Senat von Berlin der Alliierten Kommandantur Berlin ein umfangreiches Papier in der Form eines offiziellen Vermerks. In diesem Papier wurde zum ersten Mal seitens des Senats eine Bereitschaft erklärt, das Vorhaben durch Geldzahlungen zu fördern.

Mit dem Papier vom 14. Juli 1971 wurde seitens des Senats die Frage nach einem Strategiewechsel gestellt, und zwar in der Endphase der Vier-Mächte-Verhandlungen. Eine solche Erweiterung des westlichen Politikansatzes erforderte, daß der Senat zunächst die Bundesregierung und mit ihrer Unterstützung dann die drei Westmächte, insbesondere deren Außen-

ministerien, von der Notwendigkeit seiner Forderungen über-
zeugte. Es mußte also ein kompliziertes und zeitaufwendiges
Konsultationsverfahren durchgeführt werden. Dies ist dann
nicht zuletzt durch den persönlichen Einsatz des Bausenators
Rolf Schwedler gelungen, der mit Nachdruck vor allem für
die Übertragung des Geländes des ehemaligen Potsdamer
Bahnhofs an West-Berlin eintrat.

Das Gelände des ehemaligen Potsdamer Bahnhofs, das in
den achtziger Jahren als Krempelmarkt und auch als Polen-
markt bekannt wurde, gehörte zum Bezirk Berlin-Mitte, lag
aber vor der eigentlichen Mauer. Der verfallene Block zwischen Linkstraße und Köthener Straße reichte vom Potsdamer
Platz bis an das Reichpietschufer, so daß der direkte Straßenverkehr von Kreuzberg in die westliche City allein auf die
Uferstraße am Landwehrkanal angewiesen war. Durch die
Übernahme dieser Fläche in die Westsektoren sollte eine bessere Straßenverbindung Kreuzbergs nach Westen ermöglicht
werden, von der man sich positive Auswirkungen für die gesamte Entwicklung des Bezirks erhoffte.

Der westliche Entwurf für ein Vier-Mächte-Abkommen,
der der Sowjetunion im Februar 1971 übergeben worden war,
hatte sich noch darauf beschränkt, daß durch Gebietsaustausch
Probleme »kleiner Gebiete gelöst werden, die zwar zu den
Westsektoren gehören, aber von ihnen getrennt oder schwer
zu erreichen sind«, das war insbesondere Steinstücken. Der
sowjetische Entwurf vom März 1971 war auf diese Linie eingegangen und hatte die Bereitschaft der Regierung der DDR
mitgeteilt, »ein Abkommen über den Austausch von Gebieten
zum Zweck der Lösung des Enklaven-Problems mit Berlin
(West) entlang der Grenzen zu schließen«.

Die ausschließliche Anknüpfung der Entwürfe an die Zu-
gangsprobleme bedeutete eine für die neue Zielsetzung des
Senats problematische Festlegung. Im August 1971 stellte die

Senatskanzlei daher auch schon Überlegungen an, als Lösung für die nicht zu den Exklaven gehörenden, aber für die Stadtentwicklung wichtigen Gebiete eine Pachtung auf 99 Jahre ins Gespräch zu bringen. Schließlich verständigten sich die Vier Mächte doch darauf, daß es um die Probleme »of the small enclaves, including Steinstuecken, and of other small areas« gehen sollte. Das am 3. September 1971 unterzeichnete Vier-Mächte-Abkommen sah denn auch im Teil II mit den Bestimmungen, die die Westsektoren von Berlin betreffen, vor, daß »die Probleme der kleinen Enklaven einschließlich Steinstükkens und anderer kleiner Gebiete« durch Gebietsaustausch gelöst werden können.

Das Vier-Mächte-Abkommen sah vor, daß Regelungen zur Durchführung des Gebietsaustausches zwischen den zuständigen deutschen Behörden vereinbart werden. Das Ergebnis dieser deutschen Verhandlungen sollte dann mit einem Vier-Mächte-Schlußprotokoll in Kraft gesetzt werden.

Für die Durchführungsverhandlungen mit der Regierung der DDR entwickelte der Senat von Berlin ein Tauschpaket, in dem er bereit war, bis auf Steinstücken, Fichtewiese und Erlengrund alle West-Berliner Exklaven an die DDR abzugeben. Als Gegenleistung forderte der Senat mit Vorrang einen breiten Gebietsstreifen zwischen der Stadtgrenze bei Kohlhasenbrück und Steinstücken, an zweiter Stelle den Block um den ehemaligen Potsdamer Bahnhof zusammen mit einem Dreieck an der Lennéstraße, dann ein Dreieck an der Neukölln-Mittenwalder Eisenbahn in der Gropiusstadt ...

Bei einem in hohem Maße an der Stadtentwicklung orientierten Tauschvorschlag konnte der Senat nicht ohne weiteres mit der vollen diplomatischen Unterstützung der Westmächte rechnen. Zudem betrafen die Vorschläge für Steinstücken, den ehemaligen Potsdamer Bahnhof und das Dreieck an der Neukölln-Mittenwalder Eisenbahn auch Eisenbahngelände. Die

Vorschläge berührten damit Dauerstreitpunkte hinsichtlich der Rechte der DDR in Berlin. Soweit die Überlassung von Flächen im Stadtgebiet vorgeschlagen wurde, war damit auch die für die Auseinandersetzungen um den Status von Berlin zentrale Frage berührt, ob die DDR über diese Flächen überhaupt verfügen konnte. Mit dem Tauschpaket hatte der Senat von Berlin sich also zu einer außerordentlichen politischen Kraftanstrengung entschlossen.

Am 14. September 1971 übergab der Beauftragte des Senats dem Vertreter der DDR-Regierung seine Vorschläge. Die Politik der DDR wie auch der Sowjetunion zielte u. a. auf eine »Anerkennung der im Ergebnis des Zweiten Weltkrieges in Europa entstandenen Grenzen«. Das Konzept des Senats widersprach dem insofern, als es diese Grenzen an mehreren Punkten als revisionsbedürftig betrachtete und sie damit insgesamt problematisierte. Der Senat mußte daher mit großen Widerständen seitens der DDR rechnen.

Am 11. November 1971 übergab die DDR zwar den Entwurf für den Text einer Vereinbarung, aber in der Sache selbst bewegte sich nichts. Die DDR war nicht bereit, Eisenbahngelände zu übertragen. Entsprechend dieser Linie bot sie am ehemaligen Potsdamer Bahnhof nur das Dreieck an der Lennéstraße an. Das Dreieck an der Neukölln-Mittenwalder Eisenbahn fehlte ebenfalls in dem Vorschlag der DDR.

Zusätzlich zum Austausch der Flächen verlangte die Regierung der DDR einen Wertausgleich, und zwar in Höhe der Differenz der Preise der ausgetauschten Grundstücke. Es sollten dabei jeweils die Marktpreise zu Grunde gelegt werden, die für das Grundstück in dem Gebiet zu erwarten waren, zu dem es nach dem Vollzug des Tausches gehören würde. Da in der DDR die Grundstückspreise auf einem administrativ festgelegten niedrigen Stand der Vorkriegszeit festgeschrieben waren, während sie sich in West-Berlin infolge der Nachfrage nach Bauland stark nach oben entwickelt hatten, bedeutete das Prinzip des Wertausgleichs eine erhebliche Zahlung des Senats an die Regierung der DDR. Allein für das Dreieck an der Lennéstraße verlangte die DDR einen Wertausgleich von 14 Millionen DM. Dabei handelte es sich fast ausschließlich um Grundstücke, die der Senat meinte, an ihre früheren privaten Eigentümer zurückgeben zu müssen, um sie, falls sie für öffentliche Zwecke gebraucht wurden, dann von den Eigentümern zurückzukaufen. Der Senat lehnte die Übernahme des Dreiecks ohne die Fläche des ehemaligen Potsdamer Bahnhofs zu diesen Bedingungen ab. Nur zusammen mit dem ehemaligen Bahnhofsgelände wäre es dem Senat 20 Millionen DM wert gewesen.

Am 11. Dezember 1971 wurde endlich die »Vereinbarung über die Regelung der Frage von Enklaven durch Gebietstausch zwischen dem Senat und der Regierung der DDR« paraphiert. Am 16. Dezember wurde sie von der Alliierten Kommandantur Berlin gebilligt und ihre Unterzeichnung genehmigt. Damit konnten die internationalen Risiken des Verlaufs der Grenze der Westsektoren von Berlin zur DDR beseitigt werden. Der stadtplanerische Ansatz der Senatspolitik war jedoch zunächst gescheitert. In Artikel 6 der Vereinbarung war aber immerhin festgelegt, daß »im Hinblick auf die Enklaven und anderen kleinen Gebiete, die noch nicht in diese Vereinbarung einbezogen wurden, zu gegebener Zeit weitere Erörterungen stattfinden und entsprechende Vereinbarungen getroffen werden«.

Trotz der Schwierigkeiten, die die DDR beim Gebietsaustausch bereitet hatte und trotz der zu erwartenden noch größeren Probleme bei Tauschgebieten, die Eisenbahngelände und Wasserstraßen einschließen, setzte der Senat seine Bemühungen um weitere Gebietsaustausche unter Einschluß von Eisenbahngelände und Wasserstraßen unverzüglich fort. Dadurch wollte der Senat die Änderung der Grenzen von einer Ausnahmeregelung, wie die DDR es verstand, zur selbstverständlichen Daueraufgabe werden lassen.

Bereits am 8. Juni 1972, nur fünf Tage nach dem Inkrafttreten der Vereinbarung vom 20. Dezember 1971, wurden folgende vorrangige Ziele des Senats öffentlich gemacht:

- die zur Gemeinde Glienicke an der Nordbahn gehörende Straße Am Sandkrug, die von DDR-Bürgern bewohnt wurde und umzäunt war und gerade deshalb den durchgehenden Verkehr auf der Oranienburger Chaussee verhinderte;
- der ehemalige Potsdamer Bahnhof und die anderen Gebietsvorsprünge am Potsdamer Platz;
- der Gebietseinschnitt in der Gropiusstadt, der den Ausbau des Kölner Dammes behinderte.

Es handelte sich also um die beiden verkehrsplanerischen Vorhaben aus dem Paket vom 14. September 1971, ergänzt um den in der Öffentlichkeit bald als »Entenschnabel« bezeichneten Vorschlag an der Oranienburger Chaussee.

Die DDR willigte zunächst in die Fortsetzung der Verhandlungen ein. Bereits am 21. Juli 1972 wurde eine Vereinbarung über die Einbeziehung des Gebietes am ehemaligen Potsdamer Bahnhof in die Vereinbarung vom 20. Dezember 1971 unterzeichnet. Bei dieser Vereinbarung ging es um eine Veränderung der Bezirksgrenze zwischen den Bezirken Berlin-Mitte und Tiergarten von Berlin ohne Auswirkung auf die Ausdehnung des Stadtgebietes. Bemerkenswert ist allerdings, daß ein Wertausgleich von 31 Millionen DM für eine Fläche von 8,3 ha vereinbart wurde, was einen für den damaligen West-Berliner Grundstücksmarkt stattlichen Preis von 375 DM/qm ergab. Es kann gefragt werden, ob in dieser Vereinbarung schon die Tendenz zur Instrumentalisierung der Politik der DDR gegenüber der Bundesrepublik und West-Berlin für die Devisenbeschaffung erkennbar wird, die seit Mitte der siebziger Jahre zu einem bestimmenden Kriterium für die politische Strategie der DDR geworden ist und in deren Folge das Politbüromitglied Günter Mittag und mit ihm Alexander Schalck-Golodkowski eine Schlüsselstellung für dieses Feld der DDR-Politik erhielten.

Im Gegensatz zu den weitgreifenden Plänen des Senats kamen die Verhandlungen jedoch nicht von der Stelle. Es wurde lediglich erreicht, daß die DDR dem Senat mit einem Briefwechsel vom 1. Juni 1973 das Dreieck an der Neukölln-Mittenwalder Eisenbahn bis Ende 1975 als Stauraum für Müllfahrzeuge, die aus West-Berlin auf eine Deponie bei Großziethen fuhren, verpachtete. Eine Erinnerung des Senats vom 12. Dezember 1973, die Verhandlungen fortzusetzen, beantwortete die DDR ausweichend. Der Senat hielt jedoch an seiner stadtplanerischen Zielsetzung fest.

Nach einem Gespräch des Regierenden Bürgermeisters Richard von Weizsäcker mit dem Generalsekretär der SED und Staatsratsvorsitzenden der DDR Erich Honecker am 15. September 1983 wurden am 17. November 1983 auf Initiative des Senats die Gespräche mit der DDR über einen Gebietsaustausch wieder aufgenommen. Der Senat strebte dabei an, »insbesondere im innerstädtischen Bereich stadtplanerisch interessante Flächen zu erwerben«. Die Verhandlungen wurden von der DDR im Oktober 1984 wieder abgebrochen. Auseinandersetzungen zwischen der DDR und der Bundesrepublik über die Feststellung der Elbegrenze sollen dabei eine Rolle gespielt haben. Erst durch Gespräche des Regierenden Bürgermeisters Eberhard Diepgen mit Erich Honecker Anfang 1988 wurde eine Fortsetzung ermöglicht. Am 31. März 1988 wurde eine Vereinbarung über die Einbeziehung von weiteren Enklaven und anderen kleinen Gebieten in die Vereinbarung vom 20. Dezember 1971 unterzeichnet. Die Vereinbarung ist nach Abschluß der Vermessungsarbeiten am 1. Juli 1988 in Kraft getreten.

Mit der Vereinbarung über den weiteren Gebietsaustausch von 1988 gingen sämtliche noch bestehenden unbewohnten Exklaven von West-Berliner Bezirken auf die DDR über. Beide Seiten stellten fest, daß sie nunmehr keine Exklaven haben. Neben mehreren Veränderungen an der innerstädtischen Grenze traten auf Grund der Vereinbarung am 1. Juli 1988 Veränderungen an der Außengrenze Berlins ein, vorwiegend Erweiterungen. Als Wertausgleich zahlte der Senat an die DDR bei dieser Vereinbarung insgesamt 76 Millionen DM. Die Höhe ist nicht zuletzt daraus zu erklären, daß der Senat nun auch das Dreieck an der Lennéstraße erwarb. Mit der Vereinbarung von 1988 war das Programm des Senats von 1971 zum größeren Teil erfüllt.

Am 9. November 1989 fiel – mehr oder weniger zufällig, wie längst bekannt – die Mauer. Die daraufhin beim SED-Zentralorgan Neues Deutschland ausbrechende Orientierungslosigkeit dauerte und dauerte. *Sie manifestierte sich insbesondere in urplötzlich einsetzender äußerster Zurückhaltung beim Vertreten eines eigenen Standpunktes.* Noch unlängst hatte sich die selbsternannte »führende Zeitung der DDR« beim autoritären Kommentieren keineswegs gebremst; jetzt schickte das Blatt seine Leute nicht einmal dorthin, wo es nur schlicht zu berichten galt.

Zum Beispiel zum Potsdamer Platz, am 12. November Ort einer *Begegnung zwischen Walter Momper und Erhard Krack, den Oberbürgermeistern der noch eine Weile fortbestehenden beiden Berlin-Hälften. Das Treffen ergab sich aus der Eröffnung eines neuen Grenzübergangs, damals als Ereignis an traditionsreicher Stelle eine Sache von enormem öffentlichem Interesse.* Neues Deutschland, *tief verunsichert durch den rapiden (Selbst-)Lauf der Dinge und ohne journalistischen Ehrgeiz, interessierte sich allenfalls für die steifen, formelhaften Zeilen der Nachrichtenagentur ADN.*

Die wurden in der Ausgabe vom 13. November 1989 gedruckt: Beweis für klägliche redaktionelle Kapitulation vor den Forderungen des Tages und den Erwartungen der Leser.

222

»Auf der Mauer sitzende Bürger«

Am Potsdamer Platz, einem früheren Verkehrsknoten im Berliner Stadtzentrum, wurde am Sonntag morgen der fünfte neue Grenzübergang von und nach Berlin (West) seit Freitag eröffnet. Tausende Bürger auf beiden Seiten der Staatsgrenze waren Zeuge, wie er mit einer Begegnung zwischen dem Berliner Oberbürgermeister Erhard Krack und dem Regierenden Bürgermeister von Berlin (West), Walter Momper, für den Besucherverkehr freigegeben wurde.

Baupioniere der DDR-Grenztruppen hatten in den Nachtstunden an der Leipziger Straße mehrere Betonplatten aus der Mauer genommen, den Boden planiert und bis gegen 7.30 Uhr die Straße zum Potsdamer Platz, einst Verkehrsherz im alten Berlin, wiederhergestellt. In- und ausländische Journalisten sowie Schaulustige verfolgten das Geschehen. Kurz nach acht Uhr trafen sich Erhard Krack und Walter Momper, von beiden Seiten kommend, unmittelbar an der Grenzlinie und schüttelten einander mit freundlichen Begrüßungsworten die Hände.

Im Gespräch würdigten sie die gute Arbeit der Ingenieure und Baupioniere der DDR-Grenztruppen zur Eröffnung des Übergangs. Erhard Krack sagte, »wir sollten allen Kollegen, allen Bürgerinnen und Bürgern, die dieses ermöglicht haben, recht herzlichen Dank sagen«. »Das denke ich auch«, fügte Walter Momper hinzu. Ein Zweites, fuhr Erhard Krack fort, es sollte alles in Verantwortung und Besonnenheit zu Ende ge-

223

führt werden, denn es handle sich ja um eine Grenze. Beide wandten sich gegen überschäumende Emotionen und sprachen sich für weitere gute Zusammenarbeit und Kooperation an der Grenze aus.

Walter Momper appellierte dabei an alle, die diesen historischen Moment miterlebten, Disziplin zu wahren. »Wir haben das bisher auf beiden Seiten sehr gut hinbekommen, daß der Ansturm gut geregelt wurde, daß in guter Kooperation die Polizei und die Grenzer aus der DDR das richtig geregelt haben und daß das in entspannter Atmosphäre ging. Diese Besonnenheit und diese Disziplin sollten wir auch weiterhin behalten.« Erhard Krack äußerte: »Ich wünsche, daß wir mit Ruhe und Besonnenheit unsere Begegnungen gestalten, und ich wünsche mir vor allem, daß morgen in unserer Stadt das Leben wieder gut gestaltet wird.«

Von Journalisten auf die nächsten Schritte angesprochen, erläuterte Erhard Krack, es gebe viele Dinge, die besprochen werden, hinsichtlich des Verkehrs, der BVB und der BVG. Zur Frage, ob auch das symbolträchtige Brandenburger Tor bald geöffnet werde, sagte Walter Momper: »Das ist Quatsch. Das ist ja nicht realistisch. Und es ist auch von den Verkehrsströmen her nicht geboten. Der Potsdamer Platz ist das Herz des alten Berlin. Hier sind immer noch die besten verkehrlichen Anbindungen nach beiden Seiten – nach Ost wie nach West –, und ich bin überzeugt, es wird auch wieder der Hauptübergangspunkt künftig werden.«

Ob mit dieser Begegnung ein neues Band geknüpft werde, wurde gefragt. Es sei gut, sagte Erhard Krack, wenn diese Beziehungen weiter ausgestaltet würden, in Form einer guten, friedlichen und freundlichen Entwicklung. Walter Momper ergänzte, er sei für eine gute Zusammenarbeit auf verschiedenen Ebenen. Er verwies auf das erste Gespräch des Polizeipräsidenten von Berlin (West) in der DDR-Hauptstadt und den

Besuch des BVG-Verkehrsdirektors in Potsdam, der dort praktische Fragen des Busverkehrs geregelt habe. So müsse das weitergehen, und er denke, von beiden Seiten sei eine gute Bereitschaft zu Kooperation vorhanden.

Nach Möglichkeiten für den unbürokratischen DDR-Besuch durch Bürger von Berlin (West) in großer Zahl befragt, sagte der Oberbürgermeister:»Wir müssen das besprechen, wie wir das am einfachsten, am zweckmäßigsten machen.« Walter Momper stimmte zu und ergänzte, es sei zunächst die Hauptfrage gewesen, daß DDR-Bürger zu ihnen kommen können.

»Für unsere Stadt ist das ein sehr wichtiges Datum in der geschichtlichen Entwicklung, und vor allem finde ich, daß dieser Tag heute ein weiterer guter Tag ist bei der Ausgestaltung unserer Beziehungen, denn wir müssen ja von den Realitäten ausgehen«, betonte Erhard Krack. »Sie wissen ja, daß wir diesen Prozeß eingeleitet haben, daß wir diesen Prozeß gestalten, und insofern ist es die logische Folge eines Prozesses.« Auf die Frage, ob die Eröffnung dieses Grenzüberganges ein historischer Moment sei, antwortete Oberbürgermeister Krack: »Für mich ja, absolut.«

Auch das geschah am Potsdamer Platz: Zahlreiche meist jugendliche Personen hatten schon bei der Begegnung der Bürgermeister die Mauer erklommen und riefen: »Wir wollen rein.« Einige versuchten zu provozieren. Nach Aufforderungen über Megaphone verließ die auf das DDR-Territorium vorgedrungene Gruppe das Grenzgebiet wieder. Auf der Mauer sitzende Bürger zogen sich nach kurzem Einsatz eines Wasserwerfers zurück. Gegen 10.20 Uhr hatte sich die Lage soweit beruhigt, daß auch die ersten Kfz passieren konnten.

*Wenn es vielleicht nicht stimmt, ist es doch hübsch erfunden: Theo-
dor Fontane und zwei Freunde sollen 1875 beschlossen haben, im
Weinhaus Huth am Potsdamer Platz den 500-Mark-Gewinn ihres
gemeinsamen Lotterieloses zu verzehren – »uff'n Kopp zu hauen«,
wie manche Berliner dergleichen nennen. Die Wahl des Restaurants
war kein Zufall; Stammgast Fontane wohnte bloß fünf Häuser weiter und hat das Haus Huth sogar weltliteraturfähig gemacht durch
eine Erwähnung im 35. Kapitel seines Romans »Effi Briest«.*

*Obwohl die drei Lotteriegewinner noch einen vierten Herrn zum
Festmahl hinzugeladen hätten, sei den nach Kräften Tafelnden und
Zechenden in jener »guten alten Zeit« am Ende nur eine Rechnung
über 214 Mark gelungen. Der Kellner, heißt es, habe ein fürstliches
Trinkgeld erhalten.*

*Dann war alles hin? Wahrscheinlich nicht; ein Rest wird wohl ge-
blieben sein. Wie am Potsdamer Platz, wo von sämtlichen gastlichen
Stätten nach Kriegsverwüstung, nach Sprengungen, Abräumungen,
Planierungen ausgerechnet das Weinhaus Huth am längsten über-
lebte.*

*Es wurde zum »Letzten Haus am Potsdamer Platz« und unter
diesem Titel Hauptgegenstand eines 1988 erschienenen Buches, das
sein Verfasser Wolf Thieme mit der treffenden Unterzeile »Eine Berliner Chronik« versah. Denn der Autor beläßt es nicht beim Schil-
dern der Besitzerfamilie und der Angestellten, der Gäste und der Atmosphäre bei Huth. Sondern um das Weinhaus herum zeichnet er
das Bild des Potsdamer Platzes quer durch die Jahrzehnte: ein Zeit-
rafferfilm verschiedenartiger Stadtbilder. Nochmals der große Bogen ...*

WOLF THIEME

Hier war einmal …

Heute frage ich mich manchmal, warum ich das alte Haus am Potsdamer Platz nicht wahrgenommen habe, damals nach dem Krieg. Gesehen schon, aber wahrgenommen nicht. Ich muß viele Male davorgestanden haben, denn hier hielt die Straßenbahn, mit der ich aus Lichterfelde kam, aus dem Vorort fern der Innenstadt.

Ich ging in die Kinos an der Sektorengrenze, die Western, Krimis und Piratenfilme spielten für Ostbesucher, die noch ungehindert über die Grenze kamen, Hollywoodkino für Ostmark gegen Vorlage des Personalausweises.

Auch ich war gerade aus dem Osten gekommen und wollte Indianer sehen, Kommissare und Piraten. Die Linie 74 aus Lichterfelde hielt kurz hinter dem Weinhaus Huth, letzte Station im Westsektor. Ein paar Meter weiter war die Grenze am Potsdamer Platz, heute Mauer, damals nur ein Schild. »Sie verlassen den britischen Sektor.«

Das »Camera« lag in einem Hinterhof am Potsdamer Platz, gegenüber vom Haus Huth. Der Hof gehörte zum Vox-Haus, aus dem am 29. Oktober 1923 mit einem Konzert des Kapellmeisters Otto Urack die erste deutsche Rundfunksendung kam. »Achtung, Achtung, hier ist die Sendestelle Berlin im Vox-Haus auf 400 Meter.« Wer weiß das noch?

Das Vox-Haus hatte den Krieg überlebt, als stabile Ruine. Oben richtete die Westberliner Polizei einen Ausguck nach drüben ein. Ich ging ins Kino, von der Geschichte des Hauses wußte ich nichts. Man hätte es ausbauen können, für das spätere Berliner Rundfunkmuseum. Was für ein Ort.

1948 bin ich mit meinem Vater noch im »Haus Vaterland« gewesen. In der ausgebrannten Ruine am Potsdamer Platz war ein schäbiges Restaurant, im ersten Stock. Die Sektorengrenze verlief mitten durch den Kuppelbau. Es gibt ein Foto: ich an der Bar in viel zu engen kurzen Hosen. Da war ich elf.

1961 wurde die Mauer gebaut, und am Potsdamer Platz erlosch das letzte bißchen Leben. Unterreichbar wurden Indianer, Kommissare und Piraten für die Grenzgänger von drüben, und die Kinos machten zu. Auch ich fuhr immer seltener zum Potsdamer Platz und schließlich gar nicht mehr.

Erst zwanzig Jahre später stand ich wieder hier an der Grenze, ein Besucher aus Westdeutschland.

*

Staubfahnen wehen durch das Niemandsland an der Mauer, und die Erde ist schwarz von Krähen. Ein Raubvogel kreist in der Dämmerung, dann stößt er auf ein Kaninchen nieder. Landschaft am Ende der Welt, Potsdamer Platz. Es ist, als wäre die Zeit stehengeblieben.

Mitten in der Steppe, unter einem Hügel, die Trümmer des Führerbunkers auf dem Gelände der verschwundenen Reichskanzlei. Hitlers letzte Zuflucht als Hünengrab zwischen den Fronten des Westens und des Ostens – kein Romanschreiber hätte das zu erfinden gewagt.

Das Columbus-Haus, erbaut nach einem kühnen Entwurf des Architekten Erich Mendelsohn, Ruine bei Kriegsende und am 17. Juni 1953 von der aufständischen Menge angezündet, weil sich im ersten Stock eine Wache der Ostberliner Volkspolizei befand, steht längst nicht mehr. Meterhoch wächst auf der Fläche das Unkraut.

Verschwunden ist der Amüsierbetrieb »Haus Vaterland«, verbrannt und abgerissen das Kaufhaus Wertheim in der Leipziger Straße mit seinen großen Lichthöfen und den 83 Fahrstühlen, vergangen das Café Josty, wo Erich Kästner saß. Es gibt kein Hotel Fürstenhof mehr und keine Tanztees mit Bernhard Etté, dem Orchesterkönig, Friseursohn aus Kassel, der 1961 als Fürsorgeempfänger in einem deutschen Altersheim gestorben ist. Gesprengt ist der Potsdamer Bahnhof, 83 000 Reisende täglich. Eine leere Fläche.

Hier war einmal ein Häusermeer, das im Feuersturm verging.

Die Eingänge zu den U- und S-Bahnhöfen, diesseits und jenseits der Mauer, sind zubetoniert. Die U-Bahn-Linie ist eingestellt, und auf der unterirdischen S-Bahn-Station hält heute kein Zug mehr. Er passiert einen trübe erleuchteten Bahnsteig. Zehntausende strömten hier früher zur Arbeit und zum Vergnügen, und im Krieg boten die unterirdischen Etagen Schutz vor Bomben und Straßenkämpfen.

Auch am 20. Juli 1944, dem Tag des Hitler-Attentates, durften unter dem Potsdamer Platz keine Züge halten. Auf den Bahnsteigen standen Soldaten vom Wachbataillon »Groß-Deutschland« und bewachten das nahe Regierungsviertel mit Goebbels-Villa und Reichskanzlei.

*

Ich war über die neue Brücke am Landwehrkanal gekommen, an Nationalgalerie, Staatsbibliothek und Philharmonie vorbei, dieser monumentalen Kulturlandschaft, auf einer Straße, die ich für die Potsdamer hielt, und hatte mich schon verfahren in der eigenen Stadt.

Am Potsdamer Platz hielt ich an. Alles war mir fremd. Nur ein paar Andenkenbuden waren noch da, keine Ruinen mehr.

Nur ein paar Alleebäume standen noch, und so entdeckte ich, was ich zuerst für eine Einfahrt hielt – die alte Potsdamer Straße.

Von der Reichsstraße 1 Köln–Königsberg ist nicht viel geblieben. Vier Grenzen und die Mauer zerschneiden sie. Den Rest hat ihr am Potsdamer Platz der Architekt Hans Scharoun gegeben.

Er, der vom »Rohstoff Stadtlandschaft« sprach, als wenn gewachsene Strukturen Knete wären, baute 1967 die Staatsbibliothek quer über die alte Potsdamer Straße. Eine öde Umgehungsstraße, die wie zum Hohn Potsdamer heißt, führt an dem Klotz vorbei, und von der alten Reichsstraße 1 ist an der Mauer nur eine Sackgasse geblieben. Sie endet an einem Maschendrahtzaun. Dahinter trainiert ein Hundesportverein.

So entdeckte ich das Haus, das letzte Haus am Potsdamer Platz. Es hat als einziges den Kahlschlag des Krieges und der Stadtplaner überlebt. Wie verloren es dasteht – nicht einmal abends, wenn im Haus die wenigen Lichter angehen, wird es wieder lebendig, weil nichts mehr lebt am Potsdamer Platz, der einmal der Nabel war von Berlin.

*

Das Weinhaus Huth, das längst kein Weinhaus mehr ist, hat viel gesehen im Laufe dieses Jahrhunderts. Kaiserzeit und zwanziger Jahre, Hitlers Aufstieg und Ende, Krieg und den Endkampf um Berlin. Nachkriegszeit und den Aufstand vom 17. Juni 1953, Mauerbau und Mauertourismus, Carter und Kohl, Thatcher und Reagan, Glanz und Elend am Potsdamer Platz. Das Haus Huth hatte einen Balkonplatz in der Geschichte.

Es hat überlebt wie durch ein Wunder. Links und rechts sank eine Welt in Schutt und Asche.

In den oberen Stockwerken, den ehemaligen Büros, wohnen seit 1952 Mieter. Nur im Treppenhaus ahnt man noch etwas von der vergangenen Pracht. Aus grünem Marmor die Wände, meterhoch die reichverzierten Bronzetüren, die nach dem Krieg mit pflegeleichter dunkler Farbe übergestrichen worden sind.

Im Restaurant haben Adenauer gesessen, Furtwängler, Himmler und Röhm. Das ist Vergangenheit. Vergangen ist auch die Familie Huth. Draußen am Haus steht noch ihr Name.

Im Erdgeschoß und im ersten Stock sind nun die Lagerräume. Das Restaurant, die Schoppenstube und die Festsäle gibt es nicht mehr; nur das reichverzierte Wappenzimmer, in dem einmal Berlins reiche Bürger getafelt haben, erinnert noch an die Vergangenheit. Es ist jetzt ein Büro.

Das Haus Huth gehört heute der Stadt Berlin. 1968 haben es Dorothee Huth, die Witwe des Inhabers, und ihre Tochter Ilse an das Bezirksamt Berlin-Tiergarten verkauft, für 725 000 Mark. Das Bezirksamt hatte mit dem Bau nichts Gutes im Sinn. Nach Bombenkrieg und Straßenkämpfen wollten ihm nun die Stadtplaner an die Gurgel. Eine Stadtautobahn sollte sich durch die Brachlandschaft ziehen, das Haus ist im Wege.

Aber die umstrittene Stadtautobahn wird nicht gebaut. Die Westtangente lebt als Geisterbahn weiter, bis der SPD-Politiker Hans-Jochen Vogel, der 1981 für kurze Zeit Berliner Oberbürgermeister ist und Wählerstimmen braucht, das Projekt endgültig verwirft. Das kann zwar den OB Vogel nicht retten, aber das Weinhaus Huth vor der Abrißbirne.

*

Die Kapelle spielt den »Einzug der Gäste auf der Wartburg« aus der Oper »Tannhäuser«, Kinder streuen Blumen, und die Braut trägt einen Jungfernkranz: Am 27. August 1910 heiratet der Weingroßhändler Willy Huth die Tochter des Glasermeisters Bodo Diede, Vorsitzender der Berliner Glaserinnung und ein reicher Mann.

1910 hat Berlin 3 700 000 Einwohner und ist eine der am

dichtesten besiedelten Städte der Welt. 30 000 Fremde kommen um das Jahr 1910 täglich nach Berlin, die essen, trinken, schlafen und sich amüsieren wollen. Am Potsdamer Platz werden die Luxushotels Fürstenhof, Palast und Bellevue gebaut. Ein Adelskonsortium errichtet das Esplanade, wo sich der Kaiser alljährlich mit pensionierten Generälen trifft.

Da spätestens muß es Huth gedämmert haben: Dagegen kommen verschossene Plüschsofas und verblichene Fotografien nicht mehr an. Ein neues Haus muß her, und ein Jahr nach der Hochzeit stellt Willy Huths Mutter das Baugesuch. Das fünfgeschossige Gebäude wird als hochmoderner Stahlskelettbau errichtet, zu einer Zeit, in der die meisten anderen Häuser nur hochgemörtelt werden, Stein auf Stein. Die stabile Konstruktion rentiert sich erst dreißig Jahre später, als auf Berlin die Bomben fallen und ringsum Häuser auch ohne direkte Treffer zusammensacken, allein durch die Erschütterungen.

Oktober 1912: Die Huths rüsten zur Eröffnungsfeier. Das neue Haus ist ein Prachtstück geworden. Über tausend Quadratmeter mißt das Lager im Keller, wo der Wein auf Flaschen gezogen, verschlossen und etikettiert werden soll. Das Flaschenlager geht über drei Etagen.

Endlich ist genug Platz für die Gäste, im Langen und im Roten Saal, im Feldherrn-, Wappen- und Rundbauzimmer. Zehn Personen faßt der kleinste Raum, und im größten können bis zu hundert tafeln. Nun können sie kommen, die Herren Offiziere, die Minister und Geheimen Räte aus dem Regierungsviertel, die Reichs- und Landtagsabgeordneten, die Professoren von der Charité.

»Man drückt uns das Schwert in die Hand«, erklärt der Kaiser am 31. Juli 1914. Kriegsbegeisterung macht sich breit, und der Potsdamer Platz wird zur Zentrale des Radaupatriotismus. »Hier trafen sich die nationalistischen Banden«, erinnert sich der Politiker Hellmut von Gerlach, »um patriotische Lieder zu singen, Ausländer zu verprügeln, Spione abzufangen. An einem einzigen Tage wurden auf die Polizeiwache des Potsdamer Bahnhofes 64 angebliche Spione eingeliefert.«

Patriotisch geht es her im Weinhaus Huth, wenn auch etwas feiner. »Und dann kamen jene sturmbewegten, begeisterungsvollen Augusttage des Jahres 1914«, schreibt der Dichter Paul Lindenberg über den Kriegsbeginn. »Am 18. jenes Monates hatten sich auf meine Veranlassung in der Hinterstube bei Huths die in Berlin wohnenden oder hierher gekommenen Kriegsberichterstatter versammelt, um hier mit ihren Frauen noch einmal glücklich vereint zu sein.«

Doch der Jubel hält nicht lange vor. Weihnachten 1916 muß ein Erwachsener mit einer Tagesration von 270 Gramm Brot, 35 Gramm Fleisch mit Knochen, 25 Gramm Zucker, 11 Gramm Butter und 1/14 Ei auskommen. Die *Vossische Zeitung* druckt Rezepte für Saatkrähen und junge Spatzen (»Auf einen Sperling für die Person rechnet man 1/4 Liter Wasser«).

Der Kriegsberichterstatter Paul Lindenberg, der 1914 so begeistert geschrieben hatte, ist 1919 heimgekehrt und trinkt wieder seinen Schoppen bei den Huths. »Und als wir wiederkehrten, da hatte sich Berlin verändert, auch unsere Huthsche Weinstube, deren Umgestaltung mit der neuen Zeit Schritt gehalten. Aber sonst ist sie die alte geblieben, was die Behaglichkeit und die Bacchusgaben nebst Zutaten anbelangt, und auch heute noch versammeln sich dort gern jene, die sich bei edlem Trunk hinwegsetzen können über alles Kleinliche und Störende, was die Gegenwart bringt.«

Willy Huth weiß nach dem Ende des Kaiserreichs nicht mehr, wie ihm geschieht. Vor seinen Augen hat sich die Tiergartenkultur, der er angehört, verflüchtigt, der Kurfürstendamm die Tiergartenstraße als Flanierboulevard abgelöst. Wie zum Trotz geht Willy Huth weiter im Tiergarten spazieren, als wolle er die Veränderungen ringsum ignorieren. Er spaziert die Tiergartenstraße entlang, durch zwei Jahrzehnte, durch Krieg und Nachkriegszeit, auch als der Tiergarten längst kein Garten mehr ist und Flugzeugwracks und Gräber vom Schlachten der letzten Kriegstage künden.

Berlin 1920. Im Haus Huth feiert die schlagende Verbindung der »Jenaer Preußen« ihr 62. Stiftungsfest. Jenaer Preuße ist auch der Stammgast Ferdinand Sauerbruch. Mit ihren Frühschoppen an jedem Sonntag werden die Preußen dem Haus Huth bis in die dreißiger Jahre die Treue halten, dann ziehen sie an den Wittenbergplatz 3 um, in die Bier- und Weinstuben Alois, die einem ehemaligen Kellner im Weinhaus Huth gehören: Alois Hitler, Halbbruder des Führers.

Vorerst galoppiert die Inflation. Im Weinhaus Huth werden die oberen Etagen zu Büros ausgebaut. Von Lokal und Weinhandel allein kann Willy Huth nicht länger leben. Die Neuköllner Vollkornwerke ziehen ein, die Rechtsanwälte Bachwitz und Happek, die Bürobau AG. Im Erdgeschoß eröffnet ein Herr Hurwitz sein Zigarrengeschäft.

Kaufhäuser und Vergnügungspaläste sind die Tempel des neuen Massenwahns, und der Lebenshunger der Massen entlädt sich in einem Tanz-Kult ohnegleichen. Boston, Blackbottom, »da liefen einem die Beene von alleene wech«, wie sich ein alter Mieter im Haus Huth wehmütig erinnert.

Ein kleiner Lieferwagen, mit Girlanden geschmückt, und eine Tafel in altdeutscher Schrift wirbt: »Nach dem Kino, dem Theater, / Weinhaus Huth sei dein Berater.« Hoffnungslos altmodisch mutet das an inmitten einer Welt des Flittervergnügens.

1927 gehen die Geschäfte im Weinhaus Huth wieder etwas besser. Es herrschte oft drangvolle Enge. Das hieß Hochbetrieb an dem sieben Meter langen Herd, der mit Steinkohle beheizt wurde. Dreihundert Essen pro Abend waren keine

234

Seltenheit, und die vier Geschirrspülerinnen kamen kaum nach. Die 180 Plätze im Erdgeschoß und im ersten Stock sind fast jeden Abend ausgebucht, den Gästen werden die Speisen auf Silberplatten serviert. Zeit zum Verschnaufen gab's da nicht, nur wenn ein Zeppelin über die Reichshauptstadt flog, durfte das Personal mit dem Lastenfahrstuhl aufs Dach.

Am Potsdamer Platz schreien die Wurstmaxen der Firma Koschwitz, täglich frisch im weißen Dreß. Bei manchen ist nicht nur Bockwurst zu haben, sondern auch Kokain. Das war schon damals Mode in Berlin, lange vor den Kindern vom Bahnhof Zoo.

45 Morgenzeitungen, 14 Abendzeitungen und zwei Mittagszeitungen erscheinen Anfang der dreißiger Jahre in Berlin, die Extra-Ausgaben nicht mitgerechnet. Am Potsdamer Platz glitzern die Leuchtreklamen, obwohl es den Leuten immer schlechter geht. Lord-Zigaretten »schonen die Nerven« für sechs Pfennig das Stück, so verkündet ein Plakat am Columbus-Haus, das gerade errichtet wird, und da hat wohl auch jemand im Haus Huth gemerkt, Reklame könne nichts schaden, nimmt einen Zettel und notiert: »Es bricht sich Bahn nur das, was gut, / drum geh' ins Weinhaus Huth.«

Besonders mitreißend ist das nicht, deshalb verschwindet das Blatt in einer Schublade. Nach 50 Jahren kommt es wieder zum Vorschein – eine Angestellte hat es aufgehoben.

1932 macht Willy Huth die obere Etage zu. Das Personal hat er schon seit geraumer Zeit reduziert. Aus der Kochbrigade werden alle Gesellen entlassen. Wenn er jetzt die Mieteinnahmen nicht hätte, wäre er wohl pleite.

Dann gibt es viele neue Herren rund um den Potsdamer Platz, viele neue Gäste auch im Weinhaus Huth. Am 2. August 1934 stirbt der greise Generalfeldmarschall von Hindenburg, und bei der einminütigen Verkehrsruhe grüßen Passanten am Potsdamer Platz mit dem gerade verordneten deutschen Gruß. Auch die Verkehrspolizisten mit den weißen Ärmelstulpen heben auf der Kreuzung den rechten Arm, als wollten sie den Autos in Richtung Potsdamer Straße die Fahrt freigeben.

Der Chef geht mit der Zeit. Er hat eine 20 Meter lange Leuchtschrift an die Fassade montieren lassen, und in der Küche werden die lästigen Kohleherde gegen einen großen Elektroherd gewechselt.

Willy Huth hängt noch immer an Monarchie und Adel, als habe es die Weimarer Republik nicht gegeben und keine braunen Fackelträger am Potsdamer Platz. Da bekommt sogar der Reichsbauernführer und Ernährungsminister Walter Darré bei einem Besuch einen Tobsuchtsanfall, verlangt den Inhaber zu sprechen und schreit »Was erlauben Sie sich!«, weil im ganzen Haus kein Hitler-Bild hängt, nur die Konterfeis von Bismarck und vom Kronprinzen.

Willy Huth bekommt einen neuen solventen Mieter. Im Erdgeschoß und im ersten Stock richtet die Deutsche Bank eine Filiale ein. Die Miete von 50 000 Mark im Jahr kann er gut gebrauchen. Die schönen Räume im ersten Stock existieren nun nicht mehr. Im Jagdzimmer und im Blauen Salon sind die Büros der Deutschen Bank. Auch die anderen Säle wurden umgebaut. Unten im Erdgeschoß gibt es nur noch eine Schoppenstube, die zweite ist auf Kosten der Küche zu einem kleinen Restaurant erweitert worden.

Der Sonntag soll Eintopftag werden, und »Berlin ißt heute sein Eintopfgericht«, so verkündet es die NS-Propaganda. Das ist nicht gerade die Kost, die man im Weinhaus Huth servieren möchte. Ein paarmal hat Herr Huth die Plakate zum Eintopfsonntag nicht pünktlich aufgehängt, da muß er 5000 Mark Strafe zahlen.

*

Am Tag des Kriegsausbruchs gab es keine Begeisterungsstürme im Restaurant wie anno 1914, und die patriotischen Gesänge auf dem Potsdamer Platz blieben aus. Daß im August 1940 zum ersten Mal englische Bomber die Reichshauptstadt angreifen, wird eher als Kuriosität empfunden, obwohl es die ersten Toten gibt. Familien ziehen zum Trichtergucken.

Willy Huth aber schließt wieder einmal die obere Etage. Im Aufschwung der letzten Friedensjahre hatte er ein paar Festräume für Hochzeiten, Geburtstage und andere Feiern geöffnet, damit ist nun Schluß. Die meisten Männer sind im Krieg, es gibt nur noch sechs ältere Köche und zwei Lehrlinge.

Doch Herr Huth beliefert das Militär mit Wein, er hat noch große Bestände im Keller, und mit Wein läßt sich vieles regeln, auch beim Einkauf fürs Restaurant. Davon profitieren Küche und Gäste in den ersten Jahren des Krieges.

Am 1. August 1943 ruft Goebbels die Berliner Haushalte auf, Frauen, Kinder und Rentner in »weniger gefährdete Gebiete« zu evakuieren. Bereits am Tag darauf setzt ein Massenansturm auf Behörden und Fahrkartenschalter ein. Bis November werden fast 700000 Berliner die Stadt verlassen haben. Am 23. August wird Berlin wieder schwer bombardiert. Am Potsdamer Platz fallen die ersten Bomben. Bei Huths rennen die Angestellten in den Keller, ringsum krachen die Einschläge, das Haus Vaterland brennt und der Potsdamer Bahnhof.

Am 18. November beginnt die Luftschlacht um Berlin, das zur Ruinenlandschaft wird. Am Potsdamer Platz verglühen Fürstenhof und Palast-Hotel. Dort, wo sich früher das Café Josty befand, steht eine Flammenwand, und der Pschorr-Palast ist eine rauchgeschwärzte Ruine.

Am 22. November war abends um sieben Alarm. Im Weinhaus Huth stürzt die Spätschicht in den Keller. Während in der Potsdamer Straße Häuser einstürzen, bebt der Stahlbau von

Huth in den Fundamenten. Es ist wie ein Wunder, daß er keinen einzigen Treffer abbekommt. Aber der Luftdruck bläst die Ziegel weg, und Stabbrandbomben fallen auf den Dachboden. Am Morgen nach dem Angriff kommen die Angestellten zum Aufräumen, fegen die Glassplitter weg, räumen die verbrannten Möbel aus den Büros und werfen die Dachbalken in den Hof.

In den nächsten vier Monaten gehen zwölf Flächenbombardierungen über der Reichshauptstadt nieder. 270 000 Wohnungen werden vernichtet. Die Stadtmitte wird Brachlandschaft, zwischen Wittenbergplatz und Tiergarten sind ganze Viertel gesperrt. Am 1. März 1944 beginnen die Amerikaner mit Tagesangriffen. Nun muß bei Huths auch die Frühschicht in den Keller. Noch immer ist großer Andrang im Restaurant, auch wenn nur Einfachgerichte auf der Speisekarte stehen.

Ende Januar 1945 wird Berlin zur Festung erklärt und soll bis zur letzten Patrone verteidigt werden. Am Potsdamer Platz werden, wie überall in der Stadt, Barrikaden gebaut. Volkssturmmänner mit alten Karabinern besetzen den Potsdamer Bahnhof. Nur das Haus Huth steht einigermaßen unversehrt im Bombenhagel.

Mitte April schließt Willy Huth die Schoppenstube. Zum ersten Mal hören die Berliner das Grollen des Artilleriefeuers. Brot kostet auf dem schwarzen Markt hundert Mark pro Kilo, und in der Stadt gehen die Särge aus. Am 21. April schlagen die ersten russischen Granaten in der Innenstadt ein, die Zeitungen stellen am 23. ihr Erscheinen ein, nur das Blättchen *Panzerbär* erscheint sechs weitere Tage. Berlin erlebt seinen 389. und letzten Luftangriff.

Am 26. April richtet die Division »Müncheberg« im S-Bahnhof Potsdamer Platz ihren Gefechtsstand ein. Das ist einer jener Geisterverbände, mit denen der »Führer« im »Führerbunker«, nur ein paar hundert Meter vom Potsdamer Platz entfernt, auf der Karte operiert. Die untere Etage des S-Bahnhofes steht unter Wasser. Pioniere haben eine Schottenkammer des Landwehrkanals gesprengt, S- und U-Bahn-Tunnel wurden überflutet, und wer sich nicht in Sicherheit bringen konnte, ist ertrunken.

Das Artilleriefeuer wird immer dichter. Leutnant Albert Fitz von der Division »Müncheberg« notiert in sein Tagebuch: »Einschläge durch die Fahrbahndecke. Qualm dringt durch die Einschlaglöcher. Draußen explodieren Stapel von Panzerfäusten. Der Potsdamer Platz ist ein Trümmerfeld.« Am 28. April ziehen die Reste der Division durch den Tunnel zum Nollendorfplatz ab. Die Zivilisten bleiben im S-Bahnhof zurück, was sollen sie machen. Granaten hageln in die Ruinen.

Nur das Weinhaus Huth bekommt nichts ab. In den Kampfpausen kommen ein paar verängstigte Gestalten aus den S- und U-Bahn-Schächten nach oben und suchen nach Lebensmitteln oder Wasser. Die Hotels und Gaststätten am Potsdamer Platz liegen verlassen, aber in den Vorratsräumen läßt sich noch manches holen.

Am Morgen des 2. Mai, am Potsdamer Platz wird nun nicht mehr geschossen, dringen die Russen ins Haus Huth ein, plündern die Schnaps- und Likörvorräte und machen sich über die Weinfässer her. Zum Glück sind Schnaps und Wein bald alle. Die großen Stückfässer mit je tausend Liter Inhalt lagern im Zollkeller ein paar Häuser weiter unter einem Schuttberg. Der hastig eingemauerte Schmuck der Huths wird entdeckt, da freuen sich die zuvor enttäuschten Soldaten wieder.

*

Vier Wochen nach Kriegsende ist es soweit: Am 1. Juni wird das Weinhaus Huth wiedereröffnet, ein trauriges Weinhaus jetzt, aber das einzige, das am Potsdamer Platz den Krieg überlebt hat. In der Schoppenstube wackeln die Möbel, sind die meisten Fenster mit Pappe vernagelt und überall Einschußlöcher. Es gibt nichts zu essen und nur Heißgetränke und Ersatzlimonaden, denn der Wein bleibt unter Verschluß, damit er nicht beschlagnahmt wird. Auf dem schwarzen Markt kostet ein Kilo Butter 1000 Mark, ein Kilo Kaffee 5000.

Am 1. Juli ziehen Amerikaner und Engländer in die Stadt ein, einen Monat später auch die Franzosen. Berlin wird in Sektoren eingeteilt. Die Stadtmitte wird russisch, der Tiergarten britisch, Kreuzberg amerikanisch. Am Potsdamer Platz stoßen die drei Grenzen zusammen. Alliierte Offiziere und Soldaten kommen jetzt zu Huths. Wein wird getauscht gegen Lebensmittel oder Schokolade.

Im ersten Stock vom Haus Vaterland macht eine provisorische Gaststätte auf, unten im Vox-Haus etablieren sich Läden. Vom Potsdamer Bahnhof stehen nur noch Außenmauern. Im Tiergarten werden Schrebergärten angelegt, zwischen Baumstümpfen und Bombentrichtern. Am Potsdamer Platz gibt es wieder Blumen zu kaufen, aber nur Margeriten. Illegale Nachtclubs machen auf, meist in Wohnungen, und auf den Straßen blüht die Prostitution.

Willy Huth fängt Tauben in einer primitiven Falle. Nichts erinnert mehr daran, daß hier einmal Adolph von Menzel spazieren ging und Theodor Fontane. Hundert Angestellte sind sie einst gewesen, aber nun kann Willy Huth nicht mal die einstellen, die sich noch melden. Für die Räume im Erdgeschoß braucht er kaum Personal. Abends um sieben wird das Restaurant geschlossen, die Schwarzhändler verschwinden, die alliierten Soldaten. Dunkelheit senkt sich über den Potsdamer Platz.

1947 zieht im Weinhaus Huth der erste Mieter ein. Zwar fehlt noch immer das Dach, die meisten Fenster sind vernagelt, und Regenwasser läuft in die oberen Geschosse. Aber Willy Huth hat ein paar Zimmer im zweiten Stock herrichten lassen und bietet sie seiner Innung an. Mit dem Restaurant ließe sich nichts verdienen, hat er erzählt, aber die Mieteinnahmen könne er gut gebrauchen.

240

Ende 1949 werden neue Zwischenwände eingezogen, Küchen und Toiletten eingebaut, und unterm Dach kommt noch ein Geschoß hinzu. Die Renovierung dauert fast ein halbes Jahr und kostet 125 000 Mark. Willy Huth, der sich mit Weinhandel gerade so am Leben hält, könnte das nie bezahlen. Aber die Baubehörde hat ihm fürs Haus 21 Mietwohnungen genehmigt, und dafür gibt es einen Kredit von 260 000 Mark.

Unten im Haus ziehen neue Mieter ein, eine Wechselstube, ein Tabakwarenladen und ein Reisebüro von drüben aus dem Columbus-Haus. Für den Inhaber ist es ein Umzug von Ost nach West, von einer Welt in die andere, aber hier am Potsdamer Platz keine weite Reise, nicht mal hundert Meter.

Die Familie drängt Willy Huth, den Bau in der Potsdamer Straße zu verkaufen, aber das bringt er nicht über sich. Das alte Weinhaus Huth ist nur noch ein Schatten, aber Willy Huth hängt nun mal an dem Besitz. Soll denn alles umsonst gewesen sein? Im März 1952 füllt sich das Haus mit Mietern. Die 21 Wohnungen sind fertig, und die Familie Huth zieht in den vierten Stock.

Doch das Haus Huth hat keine Zukunft mehr, wie Willy Huth 1958 endlich begreift. Er resigniert vor der Trostlosigkeit ringsum und schließt seine Schoppenstube endgültig. Den Namen Weinhaus Huth verkauft er an das Hotel Berlin, zusammen mit dem Rest des Tafelsilbers. Die Firma Huth besteht nicht mehr. Nun gibt es nur noch das Haus mit der grauen Fassade, den verrosteten Eisenträgern und dem Trümmerschutt im Keller.

Mit dem Bau der Mauer wird die Grenze zur Rumpelkammer. Manchmal bläst nachts ein Posaunist. Hier stört er niemanden, nur die Menschen im letzten Haus am Potsdamer Platz. Aber für die ist der einsame Musikant nur eine irreale Pointe in ihrem Kuriositätenkabinett.

*M*it dem expressionistischen Drauflos-Dichter Curt Corrinth hat er das Geburtsjahr gemeinsam und die Bekanntschaft mit dem Potsdamer Platz, sonst nichts. Joseph Roth (1894–1939) schrieb Romane wie »Radetzkymarsch« oder »Hotel Savoy«; daß er während der zwanziger und der beginnenden dreißiger Jahre Berliner Korrespondent der auch international beachteten Frankfurter Zeitung gewesen ist, weiß kaum noch jemand.

Er war es mit hohem Anspruch: »Die moderne Zeitung braucht den Reporter nötiger als den Leitartikler. Ich bin nicht eine Zugabe, nicht eine Mehlspeise, sondern die Hauptmahlzeit. Mich liest man mit Interesse. Nicht die Berichte aus dem Parlament, nicht die Telegramme. Ich zeichne das Gesicht der Zeit. Das ist die Aufgabe einer großen Zeitung.«

In solchem Sinn zeichnete er das Gesicht Berlins, der Berliner, der Berliner Verhältnisse. Daß sein Bild auf geradezu erschlagende Weise aktuell erscheint, spricht für den Weitblick des Autors – und für die bedenkliche Dauerhaftigkeit einiger hiesiger Eigenheiten.

Zu gestehen bleibt ein kleiner Kunstgriff: Wie dieses ganze Buch über den Potsdamer Platz aus vielen Teilen »montiert« wurde, so setzt sich auch das Joseph-Roth-Zitat aus Abschnitten zweier Feuilletons der Jahre 1924 (»Betrachtung über den Verkehr«) und 1930 (»Das steinerne Berlin«) zusammen. Geist und Absichten des Autors blieben gewahrt.

242

JOSEPH ROTH

Neu-altes Schlußwort

Aus: Joseph Roth.
Werke. Bd. 2. © 1990 by Verlag Kiepenheuer & Witsch Köln
und Verlag Allert de Lange Amsterdam

Seit einigen Monaten ist die Frage der *Verkehrsregelung in Berlin* in dem Maße aktuell, daß sie peinlich wird. Wichtige Teile wichtiger Verkehrsstraßen sind für Fahrzeuge aller Art gesperrt. Der Potsdamer Platz sieht aus wie eine große erbärmliche Rißwunde der Stadt. Und Tag für Tag, Nacht für Nacht wühlen Arbeiter in dieser Wunde …

Am schlimmsten sind die *langsamen Straßenreparaturen.* Nirgends werden Straßen so langsam, so vorsintflutlich umständlich ausgebessert wie in Berlin. Es gibt Straßenecken, an denen jede Nacht die Pflastersteine sorgfältig ausgehoben werden, um am Morgen wieder provisorisch eingelegt zu werden. Um Mitternacht beginnen zehn bis zwölf Männer die Pflastersteine auszuheben und an den Straßenrand zu legen. Hierauf beginnt die Arbeit an dem Fundament der Straße und an den Schienen. Morgens, ehe die erste Bahn kommt, muß die Straße glatt sein. Es ist wie nach einer Operation, wenn jeden Tag ein Verband erneuert werden muß …

Für viele Peinlichkeiten im öffentlichen Alltag ist die Bevölkerung verantwortlich … Ich bin kühn genug, die Vermutung auszusprechen: daß ein Autobus, der von lauter erbitterten,Streit und Zusammenstoß suchenden Passagieren besetzt ist, auch schließlich zusammenstoßen muß. Die Stimmung im Wagen überträgt sich auf den Lenker … Man ist des Nächsten Polizist. Stolpert er, schreit man ihn an, er möge sich festhalten. Jeder ist Schaffner und kommandiert: Vorgehn. Aber weil der Kommandierte auch ein Schaffner ist, geht er nicht vor. Es fehlt vor allem an der Disziplin des Individuums; an Wohlerzogenheit; an Formensinn; an natürlichem Takt. Wenn jeder einzelne Katastrophen verursacht, wie sollten sich keine Katastrophen ereignen? Alle Passagiere eines Wagens bilden schließlich eine Gemeinschaft. Aber sie sehen das selbst im Augenblick der Gefahr nicht ein. Sie glauben, einander immer befeinden zu müssen: aus politischen, sozialen, vielen anderen Gründen. Wo so viel Haß aufgespeichert ist, überträgt er sich auf die toten Dinge und ruft die bekannte Tücke des Objekts hervor … Es liegt ein Sinn in dem sprachlichen Zufall, daß »Verkehr« in den Straßen der Stadt und »Verkehr« zwischen Mensch und Mensch denselben Ausdruck haben …

*

… Die Dummheit, die unser Erbteil ist, und der ahnungslose Dünkel, den wir den Herrschern unserer letzten Jahre abgelernt haben, trüben und betrüben unsere Freiheit. Nun haben wir diese Hauptstadt. Ihre Interessen sind die unsrigen geworden. Aus ihrer Vergangenheit, für die wir nur zum Teil verantwortlich sind, müßten wir lernen, wie ihre Zukunft sein soll, für die ganz Deutschland die ganze Verantwortung übernimmt …

Es ist eine junge, unglückliche, aber wahrscheinlich zukünftige Stadt.

QUELLENVERZEICHNIS

Allgemeiner Deutscher Nachrichtendienst: »Auf der Mauer sitzende Bürger«, aus: Neues Deutschland vom 13. 11. 1989.

Berliner Tageblatt: Einhundertfünfzig pro Minute, aus: Berliner Tageblatt vom 4. 9. 1928.

Boldt, Paul: Auf der Terrasse des Cafés Josty, aus: Der Tagesspiegel o.J.

Corrinth, Curt: Zu Ungeheurem getrieben, aus: ders.: Potsdamer Platz oder Die Nächte des neuen Messias, © 1919 by Langen Müller in der F. A. Herbig Verlagsbuchhandlung GmbH, München.

Domela, Harry: Aufgegriffen im Wartesaal, aus: ders.: Der falsche Prinz, Malik Verlag: Berlin 1927.

Edel, Edmund: Die Königin der Konfektion, aus: ders.: Neu-Berlin, Großstadt-Dokumente, Verlag Hermann Seemann Nachfolger: Berlin 1908.

Fontane, Theodor: »Auch heute wieder unpassierbar«, aus: ders.: Cécile, Berlin 1968. Ders.: »Weil da das meiste Leben ist«, aus: ders.: Die Poggenpuhls, Berlin 1963.

Härlin, Benny, und Michael Sontheimer: Die Leere der Geschichte, aus: dies.: Potsdamer Straße – Sittenbilder und Geschichte, © 1983 by Rotbuch Verlag, Berlin.

Hessel, Franz: Ich wähle »Käse«, aus: ders.: Spazieren in Berlin, Verlag Dr. Hans Epstein: Leipzig 1929.

Kästner, Erich: Besuch vom Lande, aus: ders.: Gesammelte Schriften für Erwachsene, Band 1, Atrium Verlag: München 1969. Copyright © by Erich Kästner Erben, München.

Kastan, Isidor: Für 30 Pfennig ins Konzert, aus: ders.: Berlin wie es war, Rudolf Mosse Buchverlag: Berlin 1919.

Knobloch, Heinz: »Potsdamer Platz«, vielseitig, zitiert nach: ders.: Geisterbahnhöfe – Westlinien unter Ostberlin, © 1992 by Ch. Links Verlag, Berlin.

Ders.: »Potsdamer Platz«: Zurückbleiben, zitiert nach: ders.: Geisterbahnhöfe – Westlinien unter Ostberlin, © 1992 by Ch. Links Verlag, Berlin.

Mauter, Horst: Der Potsdamer Platz im Wandel der Zeiten, aus: ders. et al.: Der Potsdamer Platz. Eine Geschichte in Wort und Bild. Nishen Verlag: Berlin 1993. © des Beitrags by Horst Mauter.

Möhring, Bruno: Kreuzung statt Karussell, aus: ders.: Der Potsdamer Platz, aus: Deutsche Allgemeine Zeitung vom 31. 8. 1924.

Nicolas, Ilse: Name und Gesicht gewechselt, aus: dies.: Vom Potsdamer Platz zur Glienicker Brücke, Haude & Spenersche Verlagsbuchhandlung: Berlin 1979.

Ostwald, Hans: Alle Tische besetzt, aus: ders.: Berliner Kaffeehäuser, Großstadt-Dokumente, Verlag Herrmann Seemann Nachfolger: Berlin 1904.

Pomplun, Kurt: »Ach Willy, ach Willy …«, aus: ders.: Berliner Allerlei, Bruno Hessling Verlag: Berlin 1975.

Ders.: Erst Kaiser-Festakt, dann Mauerstreik, aus: Berliner Morgenpost vom 3. 9. 1972.

Roth, Joseph: Neu-altes Schlußwort, aus: ders.: Betrachtungen über den Verkehr und »Das steinerne Berlin«, aus: ders.: Joseph Roth. Werke. Bd. 2, © 1990 by Verlag Kiepenheuer & Witsch Köln und Verlag Allert de Lange Amsterdam.

Schneider, Rolf: Diese sonderbare Entfernung, aus: Hans Werner Richter (Hrsg.): Berlin, ach Berlin, Verlag Severin und Siedler: Berlin 1981. © des Beitrags by Rolf Schneider.

Scholz, Arno, Werner Nieke und Gottfried Vetter: Bettlaken am Besenstiel, aus: dies.: Panzer am Potsdamer Platz, arani-Verlag GmbH: Berlin 1954.

Schröder, Richard: »... and the other small areas«, aus: ders.: Die räumliche Entwicklung des Berliner Stadtgebiets in der Vier-Mächte-Zeit 1945–1990, aus: Jahrbuch des Landesarchivs Berlin 1995, Gebrüder Mann Verlag: Berlin 1995.

Thieme, Wolf: Hier war einmal ..., aus: ders.: Das letzte Haus am Potsdamer Platz, © 1988 by Rasch und Röhring Verlag, Hamburg.

Wangenheim, Inge von: Das Hinterteil der Muse, aus: dies.: Mein Haus Vaterland, Verlag Bruno Henschel und Sohn: Berlin 1950.

Weisenborn, Günther: Als die Stadt schwieg, aus: ders.: Der gespaltene Horizont, Aufbau-Verlag: Berlin 1982. © by M. Weisenborn.

Wenzel, Thomas: Die Nacht zum 13. August 1961 im S-Bahn-Tunnel, zitiert nach: Heinz Knobloch: Geisterbahnhöfe – Westlinien unter Ostberlin, © 1992 by Ch. Links Verlag Berlin.

Worm, Hardy: »... um Ihr'n Jeruchssinn zu kitzeln?«, aus: ders.: Das Hohelied vom Nepp, Buchverlag Der Morgen: Berlin 1976.

Zehm, Karl-Hermann: »Darbietungen auf drahtlosem Wege«, Zusammenfassung nach Karl-Hermann Zehm: Geschichte des VOX-Hauses, SFB-Werkstatthefte 12.

Die Formulierungen der Überschriften stammen vom Herausgeber mit Ausnahme der des Beitrags von Benny Härlin und Michael Sontheimer sowie des Textes von Horst Mauter.

Leider konnten nicht alle Rechteinhaber ermittelt werden. Berechtigte Honoraransprüche werden selbstverständlich abgegolten.

Bildnachweis

Archiv für Kunst und Geschichte, Berlin 1, 3, 8 (Max Missmann), 13, 14, 15 (Otto Haeckel), 16, 19, 22, 27, 35, 37, 40, 43 (Reimer Wulf); Bildarchiv Preußischer Kulturbesitz (bpk), Berlin 9 (LA Berlin), 10 (E. Linde & Co.), 12 (Neue Photographische Gesellschaft), 18, 20, 24 (Herbert Hoffmann), 34 (Friedrich Seidenstücker); Landesbildstelle Berlin 36 (Kappelhöfer), 39 (Kl. Lehnartz); Robert Paris 41; Stadtmuseum Berlin 2 (Fotostudio/Bartsch), 4 (Fotostudio/Bartsch), 5, 6, 28, 38 (ADN Zentralbild); Süddeutscher Verlag 7, 11, 21, 23, 25, 26, 29, 30, 31, 33; Ullstein Bilderdienst 17, 32, 42 (Gabriele Fromm), 44 (Vario-Press).